Franz Stuhlhofer

Charles T. Russell und die Zeugen Jehovas
Der unbelehrbare Prophet

Franz Stuhlhofer

Charles T. Russell und die Zeugen Jehovas

Der unbelehrbare Prophet

Schwengeler-Verlag, CH-9442 Berneck

CIP-Titelaufnahme der Deutschen Bibliothek

Stuhlhofer, Franz:
Charles T. Russell und die Zeugen Jehovas:
Der unbelehrbare Prophet / Franz Stuhlhofer. —
Berneck: Schwengeler, 1990

(TELOS-Bücher; Nr. 2813: TELOS Leben —
Werk — Wirkung)
ISBN 3-85666-293-6

NE: GT

TELOS-Bücher
ISBN-Nr. 3-85666-293-6

Reihe »Leben-Werk-Wirkung«
TELOS-Nr. 2813
Copyright 1990 by Schwengeler-Verlag, CH-9442 Berneck
Titelzeichnung: Martha Berndörfler
Gestaltung und Gesamtherstellung: Cicero-Studio am Rosenberg,
CH-9442 Berneck
Printed in Germany

Große Namen

— manche werden als Vorbilder vor Augen gemalt
— andere beeinflussen immer noch unser Denken
— einige erfreuen sich sogar einer enormen Anhängerschaft

Bekannte Persönlichkeiten

Wie sah ihr Leben wirklich aus? Welche Motive lagen ihrem Handeln und Wirken zugrunde? Wodurch wurde ihr Denken, ihr Glaube, ihre Überzeugung, ihr Schaffen geprägt? Welche Wirkungen gehen noch heute von ihrem Leben und Werk aus?

Die biographische TELOS-Reihe
»Leben — Werk — Wirkung«

beantwortet diese Fragen, indem sie die »großen Namen« gründlich unter die Lupe nimmt. Die klaren Informationen, aber auch die kritischen Beurteilungen ermöglichen dem Leser eine objektive Sicht und klare Stellung gegenüber diesen bekannten Persönlichkeiten, die für viele immer noch als Vorbilder gelten und bewundert werden.

In dieser Reihe sind bereits erschienen:

»*Schau den Tatsachen ins Auge!*«

(Joseph F. Rutherford, der Nachfolger Russells als Präsident der Wachtturmgesellschaft, in einer 1938 veröffentlichten Broschüre[1])

---

[1] Der Titel dieser Broschüre lautet: *Schau den Tatsachen ins Auge und erkenne den einzigen Weg des Entrinnens*, die durch die ganze Broschüre hindurchgehende Seitenüberschrift lautet *Schau den Tatsachen ins Auge!*, und ebenso die Überschrift der ersten Hälfte der Broschüre.

Inhaltsverzeichnis

Vorwort

»*Wir wollen einmal untersuchen, was Jehovas Zeugen im Laufe der Jahre verkündet haben* . . .«

So steht es in einem Wachtturm-Artikel (1971, S. 659). Eine reizvolle Fragestellung! Und zwar nicht nur für Zeugen Jehovas, sondern doch wohl auch für Außenstehende. (Im folgenden gebrauche ich einige Abkürzungen immer wieder: ZJ für Zeuge(n) Jehovas, WT für Wachtturm und WTG für Wachtturmgesellschaft.)

Eine reizvolle und vermutlich aufschlußreiche Fragestellung, denn:

Falls es stimmt — wie jener WT-Artikel zeigen möchte —, daß JZ mehrere Jahrzehnte im voraus wußten, was sich 1914 ereignen würde, dann liegt die Annahme nahe, daß JZ dabei von übernatürlicher Mithilfe begleitet waren.

Falls es aber *nicht* stimmt, so war unsere Untersuchung dennoch nicht unnütz. Es würden sich dann noch einige weitere Aufschlüsse ergeben, nämlich durch die Beantwortung folgender Fragen:

Waren die damaligen ZJ falsche Vorhersager?

Sind die heutigen ZJ Irreführer? (Diese Frage stellt sich, wenn die damaligen ZJ falsch vorhergesagt haben, die heutigen ZJ diese falschen Vorhersagen jedoch als richtig hinstellen und daraus sogar einen Beweis dafür machen möchten, daß sie von Gott geführt seien.)

Ich bin nicht bei den sog. »Zeugen Jehovas«, und ich war auch nie dabei. Diese Information mag für ZJ wichtig sein insofern als ihnen seitens der WTG stark abgeraten wird, etwas zu lesen, das von ehemaligen ZJ geschrieben wurde (dabei wird die Gefahr der »geistigen Vergiftung« heraufbeschworen). Hier wird sich wohl mancher Außenstehende fragen, ob ZJ nicht manipuliert werden; einerseits sollen sie jene enormen Stoffmengen lesen, die von der WTG herausgegeben werden, andererseits sollen sie überhaupt nichts lesen von jemandem, der den Betrieb aus eigenem Erleben kennt und nun eine andere Position vertritt. (In Kap. 12/2 werde ich darauf näher eingehen.)

Da ich *kein* ZJ bin, kann also ein ZJ dieses Buch durchaus lesen. Sicherlich gibt es hier, das sollte auch erwähnt werden, individuelle Unterschiede zwischen ZJ: Manche haben durchaus den Mut, sich gelegentlich mit Literatur auseinanderzusetzen, die nicht konform geht mit der Linie der WTG; andere sind da ängstlicher und meiden alle andersgeartete religiöse Literatur. (Hier können aber auch ganz praktische Gründe mitspielen: Das wöchentliche Programm — Lektüre der WTG-Schriften, Besuch der ZJ-Veranstaltungen und Predigtdienst — läßt wenig Zeit übrig für alles andere.)

Was Ängstliche betrifft: Wenn ein ZJ Angst hat, daß sein System (= »die Wahrheit«?) durch eine Konfrontation mit verschiedenen Tatsachen ins Wanken kommt oder gar zum Zerplatzen gebracht wird (wie eine Seifenblase, an die man nicht tupfen darf?), dann ist es verständlich, daß er sich mit diesem Buch nicht beschäftigen will.[1] Hier kann ich nur auf jene Mahnung des 2. Präsidenten der WTG verweisen, die ich meinem Buch als Motto vorangestellt habe. (Aber vielleicht war diese Mahnung nur an *die anderen* adressiert, nicht auch an die ZJ. Daß die WTG gelegentlich zweierlei Maß anlegt, wird uns in diesem Buch noch mehrmals begegnen, zusammengefaßt dann in Kap. 13.)

Sehr treffend hieß es 1960 in einem WT: »Sollte man sich davor fürchten, daß das, was falsch ist, zerfallen könnte? Natürlich nicht, denn Jesus Christus sagte: 'Die Wahrheit wird euch frei machen.' . . . Warum es darauf ankommen lassen, an etwas Falsches zu glauben? Stelle fest, was falsch ist, und verwirf es. Stelle fest, was wahr ist, und halte daran fest.« (S. 516.519)

Ich gehöre einer von einem Mennoniten gegründeten evangelischen Freikirche an. Was die evangelische Bewegung insgesamt betrifft: Ihr Ursprung wird seitens der WTG überwiegend positiv beurteilt. »Männer wie Luther in Deutschland, Zwingli und Calvin in der Schweiz und Knox in Schottland wurden im 16. Jahrhundert zu Sammelpunkten für die vielen, die die Chance sahen, den christlichen Glauben zu läutern und zu den ursprünglichen biblischen Werten und Maßstäben zurückzukehren.«[2] Die *Mennoniten* sind ein Teil der gleichfalls im 16. Jahrhundert entstandenen Täuferbewegung. Die Täufer (oder *Wiedertäufer*) werden in einem neueren WT-Artikel sachlich beschrieben. »Aufgrund ihres Wunsches, zu den christlichen Lehren des ersten Jahrhunderts zurückzukehren, lehnten sie einen größeren Teil des römisch-katholischen Dogmas ab, als es Martin Luther und andere Reformatoren taten.«[3] Viele ihrer — in diesem Artikel erwähnten — Lehren und Praktiken wurden von den ZJ übernommen: sie praktizierten Erwachsenentaufe, hatten (anfangs) keine bezahlten Prediger, suchten als Wanderprediger die Menschen auf, glaubten an den freien Willen des Menschen, praktizierten gegebenenfalls Ausschluß aus der Versammlung (und bei echter Reue Wiederaufnahme), waren als Christen »kein Teil der Welt«, beteiligten sich nicht an Kriegen, hielten sich an einen hohen Sittenmaßstab, hatten einen einfachen Lebensstil, waren bereit ihre Güter zum Nutzen der Armen einzusetzen, sahen das Abendmahl (nur) als Gedächtnismahl (im Unterschied zu Katholiken, Lutheranern und Calvinisten),und sie wurden schwer verfolgt. »Das Überleben der Wiedertäufer ist heute am deutlich-

sten an zwei bestimmten Gruppen erkennbar. . . . Die andere Gruppe sind die Mennoniten. Ihr Name stammt von
Menno Simons, . . .«[4] Von diesen Täufern kommen auch
— als ein Seitenzweig — die Adventisten her, in deren Nähe
sich Russell einige Zeit bewegte und von denen er manches
an Lehren und Praktiken mitgenommen hat. Von ihrem
Ursprung her haben also die ZJ eine Reihe von Gemeinsamkeiten mit diesen Täufern. Ein ZJ kann mich also nicht
unbedingt in einen Topf werfen mit der »Christenheit«.[5]
Wenn ich trotz der Gemeinsamkeiten manche Vorbehalte
gegenüber ZJ habe, dann sollte der ZJ diese prüfen.

Als ich vor mehreren Jahren meine zuvor geübte Praxis, Gesprächen mit ZJ aus dem Weg zu gehen, aufgab,
dachte ich noch nicht daran, einmal ein Buch über ZJ zu
schreiben. Jene ZJ, die mit mir gesprochen hatten, werden mir bestätigen können, daß ich ihre Gedanken und Argumente ernst nahm, daß ich durchaus lernbereit war.[6]
Bei meiner Darlegung hatte ich, unabhängig davon, ob
wirklich ZJ dieses Buch lesen werden, doch immer die ZJ
»im Hinterkopf«: *Was würde ein ZJ dazu sagen? Würde
er mein Argument akzeptieren, oder würde er widersprechen? Meine Begründungen sollen also auch der kritischen
Lektüre eines ZJ standhalten können.* (Es wäre auch einfach, quasi hinter dem Rücken der ZJ diese mittels schwa-
cher Argumente und unter Gebrauch von Unterstellungen
zu kritisieren, und sich damit an die Öffentlichkeit zu wenden.) So betrachte ich dieses Buch als einen — wie ich hoffe
fairen — Gesprächsbeitrag. Das Schreiben eines Buches
hat — im Unterschied zu einem mündlichen Gespräch —
den Vorteil, daß es eine umfassende, zusammenhängende
Darstellung ermöglicht. An allen sich auf diesen »Gesprächsbeitrag« beziehenden Reaktionen und Kommenta-
ren seitens ZJ bin ich ehrlich interessiert. (Meine Adresse:
Krottenbachstr. 122/20/5, A-1190 Wien.)

Es ist also eine Art »offener Brief an ZJ«. Gleichzeitig habe ich aber so geschrieben, daß auch Außenstehende es gut verstehen können — unabhängig davon, ob sie mit ZJ sympathisieren oder diesen distanziert gegenüberstehen.

Daß ich beim Schreiben auch an ZJ dachte, hatte u.a. zur Folge, daß ich besonderen Wert auf die *Nachprüfbarkeit* aller meiner Aussagen legte. Die meisten ZJ kennen jemanden, der noch *Schriftstudien* von Russell besitzt; die Literatur zumindest seit dem 2. Weltkrieg ist in den meisten ZJ-Versammlungsbibliotheken vorhanden. Wenn ich daraus zitiere, kann der ZJ die Korrektheit meiner Zitate und die Richtigkeit meiner Schlußfolgerungen nachprüfen. (Ich kann vom ZJ nicht erwarten, daß er mir blind glaubt — vor allem dort nicht, wo ich in Gegenposition zur WTG stehe. Ich will das auch gar nicht erwarten, denn das Ziel kann nie sein, daß der ZJ von der einen geistigen Abhängigkeit in eine andere fällt.)

Es kann sein, daß ein ZJ denkt: »Einige Kapitel dieses Buches würden mich zwar interessieren, aber ein bißchen mißtrauisch bin ich schon, ob da wirklich alles stimmen kann, und die Zeit, alles nachzuprüfen, habe ich nicht.« Nun ganz abgesehen davon, daß er ja auch nicht die Zeit hat, alles im WT Stehende zu überprüfen — müßte er dann nicht konsequenterweise aufhören, den WT zu lesen? Niemand hat die Zeit, um alles nachzuprüfen; aber man kann Stichproben herausgreifen und eine Prüfung vornehmen. Indem man etwa solche Punkte herausgreift, die einen besonders interessieren, oder solche, wo man gute Überprüfungsmöglichkeiten hat . . . Dadurch bekommt man einen Eindruck von der Vertrauenswürdigkeit des Autors.

Dort, wo ich auf bedenkliche Punkte in Darstellungen seitens der WTG stieß, war ich vorsichtig beim Unterstellen negativer Motive (im Zweifelsfall *für* den »Angeklagten«!). Soweit das noch einigermaßen realistisch war, nahm ich das bestmögliche Motiv an. Ich dachte an jenen Moment, wo ich Gott gegenüberstehen werde. (Es könnte ja sein, daß ich jetzt einen Sachverhalt nicht genau verstehe, Betrug vermute, andere mit meiner Vermutung beeinflusse, und dann dereinst von Gott darauf hingewiesen werde — eine solche Situation will ich unbedingt vermeiden!)

Warum sollte ein ZJ mein Buch lesen? Auf diese Frage antwortet das nächste Kapitel: *Wozu sich mit der Geschichte der ZJ beschäftigen?* Hier grundsätzlich soviel: In meinen Gesprächen mit ZJ habe ich immer wieder feststellen müssen, daß sie konkrete Fragen zur Geschichte der ZJ in seltenen Fällen konkret und auch richtig beantworten konnten. Das ist eigentlich paradox insofern, als die Geschichte der ZJ in den WT-Schriften sehr häufig vorkommt. *Einerseits lesen die ZJ also oft über die Geschichte der ZJ (und ZJ studieren ihre Schriften sehr sorgfältig!), andererseits wissen sie dann doch wenig darüber.*

Ein konkretes Beispiel:

Frage: Nahmen ZJ (damals noch »Bibelforscher« genannt) am 1. Weltkrieg teil? Welche Weisung gab die WTG damals diesbezüglich?

Darauf kann man seitens heutiger ZJ folgende Antworten hören (ich denke jetzt insbesondere an solche ZJ, die seit vielen Jahren dabei sind und leitende Stellungen innehaben):

● Sie nahmen (auch schon damals, wie im Zweiten Weltkrieg) nicht teil.

● Die WTG gab damals bezüglich der Kriegsteilnahme keine konkrete Weisung, es war also eine persönliche Gewissensentscheidung für die betreffenden ZJ; mehrere ZJ nahmen teil.

● Dienst mit der Waffe leistete kein ZJ, aber viele gingen als Sanitäter.

● Die Linie der Neutralität wurde noch nicht von allen

ZJ befolgt, viele gingen zum Heer, schossen bei Gefechten aber in die Luft.

Keine einzige Antwort ist ganz richtig. Richtig wäre: *Die WTG riet, einem Einberufungsbefehl Folge zu leisten, aber zu versuchen, der Sanität unterstellt zu werden (wenn das nicht gelang, dann sollte man auch mit der Waffe dienen).* Dementsprechend verhielten sich die meisten Bibelforscher; in Deutschland gab es während des Krieges im WT eine regelmäßige Serie *Briefliches von unserer Brüderschaft im Felde,* worin Soldaten von ihren Erlebnissen an der Front berichteten — es fanden damals also auch die Verantwortlichen nichts Anstößiges an einem Bibelforscher, der in der einen Hand den WT und in der anderen Hand das Gewehr hielt.

Die diesbezügliche Unwissenheit der heutigen ZJ wird im Verlaufe dieses Buches verständlicher werden (siehe Kap. 11/6).

Sollte der ZJ informiert sein? Mancher ZJ würde dazu sagen: 'Die Geschichte ist mir nicht so wichtig.' Eigenartig wirkt eine solche Aussage dann, wenn derselbe ZJ kurz vorher ausführlich über das Verhalten der ZJ während des 2. Weltkrieges gesprochen hat.

Kaum ein Buch oder eine Artikelserie (im WT oder in *Erwachet!*) läßt dieses Thema aus, wie sich Katholiken und Protestanten im 2. Weltkrieg verhielten. Daneben wird dann auf die ZJ verwiesen, die sich weigerten, daran teilzunehmen und lieber ins Konzentrationslager gingen.

Demgegenüber wirkt die Unwissenheit bezüglich des 1. Weltkrieges doch überraschend. Was vor etwa 50 Jahren geschah, ist dem ZJ sehr wichtig; was dagegen vor etwa 75 Jahren geschah, ist dann auf einmal überhaupt nicht wichtig?

Wird hier zweierlei Maß angewandt? Die Geschichte ist wichtig dort, wo die ZJ gut dastehen; wo die ZJ jedoch nicht so gut dastehen, ist dann die Geschichte auf einmal nicht mehr wichtig?[7]

1) Ein Ablenkungsmanöver wendet der ZJ häufig an, wenn er mit unangenehmen Seiten seiner Position konfrontiert wird: Er stellt die Gegenfrage: 'Wo gibt es etwas Besseres?' Aber das sollte nicht die primäre Frage sein. Wenn die WTG zeigen will, wie treffend sie in der Vergangenheit vorausgesagt hat, so sollte sich ein ZJ offen einer Überprüfung stellen — mit allen möglichen Konsequenzen.
2) WT vom 1. Okt. 1987, S. 23
3) WT vom 15. Nov. 1987, S. 21-23
4) Die andere hier genannte Gruppe sind die *Hutterischen Brüder*. Diese sowie Teile der Mennoniten halten an bestimmten Kleidungsformen fest. Das trifft für einen Großteil der heutigen Täuferbewegung jedoch nicht zu. Aber nicht nur diese — durch besondere traditionelle Kleidung sich abhebenden — »kleinen Gruppen« können »auf die Bewegung der Wiedertäufer zurückgeführt werden«. Insgesamt gehören heute wohl mehr als 100 Millionen Menschen zur Täuferbewegung (wobei es natürlich manche Unterschiede zur Bewegung des 16. Jahrhunderts gibt, aber diese Unterschiede sind sicher geringer als die zwischen den Bibelforschern unter Russell und den heutigen ZJ — dennoch betrachten heutige ZJ das als *eine Bewegung* mit *einer Geschichte*).
5) Daß ich trotz meiner kath. Vergangenheit nicht einfach alle Lehren der röm.-kath. Kirche akzeptiere, wird an meinen Büchern erkennbar, in denen ich mich mit dieser Kirche auseinandersetze: *Zu Heiligen beten?* und *Symbol oder Realität? — Taufe und Abendmahl.*
6) Viele der damals geäußerten Argumente habe ich auch beim Schreiben dieses Buches mitbedacht. Da ich aber annahm, daß meine Gesprächspartner nicht gerne in diesem Buch namentlich genannt werden möchten, weil das von manchen Lesern irrtümlich so ausgelegt werden könnte, als hätten die Betreffenden die Arbeit an diesem Buch unterstützt, habe ich die Nennung von Personen, mit denen ich über das hier vorgelegte Material Gedankenaustausch hatte, grundsätzlich unterlassen.
7) In mancher Hinsicht wird dieses Buch die an eine Biographie gerichteten Erwartungen enttäuschen. Das hängt vor allem mit der Quellenlage zusammen. Hauptquelle für Leben und Lehre Russells sind die Publikationen der WTG. Über deren (Un)Verläßlichkeit wird der Leser nach der Lektüre meines Buches besser urteilen können. Dazu kommt, daß manche der älteren WTG-Publikationen selten sind. Sicherlich sind sie in den Zentralen in Brooklyn oder in Selters am Taunus vorhanden, aber diese gewähren kaum jemandem Zutritt zu Bibliothek/Archiv, wie vor mir bereits Hellmund (Dietrich HELLMUND: Geschichte der Zeugen Jehovas. Hamburg 1972, Vorwort) oder Süsskind (Eckhard von SÜSSKIND: Zeugen Jehovas. Neuhausen-Stuttgart, 2. Aufl. 1987, Vorwort) feststellen mußten. Wichtige Quellen wären auch der handschriftliche Nachlaß Russells (der in Brooklyn vermutlich noch vorhanden ist).
    Abgesehen von der Quellenlage bestimmt auch mein didaktisches Ziel die Schwerpunkte meines Buches. Ich beschränke mich auf Aussagen, die ich in einer Weise präsentieren kann, daß es auch für den ZJ nachvollziehbar und überzeugend ist. Und das bedeutet: Ich belege meine Aussagen mit (möglichst einigermaßen zugänglichen) WTG-Publikationen. Amerikanische Zeitungen und Gerichtsakten aus der Zeit um 1900, wie sie für die Beurteilung einiger strittiger Punkte im *Leben* Russells heranzuziehen wären (vgl. im Anhang: *Umstrittene Punkte*), sind für den ZJ von vornherein nicht beweiskräftig.
    Äußerungen aus ZJ-kritischer Literatur gebe ich *ausschließlich* in Anmerkungen und im Anhang *(Umstrittene Punkte . . .)* wieder. Der Text dieses Vorwortes und der 15 Kapitel kann also vom ZJ ohne Bedenken gelesen werden, die darinstehenden Zitate sind normalerweise aus WTG-Literatur entnommen. (Im übrigen liest der ZJ ja auch im WT gelegentlich Zitate von ZJ-Kritikern, außerdem Zitate aus katholischen und evangelischen Werken.)

Kapitel 1

Wozu sich mit der Geschichte der Zeugen Jehovas beschäftigen?

Mancher ZJ wird denken: 'Mir ist wichtig, wie die ZJ *heute* sind und was sie *heute* lehren — nicht was vor Jahrzehnten war!'

Darauf ist zu antworten:

Zuerst, ganz allgemein: Die WTG selbst verweist in ihren Publikationen, und zwar bis zur Gegenwart, immer wieder auf ihre Geschichte. Nimmt ein ZJ diese Publikationen ernst — und das muß er, sonst wird er seitens der WTG nicht als ZJ angesehen —, so muß er sich zwangsläufig auch mit der Geschichte beschäftigen.

Aber vielleicht sollten wir die Behauptung eines ZJ, ihm sei die Geschichte nicht so wichtig, gar nicht zu wörtlich nehmen. Vielmehr als das, was sie ist: als ein Indiz dafür, daß das angesprochene Thema dem ZJ unangenehm ist. Sei es deshalb, weil er stark an der WTG hängt, so daß jede Kritik an ihr ihm wehtut; sei es auch deshalb, weil der ZJ merkt, daß er sich in diesem Bereich zu wenig auskennt, um die gewohnte Lehrer-Rolle ausüben zu können (für ZJ ist die Rollenverteilung im Gespräch mit Außenstehenden klar: Er, der ZJ, ist der Lehrer, der andere ist der Schüler).

Da ich aber mit der Behauptung eines ZJ, ihm sei die Geschichte (der ZJ) nicht wichtig, sehr oft konfrontiert wurde, gehe ich doch darauf ein und versuche verschiedene Gründe darzulegen, warum die Geschichte ihm doch wichtig ist — oder jedenfalls sein müßte.

1. Die Wachtturmgesellschaft selbst nimmt ihre Geschichte wichtig

Was ZJ-Versammlungsaufseher betrifft: Zu den Voraussetzungen für ihren Dienst gehört, daß sie sich in der Geschichte der ZJ gut auskennen:

»Er sollte eine gute Kenntnis der Geschichte der Organisation besitzen, ...« (WT 1957, S.499)

Das gilt aber letztlich nicht bloß für Versammlungsaufseher, sondern für jeden ZJ. In einem Artikel, der bewußtmacht, wieviel der ZJ der WTG zu verdanken habe, wird er aufgefordert:

»Mache andere daher begeistert mit Gottes Organisation bekannt. Sprich mit ihnen über die wahre Christenversammlung und ihre neuzeitliche Geschichte.« (WT 1973, S.598)

Wenn der ZJ mit Außenstehenden über die »neuzeitliche Geschichte von Jehovas Organisation« sprechen soll, muß er diese auch kennen. Wenn ein ZJ jedoch diesem Thema (Geschichte der ZJ) eher ausweichen will, wirkt das gar nicht wie »Begeisterung«! (Aufgrund meiner Gesprächserfahrung kommt mir vor, als hätte die WTG gesagt: »Sprich mit Außenstehenden über die Geschichte der WTG — aber nur mit Nichtinformierten! Mit solchen, die sich auf diesem Gebiet auskennen, sprich *nicht* darüber, sondern sage: 'Ich finde die Geschichte nicht so wichtig ...'«)

Mir ist keine andere Religionsgemeinschaft bekannt, die so intensiv mit der Darstellung ihrer eigenen Geschichte beschäftigt ist. Betrachten wir die konkreten Erscheinungsformen:

Zum Beginn jeden Jahres erscheint ein *Jahrbuch der Zeugen Jehovas*. In jedem solchen Jahrbuch wird die Geschichte der ZJ in mehreren Ländern geschildert, und zwar von den ersten Anfängen in dem betreffenden Land bis zur Gegenwart (unter der Überschrift *Tätigkeit der Zeugen Jehovas in der Neuzeit*, etwa 200 Seiten pro Jahrbuch umfassend). In jedem Jahr kommen andere Länder an die Reihe. Im *Jahrbuch 1974* wurde über die Geschichte der ZJ in Deutschland berichtet, 1987 über die Schweiz und 1989 über Österreich.

Mehrmals wurde bereits die gesamte Geschichte der ZJ (weltweit) in ihren Publikationen geschildert, z.B.
im ersten *Bibelforscher-Jahrbuch* (1927), S.9-28,
im WT 1955/56 als Artikelserie in 31 Teilen,[1] insgesamt mehr als 100 Seiten umfassend,
im Buch *Zum Predigtdienst befähigt* (1957), S.296-344,
im Buch *Jehovas Zeugen in Gottes Vorhaben* (1960). In diesem mehr als 300 Seiten umfassenden Buch wird die Geschichte in Dialogform dargestellt: Ein ZJ-Ehepaar führt ein Nachbars-Ehepaar »in die Wahrheit« ein, indem es die Geschichte der ZJ ausführlich erzählt (das zeigt, daß die Geschichte der ZJ also auch zur Einführung Außenstehender dienen kann — keine Spur davon, daß ein ZJ diesen Bereich möglichst meiden sollte!).
Im Buch »*Dein Name werde geheiligt*« (1963), S.281-362.
Im *Jahrbuch der Zeugen Jehovas 1975*, S.30-256, wird die Geschichte der ZJ in den USA dargestellt. (Das entspricht weitgehend einer Gesamtgeschichte der ZJ, denn in den USA liegt die Zentrale der ZJ, wo die wesentlichen Entscheidungen über Lehre und Organisation fallen. Außerdem hatten und haben die USA mehr ZJ als irgendein anderes Land.)

Die Geschichte der ZJ wird von der WTG nicht bloß dargestellt, sie wird auch als Beweis für die Einzigartigkeit der Bewegung herangezogen. Ein Beispiel dafür habe ich schon am Beginn des Vorworts gegeben: Ein WT-Artikel 1971 hebt die prophetischen Fähigkeiten der ZJ hervor, anhand von Vorhersage und Erfüllung (1914):

»Wieso wußten Jehovas Zeugen so lange im voraus, was

führende Männer der Welt nicht einmal wußten? Sie wußten es nur, weil Gottes heiliger Geist ihnen diese prophetischen Wahrheiten kundgetan hatte.« (S.660)

In einem WT 1973 liest man ähnlich: »Da Jehovas Diener von seinem Geist geleitet werden, empfangen sie von
ihm Licht in einer Welt, in der geistige Finsternis herrscht.
... In der englischen Ausgabe von *Zions Wacht-Turm* vom
März 1880 hieß es zum Beispiel: 'Die Zeiten der Nationen
dauern bis zum Jahre 1914, und das himmlische Königreich wird bis dahin noch nicht vollständig herrschen.' Das
kann jenen Bibelforschern nur durch Gottes heiligen Geist
so lange im voraus geoffenbart worden sein.« (S.594)

Eine nähere Betrachtung dessen, was ZJ im Laufe ihrer
Geschichte vorhergesagt haben, zeigt demnach, wie sehr
sie durch Gottes Geist geleitet wurden. Ist das nicht ein
starker Grund, sich mit ihrer Geschichte eingehender zu
beschäftigen?

Da die WTG viele biblische Vorhersagen auf sich selbst
bezieht und in ihrer eigenen Geschichte erfüllt sieht, erwähnt sie ihre Geschichte auch in dem neuen Offenbarungs-
Kommentar oft: *Die Offenbarung — Ihr großartiger Höhepunkt ist nahe!* (1988).

Ein anderes Beispiel, wie die Einzigartigkeit dieser Bewegung darzutun versucht wird, habe ich am Ende des Vorworts angesprochen: Der häufig wiederkehrende Hinweis
darauf, daß die ZJ sich — zumindest während des
2.Weltkrieges — konsequent weigerten, an Kriegshandlun-
gen teilzunehmen.

In der Kritik an anderen Religionsgemeinschaften wird
nicht bloß auf deren Lehren Bezug genommen, sondern
auch auf deren Geschichte; z.B. wird das Verhalten von
Katholiken und Protestanten während des 2.Weltkrieges
immer wieder angeprangert. Also auch hier: nicht nur anhand ihrer Lehren werden Kirchen beurteilt, sondern auch
anhand ihrer Geschichte.

Was würde ein ZJ sagen, wenn ein Katholik auf eine solche Kritik antwortete: 'Was früher war, interessiert mich nicht, mir ist nur wichtig, was heute geschieht!' Würde ein ZJ das nicht — zu Recht! — als Fluchtmanöver einstufen?

Und ein ZJ? Sollte es ihm gestattet sein, Hinweise auf die Geschichte der ZJ wegzuwischen, indem er — jetzt plötzlich! — die Gegenwart als allein relevant hinstellt?

Angesichts der ausgiebigen Verwendung der Geschichte durch die WTG wirkt es sehr merkwürdig, wenn ein auf die Geschichte der ZJ hingewiesener ZJ auf einmal die Geschichte als nicht so wichtig bezeichnet. Wird die Geschichte seitens der ZJ etwa nur bei Bedarf herangezogen, dann, wenn der ZJ meint, durch sie bestätigt zu werden?

2. Anwendung biblischer Kriterien erfordert geschichtlichen Horizont

Natürlich hat ein ZJ recht, wenn er betont, daß wir nicht beim Studium der Geschichte hängenbleiben sollen, daß wir uns vielmehr auf die Bibel konzentrieren sollen. Aber auch beim Studium der Bibel werden wir immer wieder ermutigt, einen weiten Horizont zu haben, der auch vergangene Ereignisse nicht ausschließt. Inwiefern?

Im Alten Testament gibt Gott Kriterien für die Unterscheidung von wahren und falschen Propheten an. Es heißt dort z.B.:

»Wenn ein Prophet im Namen des Herrn spricht und sein Wort sich nicht erfüllt und nicht eintrifft, dann ist es ein Wort, das nicht Jahwe gesprochen hat.« (5.Mose 18,22)

Ob dieses Kriterium auf einen bestimmten Propheten zutrifft, kann nur bei einer Zusammenschau von Vorhersage und tatsächlichem Ereignis entschieden werden. Wenn wir uns immer auf die Betrachtung der *gegenwärtigen* Lehre

beschränken, dann sehen wir dabei nur, was der Prophet
gegenwärtig (für die Zukunft) voraussagt — ohne daß wir
zum gegenwärtigen Zeitpunkt erkennen können, ob diese
Voraussage zutreffen wird. Ob aber das, was er vor Jahrzehnten für die damals nächsten Jahre vorhergesagt hat,
eingetroffen ist oder nicht, können wir mittlerweile schon
recht gut beurteilen. Wir dürfen bloß nicht unsere Augen
verschließen!

Angenommen, ein »Prophet« hat schon zehnmal falsch
vorhergesagt. Und jetzt, in der Gegenwart, macht er wieder Vorhersagen. Natürlich könnte es — trotz aller vergangenen Erfahrungen — sein, daß er diesmal doch recht
hat. Aber dieser Prophet muß damit rechnen, daß seine
Umgebung ihn nun nicht mehr besonders ernst nimmt. Und
er muß es sich auch gefallen lassen, wenn er gelegentlich
an die zehn früheren, sich mittlerweile als falsch erwiese-
nen Vorhersagen erinnert wird. Wäre es eine angemesse-
ne Reaktion auf ein solches Erinnertwerden, vor allem
einmal die Motivation des Kritikers in Frage zu stellen?

ZJ verweisen immer wieder darauf, wie aktiv sie (und
nur sie?) missionieren, wie korrekt sie leben, wie groß ihr
Wachstum sei ... Diese Erscheinungen ermöglichen alleine noch kein Urteil über die Bewegung — genauer: über
ihre Leitung, die sich gelegentlich auch als »Prophet« bezeichnet. Jesus sagte:

»Viele falsche Propheten werden auftreten, und sie werden viele irreführen.« (Mt 24,11)

Eine Bewegung zeigt starkes Wachstum? Das ist kein Beweis für Gottes Mitwirken, denn Jesus prophezeite auch
den falschen Propheten ein starkes Wachstum: »Sie werden *viele* irreführen.«

Nebenbei bemerkt, gibt es eine ganze Reihe von Bewegungen, die stark wachsen. Im letzten halben Jahrzehnt
hatten *Adventisten* und *Mormonen* ein ähnlich starkes

Wachstum wie ZJ, die *Pfingstbewegung* und die *Neuapostolische Kirche* ein noch deutlich größeres.[2]

Unter Außerachtlassung aller anderen Bewegungen, die gleichfalls gewachsen sind, bezeichnen die ZJ ihr eigenes Wachstum oft als Beweis dafür, daß Gott dahintersteht:

»Die Tatsache, daß die Zeitschrift, die zuerst ... nur in einer kleinen Auflage erschien, aber jetzt ... weltweit verbreitet wird, ist ein deutlicher Beweis dafür, daß Jehovas Hand auf der kleinen Bibelgruppe ... ruhte, der C.T. Russell vorstand.«[3]

Oder: »Im Laufe der letzten sieben Jahre ... haben Jehovas Zeugen ständig Fortschritte gemacht. Ihr Wachstum ist gesund. ... Es besteht somit kein Zweifel darüber, daß Jehova seine Diener durch Christus Jesus, ihren Führer, unfehlbar geleitet hat.«[4]

Die Anhänger eines Propheten predigen sehr eifrig? Auch das beweist nicht, daß es sich um einen Propheten Gottes handelt. Denn nach Jesu Worten werden viele irregeführt durch falsche Propheten, und das ist ohne intensive Propaganda kaum zu erwarten.

3. Allgemeinverständliche Diskussionspunkte bevorzugen!

Schließlich ist noch ein weiterer Gesichtspunkt zu bedenken. Für die meisten Menschen, die von ZJ angesprochen werden, ist die Bibel ein fremdes Buch. Diskussionen darüber, ob *Harmagedon* vor oder nach dem *Millennium* zu erwarten ist, und ob »*staurós*« zur Zeit Jesu einen Pfahl mit oder ohne Querbalken bezeichnete, gehen an ihnen vorüber. Sie können sich dazu kaum ein eigenes Urteil bilden. Andere Fragen jedoch sind leichter zu beurteilen: Angenommen, eine Gruppe hat zehnmal falsch vorhergesagt. Wenn jemand darüber informiert ist, wird es ihm nicht besonders schwerfallen zu entscheiden, was er von der gegenwärtig vorgetragenen Vorhersage dieser Gruppe halten soll. Er wird dazu kein umfassendes Bibelstudium benötigen. Und angenommen, eine Gruppe tut selbst das, was sie an anderen kritisiert. Auch ohne zu wissen, was in *Röm 2,21f* steht, wird der außenstehende Beobachter merken, daß da etwas nicht stimmt.

So denke ich, daß meine Bevorzugung bestimmter Themen dem Interesse breiter Kreise entgegenkommt, die von ZJ angesprochen werden und sich ein Urteil über diese Gruppe bilden wollen, auch ohne selbst Bibelgelehrte zu sein.

---

1)   In Deutsch erschienen diese 31 Teile in WT-Heften vom 15. Feb. 1955 bis zum 15. Juni 1956. — Neidhart 189f gibt die genauen Seitenzahlen an. (Zu Neidhart, *Jahrbuch* oder *Predigtdienst* siehe im Anhang die abgekürzt zitierte Literatur.)

2)   Vgl. *Materialdienst* der Evangelischen Zentralstelle für Weltanschauungsfragen, Jg.52 (1989) S.18f

3)   *Predigtdienst* 300.

4)   *Jahrbuch 1981* S.31f.

Kapitel 2

Russells Leben im Überblick

In diesem Buch kann sich der Leser in mehreren Etappen mit dem Leben Russells beschäftigen: In diesem Kapitel bekommt er einen Überblick[1]; im Kap.3 wird das literarische Werk Russells behandelt, im Kap.4 sein Selbstbewußtsein, daraufhin seine Vorhersagen; im Kap.11 *Wie geht die WTG mit ihrer eigenen Geschichte um* werden Russell betreffende Widersprüche innerhalb der WTG-Literatur dargestellt; im Anhang findet sich dann noch zweierlei: die *Zeittafel*, die noch weitere Angaben enthält, und außerdem das Kapitel *Umstrittene Punkte im Leben Russells*.

Russell lebte von 1852 bis 1916. Geboren wurde er im Gebiet des heutigen *Pittsburgh*,[2] einer großen Stadt im amerikanischen Bundesstaat *Pennsylvanien* (ein Nachbarstaat von New York). Seine Eltern waren schottisch-irischer Abstammung. Seine Mutter starb bereits, als er 9 Jahre alt war (sein Vater erst, als Charles 45 Jahre war). Sein Vater hatte einen Herrenbekleidungsladen. Der Sohn stieg als Jugendlicher auch ein. Der Laden dehnte sich aus auf mehrere Filialen; als der Sohn ausstieg, erhielt er für den Verkauf seiner Geschäftsanteile einen Nettobetrag von über einer Viertelmillion Dollar — das heißt, daß das von ihm gegründete religiöse Unternehmen ein beachtliches Startkapital hatte. Ein nicht zu unterschätzender Faktor für die weitere Entwicklung dieses Unternehmens![3]
Zu Russells religiöser Entwicklung: Von seinen Eltern her war er *Presbyterianer*. Er wechselte als Jugendlicher zu den *Kongregationalisten* über, weil diese liberaler waren. Außerdem war er beim *Christlichen Verein Junger*

Männer (abg. CVJM). Doch es regten sich bei ihm Zweifel am christlichen Glauben; besonders die Lehren von der Vorherbestimmung (= *Prädestination*) und von der Hölle als Ort ewigen Leidens machten ihm Schwierigkeiten. Durch einen Adventisten wurde 1870 sein Glaube an die göttliche Eingebung der Bibel wieder befestigt. Noch im selben Jahr begann er mit fünf anderen Personen einen eigenen Bibelerforschungskreis.[4)]

˙ 1876 lernte er Nelson H. BARBOUR (Herausgeber der Zeitschrift *The Herald of the Morning*) kennen. Russell beteiligte sich finanziell und redaktionell an Barbours Zeitschrift; sie brachten im Jahr darauf (1877) gemeinsam das Buch *Three Worlds or Plan of Redemption* heraus. Im nächsten Jahr (1878) kam es zu einer Meinungsverschiedenheit, und sie gingen auseinander. Und im Jahr darauf (1879) begann Russell mit seiner eigenen Zeitschrift: *Zion's Watch Tower and Herald of Christ's Presence.* Im gleichen Jahr heiratete er Maria Frances ACKLEY, die sich aber nach 18 Jahren von ihm trennte. 1881 gründete er die *Zion's Watch Tower Tract Society*, die einige Jahre später als Aktiengesellschaft gesetzlich eingetragen wurde. (Das Hauptbüro der Bewegung wurde später von Pittsburgh nach *Brooklyn* in New York verlegt. Ebenfalls 1881 brachte er zwei kleinere Bücher heraus (*Tabernacle*, *Food*).

1886 begannen die *Schriftstudien* mit Bd.1 zu erscheinen. Seit 1909 erschienen Traktat-Serien (unter verschiedenen Namen) zur massenhaften Verbreitung unter Außenstehenden. Die moderne Technik versuchte er sofort zunutze zu machen: 1914 wurde erstmals das *Photo-Drama der Schöpfung* vorgeführt. Mehrmals unternahm er Auslandreisen (erstmals 1891), gründete auch im Ausland Büros (erstmals 1900 in London). Es kam zu öffentlichen Forumsdiskussionen (»Debatten«) — zur ersten 1903 (mit dem Methodistenpastor *Eaton*). Die Öffentlichkeit widmete ihm wachsende Aufmerksamkeit; manches an der

Tätigkeit Russells geriet ins Zwielicht (die wichtigste Kritik erschien 1912: *Some Facts About the Self-Styled 'Pastor' Charles T. Russell*, vom Baptistenpastor *Ross*).

Für mehrere Zeitpunkte wagte Russell Vorhersagen; am bekanntesten ist jene für 1914 (totaler Umsturz, seither sollte Christus auf Erden regieren und Frieden herrschen); als diese sich nicht erfüllte, versuchte er einen Teil der Vorhersage auf 1918 zu verlegen. Kurz vor seinem Tode schrieb Russell die letzten Vorworte zu seinen *Schriftstudien*, am 31.Okt. starb er während der Heimfahrt einer vorzeitig abgebrochenen Vortragsreise in Texas.

Sein Nachfolger als Präsident wurde Joseph F. RUTHERFORD; dieser setzte sich gegen seine Kritiker im Direktorium durch. — Weitere Angaben über Russells Leben sind der *Zeittafel* im Anhang zu entnehmen.

Bei dieser Darstellung von Russells Leben bin ich großenteils auf die Literatur der WTG angewiesen; sollten darin bestimmte Fehler konsequent enthalten sein, die sonst weiter nicht auffällig sind (also weder in sich Unwahrscheinliches ausdrücken noch mit anderen Ereignissen in seinem Leben kollidieren), so wäre es schwer für mich, diese zu entdecken. Auch die ZJ-Kritiker sind ja für viele Russell betreffende Fragen auf die WTG-Literatur angewiesen, stellen also auch nicht unbedingt ein Korrektiv dar.

Von der WTG herausgegebene Literatur zu Russells Leben:
Pastor C.T. Russell. Sein Leben und sein Wirken (1917),
Schriftstudien Bd.7 (1917) S.58-65 (Ausgabe von 1925 auf S.65-73),
WT 1955 (S.103f, 173ff, 196ff, 233ff, 268ff, 301ff),
Zum Predigtdienst befähigt (1957) S.297-311,
Jehovas Zeugen in Gottes Vorhaben (1960) Kap.2-10,
Jahrbuch 1975, S.31-77.
Unabhängig von der WTG erschienen:

Chicago Bible Students: *The Laodicean Messenger being the Memoirs of the Life, Works and Character of That Faithful and Wise Servant of the Most High God.* 3.Aufl. 1923.

Dietrich HELLMUND: *Geschichte der Zeugen Jehovas (in der Zeit von 1870 bis 1920).* Hamburg 1971.

1) Die letzte Anmerkung im Vorwort erklärt die Schwierigkeit, eine detailreiche Lebensgeschichte Russells zu liefern

2) Eigentlich in *Allegheny*; das ist aber heute ein Teil von Pittsburgh

3) Hellmund (bei Nr.20): »So konnte seine Bewegung gerade in der andernorts so kritischen Entstehungszeit durch die ihr mögliche, großzügige Finanzplanung etwa bei Werbefeldzügen die Enge und Kurzatmigkeit überwinden, die sonst Gemeinschaften dieser Art anhaftet.«

4) *Vorhaben* 14f

Kapitel 3

Russells Hauptwerk, die »Schrift-studien«

»die Schrift-Studien, die so viel zu seinem Ruhme beige-tragen haben, ...« (die WTG im Jahr 1917)[1]

1. Wichtiger als der »Wachtturm«

Unter den verschiedenen Büchern, die Russell schrieb, spiel-ten die 6 Bände *Schriftstudien* die Hauptrolle. Das wird bereits bei einer Betrachtung der Auflagenziffern deutlich. In bezug auf den ersten Band schrieb Russell in seinem letz-ten Vorwort (vom Okt. 1916): »Bis jetzt (1916) sind unge-fähr 5 Millionen in der ganzen Welt verbreitet.« (Hier — und im folgenden — sind nicht nur die englischen Ausga-ben gerechnet, sondern auch die fremdsprachigen.) Die Zeitschrift *Wachtturm* hatte 1915 eine Auflage von 55000.[2] Ganz grob gesprochen, könnte man also sagen, daß der Inhalt des ersten Bandes der *Schriftstudien* etwas weniger als 100mal weiter verbreitet war als der Inhalt der WT-Hefte.

Dazu kommt eine ganz allgemeine Erfahrung: Bücher hebt man eher auf als Zeitungen; manche Bücher sieht man auch noch ein zweites Mal durch. Insofern kann man ver-muten, daß die durch die WTG verbreiteten Bücher ein-flußreicher waren als die WT-Hefte, auch bei jenen Lesern, die beides hatten.

Im Rückblick auf die Zeit Russells heißt es auch in ei-nem WT des Jahres 1957, daß die »sechs Bände der *Schrift-studien* ... hauptsächlich für die Öffentlichkeit geschrieben wurden«, während die »Zeitschrift *The Watchtower* ... zu jener Zeit für die interne Organisation geschrieben wurde« (S. 542).

Aus dieser Funktions-Beschreibung folgt: Was damals öffentlich verkündigt wurde, ist vor allem den *Schriftstudien* zu entnehmen. Sollte sich irgendwo eine Differenz zwischen den Aussagen der *Schriftstudien* und jenen des WT ergeben, so ist davon auszugehen, daß die Aussagen der *Schriftstudien* eher repräsentativ sind für das, was der Öffentlichkeit vermittelt wurde. Wollen wir also beispielsweise wissen, was die Bibelforscher damals für die Zeit bis 1914 vorhergesagt haben, so müssen wir dazu in erster Linie die *Schriftstudien* heranziehen (und höchstens in zweiter Linie WT-Hefte bzw. das, was alte Bibelforscher siebzig Jahre danach berichten).

Noch eine andere Konsequenz dieser Funktions-Beschreibung: Wollte Russell etwas korrigieren, was er in den *Schriftstudien* geschrieben hatte, so genügte dazu ein Hinweis in einer WT-Ausgabe *nicht*; er mußte unbedingt dafür sorgen, daß diese Korrektur in einer Neuauflage der *Schriftstudien* Platz fand.

Kamen die damaligen Bibelforscher mit Interessierten in Kontakt, so wurde »Nacharbeit verrichtet, mit dem Bestreben, ein Studium anhand des ersten Bandes der *Schriftstudien* zu beginnen«.[3] Nach dem ersten Band kam dann der zweite usw.

2. Auflagenhöhe der »Schriftstudien«

Wenn wir runde Absatz-Zahlen festhalten wollen: Zu Russells Lebzeiten wurde der erste Band der *Schriftstudien* in mehreren Millionen Exemplaren abgesetzt, von Band 2 und 3 wurde jeweils eine Million verbreitet.

Genauere Angaben zu machen ist schwierig, da die Angaben innerhalb der WTG-Literatur nicht zusammenpassen. In bezug auf Band eins heißt es, »daß in einer

Zeitspanne von über vierzig Jahren mehr als sechs Millionen davon verbreitet wurden«.[4] (Dieser Band war 1886 erschienen, der Zeitraum von »über vierzig Jahren« erstreckt sich also bis *nach 1926*.) 1924 erschien der Band 1 mit der Angabe auf dem Titelblatt, »Allgemeine Ausgabezahl ungefähr 10 Millionen«; die Ausgaben von 1925 und 1926 geben auf dem Titelblatt »ungefähr 12,5 Millionen« an. (Wie schon oben zitiert, gab Russell bereits 1916 »ungefähr 5 Millionen verbreitet« an.) Die Zahlenangaben auf den Titelblättern bzw. im Vorwort Russells wirken also im Vergleich mit den späteren WTG-Geschichtsberichten auf das Doppelte hinaufgesetzt.

Hier tauchen Fragen auf: Wurden die Zahlen absichtlich überhöht angegeben, um beeindruckende Werbung zu machen? Oder ist es wirklich so schwierig, die Absatz-Ziffern herauszufinden? Aber gerade ein Verlag, der — wie die WTG — vom Beginn an viel Gewicht auf (große und wachsende) Zahlen legte, müßte doch einigermaßen einen Überblick haben, wie hoch der Absatz wirklich ist? (Wenn schon nicht über den Absatz, so doch zumindest darüber, wieviel gedruckt wurde.) Und falls dieser Überblick doch nicht da ist: Warum werden dann überhaupt Zahlen genannt? Was hat der Leser davon, wenn ihm Zahlen mitgeteilt werden, von denen er nie weiß, ob sie in Wirklichkeit halb so groß oder doppelt so groß sind?

Der WT 1955 gibt für die ersten Jahrzehnte die Absatz-Zahlen für die Bücher insgesamt an (S.302); addiert man die Beträge für die Zeit bis inklusive das Jahr 1916, kommt man auf 9,06 Millionen Bücher. Nun gab Russell in seinen Vorworten am 1.Oktober 1916 für den 1.Band 5 Millionen und für den 2.Band »mehr als einundeinhalb Millionen« an[5]; das Titelblatt der 1914-Ausgabe vom 3. Band gibt »1,5 Millionen« an. Rechnet man diese drei Beträge hoch für die Zeit bis Ende 1916, so ergibt alleine die Summe für diese drei Bücher schon knapp 9 Millionen; da-

neben gab es aber noch die drei weiteren Bände Schriftstudien und einige weitere Bücher.[6] Auch hier, nun im Vergleich mit dieser WT-Statistik von 1955, wirken die
Angaben von Titelblättern bzw. Vorworten (mindestens ein
bißchen) überhöht.

Eine weitere Zahl paßt überhaupt nicht zu all den genannten Angaben. *Vorhaben* (S.54) zitiert die New Yorker Zeitung *The World* (vom 30.August 1914): »... in dem
Buche 'Die Zeit ist herbeigekommen' — von dem vier Millionen Exemplare verkauft wurden ...«.

Im August 1914 sollen vom 2.Band der *Schriftstudien*
bereits 4 Millionen verkauft sein, während Russell im Oktober 1916 erst von »mehr als einundeinhalb Millionen«
spricht? Die Angabe dieser New Yorker Zeitung ist also
sicher extrem überhöht. (Es bleiben hier Fragen offen. Warum korrigiert die WTG diese doch extrem überhöhte Angabe nicht wenigstens im Anschluß an das Zitat oder in
einer Fußnote? Und warum zitiert sie überhaupt den Text
eines offensichtlich ungenau informierten Journalisten derart ausführlich? Wir kommen auf diesen Text noch in
Kap.7/2b zurück.)

3. Die sechs Bände »Schriftstudien«

Genug von diesen Zahlen. Wenden wir uns nun den sechs
Bänden der *Schriftstudien* zu. Ihre Erscheinungsjahre und
ihre Titel waren (ich gebe die Jahre der amerikanischen
Erstausgaben an, die Titel sind jene der deutschen Übersetzungen):

Bd.1 (1886) *Der Plan der Zeitalter* (später: *Der göttliche*
          Plan der Zeitalter)
Bd.2 (1889) *Die Zeit ist herbeigekommen*
Bd.3 (1891) *Dein Königreich komme*
Bd.4 (1897) *Der Tag der Rache* (später: *Der Krieg von*
          Harmagedon)

Bd.5 (1899) *Die Versöhnung des Menschen mit Gott*
Bd.6 (1904) *Die Neue Schöpfung*
(Auf den posthum herausgegebenen Bd.7 gehe ich in Abschnitt 5 näher ein.)
Bis 1904 war der Titel dieser Bände »Millennium-Tagesanbruch« (*Millennial Dawn*), dann stieg Russell auf den Titel »Schriftstudien« (*Studies in the Scriptures*) um.

4. Veränderte Nachdrucke

Im Hinblick auf die Vorhersagen Russells für die Zeit bis 1914 sind vor allem die Bände 2, 3 und 4 wichtig. Bei diesen Bänden schien es in den Nachdrucken ab 1914 nötig zu sein, manche Anpassungen an das »hellere Licht«, den neuen Erkenntnisstand, vorzunehmen. (Die Vorhersagen mit ihren konkreten Datierungen waren ja sämtlich danebengegangen.) Insofern ist es bei Zitaten aus diesen Bänden günstig, auch die Ausgabe zu erwähnen, aus der das jeweilige Zitat stammt.[7]

a) Band 2
Was den Bd.2 betrifft, so sind mir drei unterschiedliche Ausgaben bekanntgeworden:[8]
(a) Vorkriegsausgabe
(b) Nachkriegsausgabe
(c) 1926 (= letzter Nachdruck)
Ein konkretes Beispiel für die Unterschiede zwischen den Ausgaben:
(a) S.214 »Wenn daher auch 1878 die Gnade wieder zu beginnen hatte, so wird der Jude doch nicht vor 1914 in die *volle Gnadenstellung* zurückgelangt sein. ... während die Prophetie beide Enden ihrer Wiederaufrichtung — 1878 und 1914 — angiebt. Dies ergiebt eine genaue Parallele von 37 Jahren.«
(b) S.210 »Und wenn auch 1878 die Gnade wieder zu be-

ginnen hatte, so wird der Jude aber erst nach 1918 in die
volle Gnadenstellung zurückgelangt sein. ... während die
Prophetie beide Enden ihrer Wiederaufrichtung — 1878
und 1918 — angibt. Dies ergibt eine genaue Parallele von
40 Jahren.«

Es wurde also '1914' durch '1918' ersetzt, mit den ent-
sprechenden numerischen Konsequenzen (z.B. ergibt sich
nun eine Differenz von '40' anstatt '37' Jahren). Daneben
kam es zu einigen Formulierungsunterschieden.

(c) S.212 — wie (b), nur statt '1918' kommt '1915' (mit
entsprechender Rückänderung aller anderen Zahlen auf die
Gestalt wie in (a), also statt »Parallele von 40 Jahren«
kommt »Parallele von 37 Jahren«.

Ein Leser, der Zugang zu einer Ausgabe von Bd.2 hat,
kann anhand dieses Beispiels seine eigene Ausgabe zuordnen.

Diese Serie von Änderungen — innerhalb kurzer Zeit —
wirft mehrere Fragen auf:

Ist das ein Beispiel für das »hellerwerdende Licht«, von
dem ZJ immer wieder sprechen? Die Differenz betrug in
der Ausgabe (a) 37 Jahre, dann (b) 40 Jahre, und schließlich (c) wieder 37 Jahre. Wurde das Licht von einer Veröffentlichung zur anderen heller? Oder war zuerst (a) Licht
da, dann (b) Dunkelheit, und schließlich (c) wieder das ursprüngliche Licht? — Kann man in dem Herumtasten von
1914 zu 1918 zu 1915 ein allmähliches Präzisieren sehen?
(Niemand könnte es verübeln, wenn bei einer so schwieri-
gen Frage nicht gleich der erste Antwortversuch restlos
stimmt.) Doch heutige ZJ sehen alle drei Antworten als
gleicherweise falsch an.[9]

Beunruhigend an dieser Änderungsprozedur wirkt die
— scheinbar — *beliebige Austauschbarkeit.* Man kann die
eine Zahl schreiben, man kann aber genausogut eine andere Zahl schreiben, ohne daß der Text im übrigen wesentlich geändert werden muß. Ist die Bibel wirklich derart

vieldeutig, daß man aus bestimmten Bibelstellen wahllos verschiedenste Schlußfolgerungen ziehen kann — eine ist so gut wie die andere, man kann ohne weiteres die eine durch die andere ersetzen? Falls die Bibel wirklich so vieldeutig ist, hat sie dann überhaupt noch irgendeine Aussage? Oder hat sich die WTG hier von vornherein so weit von den unmittelbaren Bibelaussagen entfernt — in einen Bereich der Spekulation begeben — daß nun verschiedene Deutungsmöglichkeiten ohne weiteres miteinander austauschbar sind? Das wäre aber sicher kein verantwortungsbewußter Umgang mit der Bibel.

b) Fälschung?

Im Hinblick auf diese nach 1914 veränderten Nachdrucke wurde wiederholt der Vorwurf der *Fälschung* geäußert.[10)]
Ich beurteile das nicht so, und zwar aus folgenden Gründen:

1. Die Veränderungen wurden nicht konsequent durchgeführt. Viele Stellen blieben unverändert und zeigen durchaus noch die ursprüngliche Vorhersage. Es macht also zumindest nicht den Eindruck eines konsequenten Vertuschungsversuchs.

2. Wenn ich der WTG auch nicht alles blind glaube, so nehme ich ihr jedenfalls doch das eine ab, daß sie mit dem Kommen des Endes in den nächsten Jahren gerechnet hat. Sie hat also sicher nicht veränderte Nachdrucke herausgegeben, damit ZJ-Historiker um 1980 irregeführt werden. Und die Zeitgenossen konnte sie durch veränderte Nachdrucke kaum irreführen, weil noch die alten Exemplare verbreitet waren.

3. Das eigentliche Publikum für die veränderten Nachdrucke waren jene, die durch ZJ neu angesprochen wurden, und denen nun Literatur gegeben werden sollte. Und dazu hat die WTG solche Aussagen, die offensichtlich falsch/überholt waren, verändert und dem neuen »Er-

kenntnis-Stand« angepaßt — so wie einführende Lehrbücher auch immer wieder auf den neuesten Stand gebracht werden, ohne daß jede Veränderung gesondert ausgewiesen wird.[11]

Man könnte der WTG höchstens eine gewisse Schlampigkeit vorwerfen, indem die überarbeiteten Neuauflagen einfach als »nachgedruckt« bezeichnet werden, ohne Hinweis darauf, daß manche Stellen verändert wurden. Außerdem ergibt sich ein irreführender Eindruck, wenn ein vorhersagender Text in der Formulierung weitgehend beibehalten wird und bloß so verändert wird, daß er nun wie eine eingetroffene Vorhersage wirkt. Ein Beispiel. Vor dem Krieg hieß es: »... 1910 ... ist nur 4 Jahre vor dem vollen Schluß der Trübsalszeit,« — und nach dem Krieg: »... 1910 ... ist nur vier Jahre vor dem eigentlichen Anfange der Drangsalszeit,«[12] Nun wirkt die ganze Berechnung so, als wäre von vornherein auf 1914 als *Beginn* einer stürmischen Zeit hingewiesen worden.

Das eigentliche Problem aber sehe ich, wie schon oben erwähnt, in der Beliebigkeit der Bibelauslegung. Wenn eine Bibelauslegung (genauer: eine auf Bibelstellen gegründete Kombination von Überlegungen) sich als falsch erwies, so führte das bei der WTG nicht zu einer grundsätzlichen Neubesinnung, sondern sie stellt munter eine neue Auslegung auf, und einige Zeit später wieder eine andere ...[13] (Trotz Mißerfolge unbelehrbar?)

c) Pyramide im Wachsen?

In einem Fall geht das Problem aber noch tiefer. Es handelt sich um Russells Auswertung der Längenmaße der ägyptischen Cheopspyramide. Er betrachtet die Länge eines Ganges (»abwärtsführende Passage«), der vom Eingang der Pyramide in eine unterirdische Kammer (»Abgrund«) führt. Er erklärt, wie man zu einem bestimmten Fixpunkt kommt, von dem man auszugehen hat; von diesem Punkt aus bis zum Eingang der unterirdischen Kammer beträgt die Länge *3416 Zoll.* Jeder Zoll steht — der Leser ahnt es bereits — für ein Jahr; damit kommt Russell auf das Jahr 1874 als Beginn der Trübsalszeit:

»Dieses Maß beträgt 1542 Zoll und giebt das Jahr 1542 v.Chr. als das Datum an jenem Punkte an. Dann, von diesem Punkte an, die 'Eingangs-Passage' hinab messend, um die Entfernung bis zum Eingang des Abgrundes zu finden, der die große Trübsal und Zerstörung darstellt, mit welcher dieses Zeitalter schließen soll, da das Böse von seinem Thron gestoßen sein wird, erfahren wir, daß es 3416 Zoll beträgt, welche 3416 Jahre symbolisieren von dem obigen Datum, 1542 v.Chr., an. Diese Berechnung zeigt das Jahr 1874 n.Chr. an, als den Anfang der Periode der Trübsal markierend; denn 1542 v.Chr. plus 1874 n.Chr. macht 3416 Jahre. So bezeugt die Pyramide, daß der Schluß des Jahres 1874 der chronologische Anfang der Zeit der Trübsal war,«[14]

Die Frage, ob es möglich ist, aus Pyramiden-Maßen Gottes Pläne abzulesen, lassen wir jetzt ganz beiseite (sie wird übrigens von heutigen ZJ verneint). In den *Schriftstudien* (Band 3)-Ausgaben nach 1914 wurde etwas Neues präsentiert: 1874 begann lediglich die *Ernte*; die *Zeit der Drangsal* begann erst 1914/15. Um auf dieses neue Jahr zu kommen, wurden 41 Jahre (= Zoll) hinzugezählt; während der übrige Text gleich blieb, stand nun dort, wo zuvor 3416 Zoll waren, 3457 Zoll! Daraus folgt auch: statt 3416 Jahre kommen 3457 Jahre, und statt 1874 kommt 1915 (bzw. der Schluß des Jahres 1914).[15]

War die Pyramide in der Zwischenzeit gewachsen? Hatten neuere Abmessungen ein anderes Ergebnis gebracht? Darauf wäre in der Neuauflage der *Schriftstudien* doch sicher hingewiesen worden? Tatsächlich bleibt der Text aber — von der Änderung der genannten Zahlen abgesehen — unverändert; unverändert auch der Hinweis auf Russells

Quelle: »Hiermit sind wir imstande, dank der überaus genauen Messungen aller Passagen, welche Prof. Smyth herbeischaffte, ...«[16] (Russell stützte sich bezüglich der Abmessungen auf das Buch *Our Inheritance in the Great Pyramid* von Piazzi SMYTH.)

Es bleibt uns nur der Schluß, daß der Bearbeiter der Nachkriegs-Ausgaben des 3.Bandes ein Betrüger war. Jemand, der genau wußte, daß er den Lesern etwas Falsches vorsetzt: willkürlich veränderte Pyramiden-Angaben, damit die Fehler der eigenen Chronologie nicht so offensichtlich werden (Verschiebung des Drangsal-Beginns von 1874 auf 1914/15).

War Russell selbst dieser Betrüger? Für den Historiker, insbesondere natürlich für den Russell-Biographen eine wichtige Frage. Für andere, eher am Religiösen interessierte Menschen ist diese Frage weniger wichtig; ihnen genügt es zu wissen, daß die für diesen Betrug verantwortliche Organisation die WTG ist.

Doch wir wollen uns noch einen Augenblick der Frage nach dem aktiven Individuum zuwenden. Folgendes spricht dafür, daß es Russell selbst war:

1. Der *Tagesanbruch*, der Russells *Schriftstudien* nachdruckt und an Russells Lehren festhalten möchte (während die WTG nach Russells Tode manches veränderte), war sicherlich interessiert daran, die letzte noch von Russell selbst bearbeitete Ausgabe nachzudrucken (und nicht eine nach Russells Tod von Rutherford und dessen Mitarbeitern überarbeitete Fassung). Die vom *Tagesanbruch* nachgedruckte Ausgabe enthält aber bereits die oben beschriebenen Veränderungen.

2. Das hinter dem Betrug stehende Motiv ist die Verschiebung des Beginns der großen Drangsal von 1874 auf 1914/15 (das Jahr 1874 stellt dann nur noch den Beginn der *Ernte* dar). Wo es in der Vorkriegsausgabe hieß, »daß die 40 Jahre des Gerichtes und *der Trübsal* im Herbste des

Jahres 1874 begannen,« (d.h. die Trübsal endet 1914), liest man in der Nachkriegsausgabe, »daß die 40 Jahre *der eigentlichen Ernte* im Herbst des Jahres 1874 begannen,«[17] Es läßt sich zeigen, daß diese Verschiebung bereits auf Russell selbst zurückgeht. In seinem letzten Vorwort schreibt er: »Die Große Pyramide, die in diesem Bande behandelt wird, hat für den Verfasser nichts an Interesse verloren. ... Ernte dieses Zeitalters, die im Jahre 1874 begonnen hat.« In diesem Vorwort sieht Russell in 1874 also (nur noch) den Beginn der Ernte.[18]

Beide Argumente drücken aber lediglich ein gewisse Wahrscheinlichkeit aus.

d) Noch lieferbare Nachdrucke

Heute noch verbreiten Russells *Schriftstudien* folgende drei Organisationen:[19]

(The) Laymen's Home Missionary Movement (Pennsylvania), mit dem Rutherford-Konkurrenten Paul S.L. JOHNSON (gest.1950) als führendem Kopf.

The Dawn Bible Students Association (New Jersey): Monatsschrift *The Dawn*. Der deutsche Zweig wurde als *Tagesanbruch Bibelstudien-Vereinigung* 1953 gegründet; dort sind die *Schriftstudien* in deutscher Sprache erhältlich.[20]

The *Associated Bible Students*: *Pastoral Bible Institute* (1918); heute in St.Louis, Missouri.

The *Chicago Bible Students* haben die WT-Ausgaben von 1879 bis 1916 nachgedruckt, also für die gesamte Zeit Russells.

Diese (und andere) Organisationen können eher als die WTG beanspruchen, Nachfolger Russells zu sein. Über die Mitgliederzahlen gibt es nur ungefähre Angaben; die Gesamtanzahl könnte um 100 000 herum liegen.

5. Der sog. 7. Band der »Schriftstudien«

Im Juli 1917 kam auf Veranlassung von Rutherford, dem

Nachfolger Russells als WTG-Präsident, ein 7.Band
Schriftstudien heraus, mit dem Titel *Das Vollendete Geheimnis*. Er enthielt Kommentare zur Offenbarung, zum
Hohenlied Salomos und zu Hesekiel. Der Band gibt sich
als »Ein hinterlassenes Werk von Pastor Russell« aus, als
posthum erschienenes Werk also. Die beiden Bearbeiter waren Fisher und Woodworth. Des letzteren Tätigkeit wird
im *Vorwort der Herausgeber* folgendermaßen beschrieben:
»wurde Bruder Woodworth durch des Herrn Gnade befähigt, alles zusammenzustellen, was Bruder Russell über
die Offenbarung schrieb, und die anderen Teile dieses Buches zu erklären und mit dem göttlichen Plan in Harmonie zu bringen,«

Jene Bibelstellen, zu denen keine Kommentare Russells
vorhanden waren, wurden also von Woodworth (bzw. Fisher) kommentiert. In *Vorhaben* wird gesagt: »Dieser siebente Band enthielt daher größtenteils Gedanken und Kommentare, die Pastor Russell zu seinen Lebzeiten geschrieben
hatte.« (S.70)

Von den russelltreuen Organisationen wird dieser Band
einhellig abgelehnt (und daher auch nicht nachgedruckt[21]),
weil darin ein großer »russellfremder« Anteil gesehen wird
(z.B. die Vorhersage für 1925).

6. Gesamtumfang der Schriften Russells

Durch die WTG-Literatur geistert eine beeindruckende
Zahl: »Er hatte Bücher geschrieben, die insgesamt über
50 000 Seiten ausmachten,«[22] Verweilen wir einen Moment
bei den Konsequenzen dieser Zahl — ihre Richtigkeit einmal vorausgesetzt.

a) Bibelforscher oder Russellforscher?
Russell schrieb 50 000 Seiten und erwartete von seinen Anhängern, daß sie diese auch lesen. Nehmen wir an, sie la-

sen daneben auch die Bibel. Wenn wir den Umfang der
Bibel mit rund 1500 Seiten veranschlagen, so kommen wir
auf ein Umfangsverhältnis zwischen Russell-Literatur und
Bibel von ca. 35:1. Das ist, wie jeder zugeben wird, für
die Bibel kein sehr günstiges Verhältnis.

Hier kann man natürlich einwenden: 'Die Bibel sollte
ja mehrmals gelesen werden, nicht bloß einmal.' Das mag
stimmen. Doch auch Russells *Schriftstudien* sollten mehrmals gelesen werden:

Der WT 1910 erwähnt, daß viele Leser täglich 12 Seiten
der *Schriftstudien* lesen (genaue Zitate im nächsten Kapitel). Dieses Tempo führt dazu, daß alle 6 Bände innerhalb
von 2 Jahren 3mal durchgelesen werden. Wobei, wie Russell betont, es mit bloßem *Lesen* nicht abgetan ist: »Ferner möchten wir bemerken, daß, wenn zwölf Seiten der
Schrift-Studien nur *gelesen* werden, es kein *Studieren* im
rechten Sinne des Wortes sein würde ... Ein rechtes Studieren würde heißen, über jedes Wort und jeden Satz nach-
zudenken.« (S.219)

Rückblickend auf die Zeit um 1920 erzählt ein Mitglied
der *Leitenden Körperschaft*: »In jenen Jahren sagte man
uns: 'Lies die sieben Bände der *Schriftstudien* jedes Jahr
durch, wenn du in der Wahrheit bleiben willst.' Natürlich
wollte ich in der Wahrheit bleiben und las daher pflicht-
getreu jedes Jahr diese Bände durch, bis ich ins Bethel
kam.«[23]

Schon zur Zeit Russells gingen viele Ausgaben der
Schriftstudien mit einer dem Vorwort Russells vorangestell-
ten anonymen Erklärung hinaus, überschrieben als *Studien
in der Heiligen Schrift*. Darin wird der vielfache Nutzen
dieser Bände erklärt. Unter anderem wird die Möglichkeit
angesprochen, daß der Leser von Verwandten oder Freun-
den religiöse Fragen gestellt bekommt. Solche Fragen müssen ernst genommen werden, auch wenn der Gefragte oft
nicht die Zeit hat, Antworten auf diese Fragen auszuar-

beiten. »Wie gelegen ist es dann, den Bücherschrank öffnen zu können und die geeigneten Studien über den Gegenstand zur Hand zu nehmen und dem Fragesteller zu sagen, 'Setze Dich hin und lies diese kurze Darlegung, und der ganze Inhalt Deiner Frage wird völlig und zufriedenstellend erledigt werden; und wenn Deine Zweifel jemals wiederkehren sollten, so komme zu mir und lies dasselbe von neuem.'«[24]

Hieraus spricht, nebenbei bemerkt, ein enormes Selbstbewußtsein: Diese Bände bringen demnach eine abschließende, restlos befriedigende Beantwortung aller wesentlichen Fragen. Jedenfalls kommt auch hier zum Ausdruck, daß eine wiederholte Lektüre dieser Bände angebracht ist.

Die *Schriftstudien* waren nach Ansicht Russells der *Schlüssel zur Bibel*.[25] Sie sollten nicht die Bibel ersetzen, sondern zu ihr hinführen.[26] Ohne die *Schriftstudien* sei es jedoch unmöglich, die Bibel zu verstehen. Und da die *Schriftstudien* ja immer wieder auf die Bibel Bezug nehmen, diese wiederholt zitieren, sei es im Zweifelsfall besser, nur die *Schriftstudien* (ohne Bibel) zu lesen als umgekehrt.[27]

Im Hinblick auf solche Hochschätzung der Schriften Russells wird der ZJ aber darauf hinweisen: 'Russell zitiert ja in seinen Büchern immer wieder die Bibel.' Das ist richtig, doch der Großteil des Textes sind dennoch Russells Kommentare dazu und Überlegungen — nicht einfach der Bibeltext selbst. (Inwieweit eine Auslegung wirklich den Sinn einer Bibelstelle erfaßt — gerade das ist ja der Streitpunkt.) Wobei heutige ZJ einen Großteil von Russells Bibel-Kommentaren als falsch ansehen.

Jedenfalls wird eines deutlich: Der ZJ, der sich Russell anschloß, stand in einer Bewegung, in der die eigene Lektüre der Bibel zumindest sehr intensiv begleitet wurde von den Auslegungen Russells — wenn nicht überhaupt die Bücher Russells die Hauptlektüre waren und die Bibel nur zum Nachschlagen benutzt wurde.

Beim heutigen ZJ beträgt das zeitliche Verhältnis zwischen WTG-Literatur-Lektüre zur Bibel-Lektüre etwa 10:1 (mehr darüber in Kap.12/1). Abgesehen von dem eigentlichen springenden Punkt, ob nämlich die Auslegungen die ursprüngliche biblische Aussageabsicht gut wiedergeben, geht aus einem solchen Verhältnis doch eines hervor: Das von den ZJ vertretene Lehrsystem ergibt sich nicht sehr direkt aus der Bibel, wenn eine derart intensive Begleitung durch eine ganz bestimmte Lektüre nötig ist, wenn die auf die »Begleitlektüre« verwendete Zeit zehnmal größer ist als die für die »eigentliche« Lektüre verwendete Zeit.

b) 100 umfangreiche Bücher?

Doch zurück zur Zahl 50000 und der Frage, ob sie überhaupt stimmen kann. Diese Zahl taucht erstmals 1917 auf[28] und kehrt mehrmals wieder — es kann sich zumindest nicht um ein einmaliges Versehen handeln.

Rechnen wir die sieben Bände der *Schriftstudien* zusammen (wobei wir den siebenten nicht zur Gänze Russell zuschreiben dürfen), und auch die kleineren, je ca. 100 Seiten umfassenden Bücher/Broschüren, nämlich:

Drei Welten oder der Plan der Erlösung (gemeinsam mit Barbour)
Speise für denkende Christen
Was sagt die Heilige Schrift über die Hölle?
Die Wiederkunft unseres Herrn — seine Parusie, Epiphania und Apokalypse
Die Stiftshütte. Ein Schatten der wahren, 'besseren Opfer'
Was sagt die Heilige Schrift über den Spiritismus?
Die Bibel gegen die Evolutionslehre
Das allgemeine und ewige Gesetz Gottes
Das Photodrama der Schöpfung[29]
kommen wir insgesamt auf ca. 4000 Seiten.[30] Es

bleibt eine riesige Differenz zu dem behaupteten Umfang. Eine versehentlich hinzugefügte Null, die von anderen WTG-(Ab-)Schreibern aus Gedankenlosigkeit beibehalten wurde? Oder eine Übertreibung, um Leser zu beeindrucken?[31]

Wie dem auch sei, fast noch wichtiger als die Frage, wie es zu diesem Irrtum kam, ist eine die WT-Leser betreffende Beobachtung: Hier kann man sehen, wie kritiklos die ZJ solche Daten bei der Lektüre von WTG-Schriften aufnehmen! Hätte die WTG kritische Leser, so würde sie nach der Publikation einer solchen Angabe mit Anfragen überhäuft werden; das scheint nicht der Fall zu sein, denn es hätte sonst kaum dazu kommen können, daß diese Angabe nun schon seit mehr als 70 Jahren immer wieder gedruckt wird. Jene ZJ, die schon länger dabei sind, wissen im allgemeinen, daß Russells Hauptwerk die 6 (oder 7) Bände *Schriftstudien* sind, und daß seine übrigen Bücher eher kleinere Werke waren. Würden sie beim Aufnehmen der Zahl 50 000 auch nur einen Augenblick nachdenken, wäre ihnen klar, daß da etwas falsch sein muß. Doch für ein solches kritisches Nachdenken über WTG-Aussagen fehlen fast alle Voraussetzungen: Bedürfnis, Übung und Zeit.

Nehmen wir einmal an, diese Behauptung hätte sich ursprünglich nicht speziell nur auf Bücher (und Broschüren) bezogen, sondern genauso auf Flugblätter und Zeitschriften. Die Flugblätter hatten nur wenig Text; gleiches gilt für seine gedruckten Predigten.[32] Die Zeitschriften könnten schon eher zum Gesamtumfang beitragen. Ein 1919 erfolgter Nachdruck aller WT-Ausgaben von 1879 bis 1919 wurde in sieben Bänden zusammengestellt.[33] Darin beträgt der Umfang der Ausgaben von 1879 bis 1916 etwa 6000 Seiten. Er geht aber nicht alleine auf Russell zurück, denn »C.T.Russell ... war ihr Schriftleiter und Herausgeber. Fünf weitere reife Erforscher der Bibel schrieben ursprünglich regelmäßig Beiträge ...«.[34] Jedenfalls bleibt es dabei, daß die Behauptung von Russells 50 000 Buchseiten um ein Vielfaches übertreibt. Somit stellt sich natürlich auch die Frage, ob die anderen Angaben in Russells heroisierendem Nachruf stimmen: »Wie berichtet wird, war er über eine Million Meilen als Vortragsredner gereist[35] und hatte über 30 000 Predigten gehalten. Er ... hatte oft 1000 Briefe im Monat diktiert,«[36].

1) WTG: *Pastor C.T.Russell. Sein Leben und sein Wirken.* 1917, S.111

2) *Vorhaben* 50; ähnlich in WT 1955, S.270. Dazu paßt, daß für 1904 eine Zahl von 25000 genannt wird (WT 1955, S.174), und für (vermutlich) 1908 eine Zahl von 30000 (*Predigtdienst* 307). Die Zahlen dieser Geschichtsberichte stützen sich — soweit Belege angegeben werden — auf Angaben in den damaligen WT-Ausgaben. — Allerdings gibt Karl F. KLEIN für 1925 (oder kurz nachher) an, daß der WT in einer Auflage von 30000 Stück erschien (WT vom 15.Dez.1984, S.25).

3) *Vorhaben* 66

4) In *Predigtdienst* 303. Ähnlich (»in 40 Jahren 6 Millionen«) auch im *Jahrbuch 1975*, S.38, in *Vorhaben* 31 und im WT 1955, S.196

5) Dasselbe Vorwort Russells hat in der deutschen Ausgabe von 1923 »mehr als eine halbe Million« — doch das wird ein Druckfehler sein, der demnach zu Recht in der Ausgabe von 1926 korrigiert wurde.

6) Zu den weiteren Büchern gehörten zwei 1881 veröffentlichte: *Die Stiftshütte* mit einer Auflage von 1,5 Millionen (gemäß *Schriftstudien* Bd.7, 1925, S.527, zu Hes 3,16; in der Ausgabe von 1917 S.32) und *Speise für denkende Christen*; von letzterem wurden alleine im Jahre 1881 an drei Sonntagen 1,4 Millionen verteilt (gemäß ebd. S.69, zu Offb 3,14 (in der Ausgabe von 1917 S.61); in *Predigtdienst* 302 klingt es allerdings so, als wären 1881 von beiden Flugschriften zusammen 1,4 Millionen verbreitet worden). — Dabei muß man wohl doch von »Büchern« sprechen, denn *Stiftshütte* hat einen Umfang von 176 Seiten (die deutsche Ausgabe von 1926) und *Speise* von 162 Seiten (WT 1955, S.175).

7) Darüber hinaus gebe ich — wie Neidhart — auch die *Studie* (= Kapitel) an, zu der das Zitat gehört; außerdem die Seite, wo diese Studie beginnt. Dadurch kann der Leser, der eine andere Ausgabe vorliegen hat, das Zitat dennoch rasch finden. (Vom Band 4 existieren Ausgaben mit unterschiedlicher Seitengröße — und dementsprechend unterschiedlicher Seitenzahl.)

8) Hellmund kennt ebenfalls »drei Textfassungen« (am Beginn seiner Bibliographie)

9) Alle noch ausstehenden Vorhersagen bezüglich Israel werden nun auf das »geistige Israel« bezogen — dafür sehen die ZJ nun ihre 144000 an.

10) Hellmund in Nr.256: »Ob man hier von Fälschung reden darf, können die Juristen sagen.« — Franz S.153: »Nachdem das Datum verstrichen und nichts passiert war, hat man sich also in späteren Ausgaben deutlich bemüht, die ganz krassen Fälle von Nichterfüllung der sehr klaren Prophezeiungen über 1914 zu vertuschen.« — Eckhard von SÜSSKIND: *Zeugen Jehovas.* 1987, S.36: »In den Neuauflagen der 'Schriftstudien' nach 1914 wurden diesbezügliche Aussagen, die sich an vielen Stellen finden, stillschweigend verändert, neu formuliert — also gefälscht.« — Neidhart S.150: »Dadurch, daß diese Ausgaben Russell als den Autor angeben und sich zum Teil sogar als 'nachgedruckt' ausweisen, unterstützen sie die falsche Ansicht, daß der Weltkrieg eine Erfüllung der Prophezeiungen Russells war. Hier handelt es sich, das muß klar gesagt werden, um *Quellenfälschung*.«

11) Es wird höchstens dann, wenn der Anteil des Bearbeiters bereits sehr groß ist, dessen Name neben dem des ursprünglichen Autors angeführt — aber besonders umfangreich waren die an den *Schriftstudien* vorgenommenen Änderungen nicht.

12) *Schriftstudien* Bd.3, S.348 bzw. S.352

13) Ein weiteres Beispiel dafür finden wir in Kap.8/2.

14) In den Ausgaben von 1898, 1913 und 1914 auf S.327 (in Studie 10, die auf S.301 beginnt)

15) In den Ausgaben von 1919, 1923 und 1926 auf S.316f; in der *Tagesanbruch*-Ausgabe auf S.330

16) S.326 bzw. S.329

17) S.328 bzw. S.331. Hervorhebung durch kursiv von mir

18) In WTG: *Russell* (wie Anm.1), wird eine von Russell vorbereitete Predigt abgedruckt (er war jedoch gestorben und konnte sie daher nicht mehr halten; Rutherford las sie bei den Begräbnisfeierlichkeiten vor). Darin wird der Beginn der Drangsal mit dem Ausbruch des Weltkrieges gleichgesetzt: »eine kurze Nacht der Drangsal bricht herein; in Europa hat sie schon angefangen;« (S.91), »Bibelforscher sehen, daß diese große Zeit der Drangsal schon anfängt mit dem Loslassen des Zornwindes in Europa.« (S.100)

19) Vgl. dazu Edmond Charles GRUSS: Apostles of Denial. An Examination and Exposé of the History, Doctrines and Claims of the Jehovah's Witnesses. Phillipsburg (New Jersey), 11.Aufl. 1986, Appendix A: *Other Russellite Groups*

20) Und zwar an folgender Adresse: *Tagesanbruch Bibelstudien-Vereinigung, Postfach 4, D-8567 Neunkirchen am Sand.* Der 6.Bd. ist allerdings derzeit nicht lieferbar, und der 2.Bd. — in dem Russells 1914-Vorhersagen am konkretesten ausgeführt sind — wird nur in gekürzter Form (unter Weglassung der 1914-Vorhersagen) nachgedruckt.

21) Er wird im amerikanischen Original (*The Finished Mystery*) von einer evangelikalen, ZJ-kritischen Organisation nachgedruckt: Witness Inc., P.O.Box 597, Clayton, CA 94517, USA.

22) *Jahrbuch 1975*, S.77; ähnlich jüngst in *Erwachet!* vom 22.Okt.1989, S.20, und schon früher in *Vorhaben 62, Predigtdienst 309, Schriftstudien* Bd.7 (1925) S.72 oder im WT 1955, S.270 (merkwürdigerweise wird dabei mit einem Hinweis auf eine Zeitungsausgabe namens *Press*, Pittsburgh (Pa.) des Jahres 1953 belegt. Wenn dort diese Behauptung steht, so kann die *Press* diese Angabe ja doch nur von der WTG übernommen und wohl kaum aufgrund eigener Nachforschungen eruiert haben. Weshalb also ein solcher Beleg? Um zu zeigen: Sogar die weltliche Presse — also eine »neutrale« Instanz — berichtet das? Oder um gegenüber einem mißtrauischen Menschen, der der Sache nachspürt und sie als falsch entlarvt, sagen zu können, daß man das gar nicht selber behauptet habe, sondern lediglich die weltliche Presse?

23) Im WT vom 15.Dez. 1984, S.23. — Klein kam 1925 ins Bethel, und er kam erstmals 1917 mit Bibelforschern in Berührung (1917 war außerdem das Erscheinungsjahr von Bd.7 der *Schriftstudien*). Dieser Rat scheint also in der Zeit von 1917 bis 1925 gegolten zu haben.

24) Zitiert aus dem Bd.3 von 1913

25) Im Vorwort von *Schriftstudien* Bd.7 lesen wir: »Diese Schrift-Studien sind ganz richtig als 'Schlüssel für den göttlichen Plan der Zeitalter' bezeichnet worden. Diese 'Schlüssel' sind in die Hände tausender christlicher Leute der ganzen Welt gegeben worden und haben sie befähigt, die Schatzkammer des Herrn, die Bibel, zu erschließen, um dort von den 'Schätzen der Weisheit' und der Erkenntnis Gottes zu schauen!« (Ausgabe von 1925, S.7)

26) Von einem Schlüssel erwartet man eigentlich, daß er ein Haus aufschließt, so daß sich nunmehr die Aufmerksamkeit des Betrachters dem Haus zuwenden kann. Man erwartet jedoch nicht, daß der Schlüssel derart dominiert, daß der Betrachter sich fast ausschließlich mit dem Schlüssel beschäftigen muß, und sich nur zwischendurch einmal dem Haus zuwenden kann.

27) Im WT 1910, zitiert im folgenden Kap. *Sah sich Russell selbst als Prophet?*

28) Damals allerdings war nicht eindeutig von *Buch*seiten die Rede, sondern allgemein von Seiten: »schrieb über 50.000 Seiten, (wie diese hier) über tiefe biblische Themata,« (*Schriftstudien* Bd.7. 1917, S.64)

29) Der Großteil dieser Bücher — aber jedenfalls keine weiteren — wird auch erwähnt in WTG: *Russell* (wie Anm.1), S.10, eingeleitet durch den Satz: »Er war der Verfasser folgender Werke, die in den Jahren 1881-1914 herausgegeben worden sind,«

30) Daß die Zahl 50000 falsch sein muß, zeigt auch eine einfache Überlegung. Russells Hauptwerk waren die 6 (oder 7) Bände sog. *Schriftstudien*. Ein solcher Band hatte etwa 500 Seiten. Würde die Angabe »50000 Buch-Seiten« stimmen, so müßte Russell 100 Bände vom Umfang dieser *Schriftstudien* geschrieben haben. Das erste Buch Russells erschien 1881; die bücherpublizistische Tätigkeit könnte also — bis zu seinem Tod 1916 — einen Zeitraum von 36 Jahren umfassen. Pro Jahr müßte Russell demnach knapp 3 solche 500-Seiten-Bücher geschrieben haben (oder: alle 4 Monate eines). Hat Russell tatsächlich so schnell gearbeitet? Betrachten wir die Intervalle zwischen den Publikationsjahren seiner *Schriftstudien*: 3, 2, 6, 2 und 5 Jahre. Nach dem 1904 erschienenen 6.Band wollte er noch einen 7. schreiben, kam aber nicht mehr dazu (und zwar bis zu seinem 1916 erfolgten Tod nicht). Schon das zeigt, daß die Annahme, Russell hätte jeden 4.Monat ein 500-Seiten-Buch herausgebracht, völlig aus der Luft gegriffen ist.

31) Mich kann man dadurch nicht positiv beeindrucken, mir sind Vielschreiber eher unsympathisch, weil
     ich das Gefühl nicht loswerde, daß der Vielschreiber das in vielen Büchern Gesagte auch kürzer hätte
     sagen können.

32) Für die Zeit um 1909-1914 berichtet die WTG von einem »internationalen Zeitungssyndikatsdienst«.
     »Ob sich Pastor Russell auf einer Reise befand oder nicht, stellte er dem Syndikat im Bethel doch
     jede Woche eine neue Predigt zu. Von dort aus telegrafierten die leitenden Brüder des Syndikats
     diese Predigt (in der Größe von ungefähr zwei Zeitungsspalten) den verschiedenen Zeitungen.« (*Vor-
     haben* 49f) Wenn wir pro Predigt etwa eine Buchseite annehmen, so kommen wir jährlich auf 50
     Seiten, in 5 Jahren wären das 250 Seiten.

33) *Vorhaben* 100

34) *Jahrbuch 1975*, S.35; ähnlich auch in *Vorhaben* 21 oder in *Predigtdienst* 300.

35) 1 Meile entspricht 1,6 km; demnach wäre Russell 40mal um die ganze Erde gereist, und das bei den
     damaligen Transportmöglichkeiten (Eisenbahn, Schiff, Pferdewagen)!

36) wie Anm.22

Kapitel 4

Sah sich Russell selbst als Prophet?

»*Pastor Russells Warnung an die Christenheit kam direkt von Gott ... In allen seinen Warnungen beanspruchte er keine Originalität. Er sagte, daß er seine Bücher niemals selbst geschrieben haben könnte. Alles kam von Gott durch die Erleuchtung des Heiligen Geistes.*« (die WTG im Jahre 1917)[1]

Bei Russell sehen wir zwei Eigenschaften, deren gemeinsames Auftreten bei flüchtiger Betrachtung verwirren kann: Einerseits ein enormes *Selbstbewußtsein*, andererseits *Bescheidenheit*.[2] Das eine ist mehr innerlich, das andere mehr äußerlich.

Schon in dem Eingangszitat finden wir beides nebeneinander:[3] Einerseits die Bescheidenheit, indem er sagt, der Inhalt seiner Bücher gehe nicht auf seine eigene Originalität zurück; andererseits die Überzeugung, von Gott geführt zu sein (insbesondere im Verstehen der Bibel). Demnach könnte man von »Sendungsbewußtsein« sprechen. (Dieses Sendungsbewußtsein müßte heutigen ZJ besondere Schwierigkeiten machen, da sich Russells Vorhersagen als falsch herausgestellt haben und da viele seiner Lehren sogar von der heutigen WTG als falsch angesehen werden.[4] Wenn »alles von Gott kam durch die Erleuchtung des Heiligen Geistes«, davon aber vieles falsch ist — woher kam es dann wirklich?)

Bei vielen Formulierungen Russells finden wir beides nebeneinander: Die bescheiden wirkende äußere Form und den selbstbewußten Inhalt. So erzählt Russell etwa über jenen Adventisten-Prediger, dem es gelungen war, bei Russell die Überzeugung an die göttliche Eingebung der Bibel wiederherzustellen:

»Obgleich seine Auslegungen der Schrift nicht ganz klar waren und obgleich sie sehr weit von dem entfernt waren, dessen wir uns jetzt erfreuen,«[5]

Was ist das, »dessen wir uns jetzt erfreuen«? Das, was Russell aus der Bibel erkannt hatte und seinen Anhängern mitgeteilt hatte. Und von dem, was Russell erkannt hatte, waren die Auslegungen jenes Adventisten »sehr weit entfernt«. Hieraus spricht ein ausgeprägtes Überlegenheitsbewußtsein, wenngleich die äußere Form von Russells Aussage überhaupt nicht auf ihn selbst hinweist.

Nachdem der Oktober 1914 vorübergegangen war, ohne daß irgendeines der von Russell vorhergesagten konkreten Ereignisse (siehe dazu das nächste Kap.) eingetreten war, hob Russell hervor, wieviel besser als alles andere sein System dennoch sei:

»Wenn irgend jemand von euch etwas Besseres findet, so hoffen wir, daß wir davon Mitteilung erhalten. Wir kennen nichts Besseres. Ja wir kennen nicht einmal etwas, was auch nur halb so gut wäre wie das, was wir in dem Worte Gottes gefunden haben.«[6]

Das heißt im Klartext: was andere Kirchen/Gruppen aus der Bibel erkannt haben, ist nicht einmal halb so gut wie das, was »wir« (= Russell!) in der Bibel gefunden haben. Auch hier wieder das enorme Überlegenheitsbewußtsein.

Russell betonte jedoch, daß sein besseres Verständnis der Bibel nicht irgendwie mit seinen Fähigkeiten zusammenhänge, sondern einfach damit, daß nun die Zeit gekommen sei, wo Gott bislang verborgene Wahrheiten der Bibel aufschließen möchte (wobei natürlich noch die Frage offenbleibt, warum er dazu ausgerechnet Russell auserwählt hat). Bei der folgenden Äußerung müssen wir wieder in

Rechnung stellen, daß Russell in seiner Bescheidenheit manches nicht so deutlich sagt; außerdem umschreibt er immer in *wir*-Form:

»daß wir nicht denken sollten, daß wir irgend welche große Macht besitzen, die uns befähigt, ein großes theologisches System zusammenzustellen, wundervoller als alle anderen theologischen Systeme zusammen — tausendmal wundervoller. Daher ist der einfachste Weg, die Sache zu erklären der, anzuerkennen, daß des Herrn bestimmte Zeit gekommen ist, und daß er zum richtigen Verständnis geführt hat.«[7]

Hier sagt doch Russell, wenngleich in etwas verhüllter Sprache, daß das von ihm (in den *Schriftstudien*) dargelegte theologische System 1000mal wundervoller ist als alle anderen theologischen Systeme zusammen. Welcher Hochmut!

Diese Äußerung finden wir in dem bereits berühmt (oder berüchtigt?) gewordenen WT-Artikel von 1910, überschrieben mit *Ist das Lesen der 'Schrift-Studien' Bibelforschung?*. Dieser Artikel bietet noch weitere denkwürdige Aussprüche Russells — diesen wenden wir uns jetzt zu.

Russell sah seine *Schriftstudien* als praktisch identisch mit dem Inhalt der Bibel an — wobei seine *Schriftstudien* gegenüber der Bibel noch den besonderen Vorteil hatten, daß dort die Themen in systematischer Reihenfolge angeordnet waren:

»Wenn die sechs Bände *Schrift-Studien* praktisch eine nach den Gegenständen eingerichtete Bibel sind, mit den biblischen Beweisstellen versehen, so möchten wir die Bände wohl 'eine Bibel in arrangierter Form' nennen. Das heißt, sie sind praktisch die Bibel selbst, da kein Verlangen besteht, irgend eine Lehre oder einen Gedanken nach individuellem Wunsch zu bilden,«

Daß er sich bei der Darstellung der biblischen Inhalte auch geirrt haben könnte — diese Möglichkeit zog Russell nicht in Erwägung. Das zeigen auch die folgenden Aussagen:

»Ferner, wir finden nicht nur, daß die Leute den Göttlichen Plan nicht sehen können, wenn sie die Bibel allein
studieren, sondern wir sehen auch, daß, wenn jemand die
Schrift-Studien beiseite legt, nachdem er sie gebraucht hat,
nachdem er wohl bekannt mit ihnen geworden ist, nachdem er sie zehn Jahre gelesen hat — wenn er sie dann beiseite legt, und sie ignoriert und zur Bibel allein geht, obwohl
er seine Bibel zehn Jahre lang verstanden hat, unsere Erfahrung zeigt, daß er binnen zwei Jahren in die Finsternis
geht. Auf der anderen Seite, wenn er nur die *Schrift-Studien*
mit ihren Hinweisen gelesen hätte, und hätte nicht eine Seite
der Bibel als solche gelesen, so würde er am Ende der zwei
Jahre im Licht sein, das Licht der Heiligen Schrift besitzen.«[8]

Demnach brauchen die Menschen Russells Worte; ohne diese können sie ja die Bibel nicht verstehen.[9] Daß Russell wirklich meint, was er hier sagt, wird im weiteren
Verlauf des Textes klar:

»Wir sollten praktisch schließen, daß wir nichts in der
Bibel verstehen könnten, es sei uns denn offenbart worden. Wir würden daher nicht viel Zeit vergeuden, wie es
einige Leute machen, um Kapitel nach Kapitel zu lesen,
ohne Nutzen. ... nur ein über-die-Schrift-hinlesen.«[10]

Wir verstehen also die Aussagen der Bibel nicht, ohne
daß sie uns geoffenbart werden. Wie kommt es zur Offenbarung? Soll jeder Bibelleser beim Lesen der Bibel Gott
um dieses Offenbaren bitten? Davon sagt Russell nichts.
Vom Zusammenhang her ist deutlich, was er meint: Gott
hat es bereits geoffenbart, und zwar ihm, Russell. Das richtige Verständnis liegt nun in den *Schriftstudien* vor, und
deshalb müssen diese unbedingt gelesen werden. Ohne deren Verwendung nützt noch so intensives Bibellesen letztlich nichts. Wenn jemand diese *Schriftstudien* verwendet,
versteht er die Bibel, »und darum würden wir nicht die Notwendigkeit sehen, das Neue Testament jeden Tag oder je-

des Jahr durchzulesen; wir würden es nicht für nötig halten.«

Es ist also nicht nötig, jedes Jahr das Neue Testament durchzulesen. Was, nebenbei bemerkt, nicht besonders viel Arbeit wäre, hat doch das NT nur etwas mehr als 300 Seiten — mit knapp 1 Seite pro Tag ist der Leser in einem Jahr durch. Doch das alles ist nicht nötig. Aber:

»Wir möchten bemerken, daß eine ganze Anzahl der Freunde der Wahrheit es sich zur Regel gemacht haben, täglich zwölf Seiten der *Schrift-Studien* zu lesen,...«[11)]

Also: 1 Seite NT täglich? Nicht nötig. 12 Seiten *Schrift-studien* täglich? Sehr zu empfehlen! Zu welcher Art von »Wahrheit« wird ein solches Schwergewicht wohl hinführen?

1881 brachte Russell das Büchlein *Die Stiftshütte. Ein Schatten der wahren, 'besseren Opfer'* heraus. In einer Neuauflage von 1899 schrieb er im Vorwort, daß diese Broschüre als Anhang zum 5.Bd. der *Schriftstudien* betrachtet werden kann; und weiter:

»Das richtige Verständnis der Dinge, die in dieser Broschüre beschrieben und erläutert sind, scheint von Gott eingegeben zu sein, und zwar zu einer Zeit, wo das neue Licht durchaus nötig war zur vollen und harmonischen Darstellung der verschiedenen Züge des göttlichen Planes der Zeitalter.«[12)]

Das in Russells Broschüre dargelegte Verständnis scheint also, so Russell, von Gott eingegeben zu sein. (War er also inspiriert?)

Er schreibt weiter: »Und diejenigen, welche durch die hierin geleistete Beihilfe gesegnet worden sind ... dürfen mit Zuversicht annehmen, daß auch sie von Gott unterrichtet sind; denn (was man nicht unbeachtet lassen sollte) der Verfasser hat sich ernstlich bemüht, jeden Punkt und jede Anwendung durch das Wort des Herrn zu prüfen und zu bestätigen und hat nicht seine eigene Weisheit dargetan, sondern, wie er es von dem Herrn durch sein Wort und seinen Geist erhalten, so hat er es wiedergegeben, für alle, die Ohren haben zu hören.«

Viel klarer kann sich prophetisches Selbstverständnis wohl nicht mehr ausdrücken: die von Russells Schrift Unterrichteten sind praktisch von Gott selbst unterrichtet; nicht Russells Weisheit wird dargelegt, sondern bloß das, was durch Gottes Wort und Gottes Geist kam. Russell hat schließlich alles anhand von Gottes Wort überprüft — auf die Möglichkeit, daß ihm dabei auch Fehler unterlaufen sein könnten, geht er nicht ein. Die Schlußformel ist auch nicht gerade schwach: »für alle, die Ohren haben zu hören« — in Anlehnung an Jesus, der mit solchen Mahnungen die Bedeutung seiner Worte unterstrichen hat.[13]

Auf der anderen Seite finden wir Äußerungen Russells, wonach er sich *nicht* als inspiriert ansah. Diese Äußerungen stammen aus dem letzten Jahrzehnt seines Lebens.[14] Damals war Russell bereits klargeworden, daß sich seine Vorhersagen für die Zeit bis 1914 so nicht erfüllen. Weit davon entfernt, sein prophetisches Selbstbewußtsein aufzugeben, ist er aber doch eine Spur leiser aufgetreten. So lesen wir in seinen letzten Vorworten zu den *Schriftstudien*, geschrieben am 1.Okt. 1916:

»Obgleich wir, was diese Schriftstudien anbetrifft, auf nichts Anspruch erheben, was einer Inspiration verwandt wäre, so freuen wir uns dennoch darüber, daß, da wir im Dämmern des neuen Zeitalters leben, das Licht der Wahrheit so hell scheint, und der Plan Gottes so offenbar ist, daß es kaum ein Wort der Änderung bedürfte, wenn wir diesen Band heute, 26 Jahre später, schreiben würden.«

So im Vorwort zu Bd.3 (2.Absatz). Hier sehen wir beides: Nicht Inspiration — wenn sich etwas als falsch herausstellt, kann man noch immer sagen: 'Na ja, ich habe ja gar nicht behauptet, inspiriert zu sein.' Aber doch: 'Das

Licht — wie Gott es seinen Heiligen durch Russell vermittelt — scheint bereits gleißend hell, es stimmt praktisch alles, was in diesem Band steht.'

Im Vorwort zu Bd.5 (2.Absatz) spricht Russell von seinem »Theologie-Gebäude, das seine eigene Fehlbarkeit zugesteht und die göttliche Fürsorge und Erleuchtung bis zum Ende des Laufes der Kirche erwartet und erbittet, ...«

Russell sprach von einem »Kanal«, durch den der Herr Speise zur rechten Zeit darreicht: der »Hauptkanal«, ein Diener, ein Verwalter, der jeden Augenblick abgesetzt werden kann. Auch wenn Russell das nicht direkt sagt, ist doch klar, daß er unter diesem Hauptkanal sich selbst versteht. Wie dieser »Kanal« die Speise von Gott empfängt, beschreibt Russell sehr widersprüchlich:

»Nach unserem Verständnis wird dieser Knecht oder Verwalter, der als Kanal dient, die Speise, die er verteilen soll, nicht selber herstellen. Er wird weder inspiriert noch unfehlbar, vielmehr sehr demütig und anspruchslos, nur für seines Herrn Ehre eifrig sein. Er wird die Wahrheit weder als sein geistiges, noch als sein materielles Eigentum betrachten, sondern sie nur als Gabe seines Herrn den anderen Knechten seines Herrn und dem Haushalt weitergeben.«[15]

Also: er ist *nicht* inspiriert, aber er empfängt die Wahrheit als Gabe von Gott.[16]

Schließlich könnte man hier auch noch die Frage aufwerfen, ob die WTG Russell auch noch in der Folgezeit als Propheten betrachtet.

Daß Russells Angabe, daß er seine Bücher niemals aus sich selbst habe schreiben können (siehe Zitat am Eingang dieses Kapitels), in dem posthum herausgegebenen Bd.7 der *Schriftstudien* ohne irgendeine Einschränkung wiedergegeben wird, drückt doch wohl eine Zustimmung seitens der WTG nach Russell aus.

In einem Artikel, der zeigen will, wie treffend die Bibelforscher für 1914 vorausgesagt haben (der Urheber dieser Voraussagen war ja Russell!), heißt es:

»Wieso wußten Jehovas Zeugen so lange im voraus, was führende Männer der Welt nicht einmal wußten? Sie wußten es nur, weil Gottes heiliger Geist ihnen diese prophetischen Wahrheiten kundgetan hatte.« (WT 1971, S.660)

Russell, der Prophet. Wie erfolgreich er dabei war — darum geht es im nächsten Kapitel.

---

1) WTG: *Das vollendete Geheimnis* (= *Schriftstudien* Bd.7), 1917, S.34 (in der Ausgabe von 1925 auf S.529), aus dem Kommentar zu *Hesekiel 3,17*, bearbeitet von George H. FISHER.

2) Neidhart 21, Anm.6 dazu: »Hier ist eine gewisse Spannung im Denken Russells festzustellen.«

3) Diese beiden Seiten sind zu bedenken, um nicht zu einem einseitigen Bild zu gelangen. Die WTG sieht nur die eine Seite: »Pastor Russell war ein Mann von ungewöhnlicher Bescheidenheit.« (*Schriftstudien* Bd.7, 1925, S.7)

4) Vgl. Eckhard von SÜSSKIND: *Zeugen Jehovas. Anspruch und Wirklichkeit der Wachtturm-Gesellschaft.* 1987. Der Untertitel *Anspruch und Wirklichkeit* erfaßt sehr treffend einen wichtigen Gesichtspunkt: Es geht nicht darum, daß die WTG Fehler gemacht hat — es geht darum, daß die Wirklichkeit mit ihrem hohen prophetischen Anspruch nicht übereinstimmt.

5) Zitiert nach *Vorhaben* 14

6) Im engl. WT vom 15.Dez.1914 (zitiert nach *Vorhaben* 60)

7) WT 1910, S.218

8) S.218f; zitiert auch im WT 1957, S.542f (die beiden deutschen Texte stimmen nicht wörtlich miteinander überein, vermutlich ist das englische Original 1957 etwas anders übersetzt worden). In dem WT von 1957 versucht die WTG, es so hinzustellen, als wären die *Schriftstudien* lediglich als Verstehenshilfe, keineswegs als Ersatz der Bibel gedacht gewesen. Die WTG übersieht dabei den springenden Punkt: Daß nämlich Russell fest überzeugt war davon, daß die Aussagen seiner *Schriftstudien* in völliger Übereinstimmung mit der Bibel stehen. Der »Bibelforscher« soll die Bibel lesen? Ja, aber ohne *Schriftstudien* wird er sie nicht verstehen. *Schriftstudien*-Lektüre *statt* Bibel-Lektüre? Nein, die entscheidende Autorität ist die Bibel. Aber diese Bibel ist in den *Schriftstudien* so verständlich und so treffend dargelegt, daß ein Lesen der *Schriftstudien* quasi ein Bibellesen ist — so der Gedankengang von Russell.

9) Eine bereits zur Zeit Russells von der WTG abgespaltene Gruppe begründete ihre Trennung u.a. damit, daß sie Russells Selbstbild für vermessen hielt. 1909 berichtete sie: »Pastor Russel has, through the Watch Tower and in answer to questions at meetings of the Tabernacle congregation, expressed his disapproval of meetings held for BIBLE study, unless such study was in connection with those works of which he is the author or editor and has stated that 'he doubted whether much good had ever been derived from all the independent Bible study undertaken in the past'.« (zitiert nach Edmond Charles GRUSS: *Apostles of Denial.* 1970, S.280)

10) WT 1910, S.219

11) ebd. — Gleich am Beginn des Artikels (S.218) hieß es: »Der Plan, jeden Tag zwölf Seiten der *Schrift-Studien* zu lesen, den so viele versucht haben,«

12) In der deutschen Ausgabe von 1926 steht dieses Vorwort auf S.7f.

13) Z.B. in Matthäus 11,15; 13,9.43; Offenbarung 2 + 3 (jeweils am Ende der 7 Briefe).

14) Auch posthum wurde Ähnliches über Russell gesagt: »Er sagte nicht, daß er eine besondere Offenba-

rung von Gott empfangen habe, sondern er hielt dafür, daß die von Gott bestimmte Zeit zum Verstehen der Bibel herbeigekommen wäre und daß er, da er dem Herrn und seinem Dienst völlig geweiht war, gewürdigt worden war, sie zu verstehen.« (zitiert nach *Vorhaben* 17)

15) *Schriftstudien* Bd.4, Studie 12, *Tagesanbruch*-Ausgabe S.489f (Studie 12 beginnt auf S.457); Ausgabe von 1923, S.466f (beg. S.435); Ausgabe von 1919, S.268

16) Hier möchte ich noch eine Beobachtung ergänzen, die psychologisch aufschlußreich sein kann — im Hinblick darauf, wie sehr Russell überzeugt war, selbst besser als andere zu wissen, was zu tun ist. Bei der Bahnfahrt, während der Russell starb, versuchten sein ihn begleitender Sekretär und andere mehrmals, das Kommen eines Arztes zu organisieren — doch vergeblich: »Er schätzte das freundliche Anerbieten, aber er bemerkte, daß er die Dienste eines Arztes nicht bedürfe. Er selbst wußte am besten, was in seinem Falle zu tun nötig war;« (So der Bericht seines Sekretärs, Menta STURGEON, in WTG: *Pastor C.T.Russell. Sein Leben und sein Wirken.* 1917, S.34f; auch ein weiterer Versuch scheiterte — S.40f) So geschehen genau eine Woche vor seinem Tod. Zwei Tage vor seinem Tod kamen sie in Los Angeles an: »Die Brüder waren erfreut, uns zu sehen, aber ihre Gesichtszüge änderten sich, als sie unseren lieben Bruder Russell sahen. Sie sahen wohl, daß er schwach war, aber sie wußten nicht, wie krank er war. Aber er wollte noch nicht zugeben, daß er wirklich krank war.« (ebd. S.42). — Erst als er schlief und sein Sekretär die Zeichen des herannahenden Todes bemerkte, konnte endlich ein Arzt zu ihm (S.53).

Kapitel 5

Die Vorhersagen für 1914

»Doch ach! wie gefährlich ist es für jeden, zuviel Verant-wortlichkeit zu fühlen und zu versuchen, neues Licht zu erzwingen!« (Charles T. Russell[1])

1. Die Enttäuschung von 1878

In mancher Hinsicht ähnelt das nachträgliche Umdeuten der Vorhersage für 1878 dem, was wir nach 1914 beobachten. Wenden wir uns deshalb kurz dieser Vorhersage zu.

In *Vorhaben* wird von der Vorhersage für 1878 und der nachherigen Umdeutung seitens Russell berichtet: »Dann erklärt Pastor Russell eine irrtümliche Ansicht, die bis zu dieser Zeit von allen gehegt worden ist. Gegründet auf die Äußerung des Paulus, die in 1.Korinther 15:51.52 enthalten ist, erwartete man, daß 'die lebenden Heiligen plötzlich durch Wunderwirkung leiblich entrückt werden würden, um dann allezeit bei dem Herrn zu sein'. Da sie glaubten, daß dies im Jahre 1878 geschehen würde, waren einige enttäuscht, weil sie nichts Sichtbares geschehen sahen. Pastor Russell sah sich jedoch veranlaßt, die Schrift erneut zu untersuchen, wobei ihm klar wurde, daß ihr 'Fehler in der Erwartung lag, alle lebenden Heiligen auf einmal verwandelt zu sehen, ohne daß sie sterben müßten, welche irrige Ansicht von der ganzen Namenkirche geteilt wurde und die wir noch nicht als solche erkannt oder verworfen hatten'. Russells nochmalige Prüfung dieses Textes enthüllte die wahre Bedeutung der Worte des Apostels, nämlich, daß jene, die zum Leib Christi gehören sollten und bei seiner Gegenwart oder nach seiner Wiederkunft

noch am Leben wären, nicht bewußtlos im Grabe liegen
würden, wie das bei jenen der Fall war, die vor der Wiederkunft Christi lebten. Stattdessen würden sie bei ihrem
Tode sogleich verwandelt werden, um bei ihm zu sein.«
(S.19)

Hier haben wir ein Beispiel dafür, wie Russell zuerst ein
konkretes, sichtbares Ereignis vorhersagt,[2] und danach
(nach Nichteintreffen) die Vorhersage dadurch »rettet«,
daß er sie umdeutet und ihr einen unsichtbaren — und daher unüberprüfbaren! — Gehalt gibt. (Dasselbe Schema
werden wir dann mit der Vorhersage für 1914 nochmals
beobachten.)

2. Sichere Vorhersagen in den »Schriftstudien« (1886-1904)

*»Weil sie glauben, daß sie mehr Weisheit als andere besit-
zen, so machen sie ihre Behauptungen in dogmatischer
Form, ohne Rücksicht, ob sie richtig oder falsch sind; sie
vertrauen darauf, daß ihre Aussagen von anderen herun-
tergeschluckt werden, weil diese nicht fähig sind, die ver-
mutliche Weisheit zu beurteilen.«* (WT 1922)[3]

a) »Die Zeiten der Nationen« (Band 2, Studie 4)

Am konkretesten hat sich Russell im Band 2 seiner *Schriftstudien* über die Datierung seiner Zukunftsvorhersagen ausgesprochen. Dort schrieb er im Kapitel 4 über *Die Zeiten
der Heiden, oder Nationen.* In der neueren WTG-Literatur
wird auf diese Vorhersagen oft verwiesen, diese werden aber
kaum jemals wirklich zitiert.[4] Der Leser sollte sich also
einmal vergegenwärtigen, was Russell wirklich vorhergesagt hat.

Bei der Betrachtung dieser Vorhersagen sind besonders
folgende Fragen zu beachten:

Erstens die *Quelle der Prophetie*: Meinte Russell etwas intuitiv, aus sich selbst heraus, erkannt zu haben, oder geschah seine Vorhersage unter Berufung auf Gott, also im Namen Gottes?

Zweitens der *Sicherheitsgrad*: Sprach Russell lediglich von der *Möglichkeit*, sprach er Vermutungen aus, oder stellte er seine Voraussagen als *sicher* hin?

Drittens der *Bekanntmachungsgrad*: Ging es lediglich um »Erwartungen«, die ein Mensch im Herzen trug, oder um Voraussagen, die öffentlich bekanntgemacht wurden?

Die erste Frage ist durch das Eingangszitat des vorigen Kapitels bereits beantwortet: »*Alles kam von Gott durch die Erleuchtung des Heiligen Geistes.*« Deutlicher kann man sich nicht mehr auf Gott als die Quelle seiner Erkenntnis berufen.

Die zweite Frage wird sich bei der Lektüre einiger Zitate aus dem erwähnten Kap.4 des 2.Bandes klären.

Die dritte Frage ist dadurch beantwortet, daß Russell seine Vorhersagen in seinen *Schriftstudien* in Millionen Exemplaren verbreiten ließ. Also nicht »Erwartungen«, die jemand in seinem Herzen still herumträgt, waren es, sondern lautstark propagierte Vorhersagen.

Kurz zusammengefaßt, sagte Russell voraus, daß 1914[5] die äußerste Grenze der Herrschaft unvollkommener Menschen sein werde. Konkret:

1. Gottes Königreich wird ab 1914 weltweit und voll herrschen.

2. Jesus wird einen beträchtlichen Zeitraum *vor* 1914 auf der Erde gegenwärtig sein.

3. Etliche Zeit vor dem Ablauf von 1914 sind alle Heiligen verherrlicht, d.h. entrückt.

4. Ab 1914 wird Jerusalem nicht mehr von den Heiden zertreten.

5. Ab 1914 (oder früher) beginnt Israels geistliche Blindheit sich aufzulösen.

6. Die »große Drangsal« erreicht ihren Höhepunkt[6] und endet 1914.

7. Vor 1914 wird das Reich Gottes in der Welt sein und die bürgerlichen und kirchlichen Gewalten zermalmt haben.[7]

Auch bei wohlwollender Betrachtung wird jeder heutige ZJ zugeben, daß von diesen verschiedenen konkreten Punkten kein einziger in Erfüllung ging.

Doch hören wir nun, nach dieser Zusammenfassung, Russell im Original! (Ich setze dabei jene Stellen kursiv, aus denen die große Sicherheit Russells erkennbar wird.) Ich zitiere hier sehr ausführlich, weil die Vorhersage für 1914 in der neueren WTG-Literatur immer wieder erwähnt wird. Der Leser soll erfahren, was wirklich vorhergesagt wurde.

»In diesem Kapitel liefern wir den *biblischen Nachweis*, daß das völlige Ende der Zeiten der Heiden (Nationen), d.i. das volle Ende ihrer Herrschaft, mit dem Jahre 1914 erreicht sein wird; und daß dieses Datum die äußerste Grenze der Herrschaft unvollkommener Menschen sein wird. Und wem dies als eine *in der Schrift fest begründete Tatsache nachgewiesen* ist, der wird auch erkennen, daß dadurch folgendes *bewiesen* ist:

Erstens, daß dann das Königreich Gottes, für welches unser Herr uns beten lehrte: 'Dein Reich komme,' volle und universelle, weltenweite, Herrschaft erreicht haben und 'aufgerichtet,' oder auf Erden festgegründet, sein wird.

Zweitens *beweist* es, daß er, dem das Recht, diese Herrschaft an sich zu nehmen, gebührt, dann als der neue Herrscher der Erde gegenwärtig sein wird; und nicht nur dies, sondern auch, daß er einen beträchtlichen Zeitraum vor jenem Datum gegenwärtig sein wird, weil der Umsturz dieser nationalen Obrigkeiten direkt darauf zurückzuführen ist, daß er 'wie Töpfergeschirr sie zerschmettern' (Ps 2,9;

Offb 2,27), und «an ihrer Statt sein eigenes, gerechtes Regiment aufrichten wird.

Drittens *beweist* es, daß etliche Zeit vor dem Ablauf von 1914 n. Chr. das letzte Glied der göttlich anerkannten Kirche (Herauswahl) Christi, das 'königliche Priestertum,' 'der Leib Christi', mit dem Haupte verherrlicht sein wird: denn jedes Glied soll mit Christo herrschen, als Miterbe des Königreiches mit ihm; und dieses kann nicht ohne die völlig aufgerichtete Vollzahl seiner Glieder stattfinden.

Viertens *beweist* es, daß von jener Zeit an Jerusalem nicht länger von den Nationen zertreten sein, sondern sich aus dem Staub der göttlichen Ungnade zur Ehre erheben wird; denn 'die Zeiten der Nationen' sind dann erfüllt oder vollendet.

Fünftens *beweist* es, daß mit jenem Datum, oder auch früher, Israels Blindheit anfangen wird, sich wegzuwenden; denn ihre 'Blindheit zum Teil' sollte so lange dauern, 'bis daß die Vollzahl der Nationen eingegangen sein würde' (Röm 11,25), oder in anderen Worten, bis die volle Zahl derer aus den Nationen herausgewählt wäre, die Glieder des Leibes oder der Braut Christi sein sollen.

Sechstens *beweist* es, daß die große 'Zeit der Trübsal', 'dergleichen nicht gewesen, seitdem ein Volk ist', ihren schließlichen Höhepunkt erreichen und an jenem Zeitpunkt enden wird; ...

Siebentens *beweist* es, daß das in Macht ein- und aufgerichtete Reich Gottes vor jenem Datum in der Welt sein und das heidnische Standbild (Dan 2,34) geschlagen und zermalmt, die Macht dieser Könige verzehrt, haben wird. In demselben Maße wird seine Macht und Herrschaft aufgerichtet, als durch seine verschiedentlichen Einflüsse und Werkzeuge die gegenwärtigen Gewalten — die bürgerlichen und kirchlichen, das Eisen und der Ton — zermalmt und zerstreut werden.«[8]

An diesem Zitat fällt der wiederholte Hinweis auf, daß

diese Aussagen »bewiesen« seien. In einem ähnlichen Ton
geht es weiter (der Band 2 wurde ursprünglich 1889 geschrieben):

»Es ist wahr, es heißt große Dinge erwarten, wenn man
behauptet, wie wir tun, daß in den kommenden sechs-
undzwanzig Jahren alle gegenwärtigen Regierungen gestürzt
und aufgelöst sein werden; ... Im Hinblick auf diesen
starken biblischen Beweis in betreff der Zeiten der Nationen betrachten wir es als *feststehende Wahrheit*, daß
das schließliche Ende der Reiche dieser Welt und die volle
Herstellung des Königreiches Gottes um 1914 vollzogen
sein wird. Dann wird das seit dem Fortgang ihres Herrn
bis jetzt fortwährende Gebet der Kirche (Herauswahl),
'Dein Reich komme', erhört sein; und unter seiner weisen und gerechten Verwaltung wird die Erde mit der Herrlichkeit des Herrn, mit Erkenntnis, Gerechtigkeit und Friede, erfüllt sein (Ps 72,19; Jes 6,3; Hab 2,14); und der
Wille Gottes wird dann geschehen 'auf Erden wie im
Himmel'.«[9]

Russell sagte also für 1914 nicht den Ausbruch eines Krieges von Nationen gegeneinander voraus, sondern die Been-
digung aller Kriege, den Anbruch des Friedensreiches —
also eher das Gegenteil. Noch ein letztes Zitat aus dem Band
2:

»Man verwundere sich daher nicht, wenn wir in den
nachfolgenden Kapiteln *Beweise* beibringen, daß das Aufrichten des Königreiches Gottes schon angefangen habe,
daß in der Prophezeiung aufgezeichnet stehe, daß das Jahr
1878 die Zeit sei, da die Ausübung seiner Macht beginnen
sollte, und daß die 'Schlacht des großen Tages Gottes des
Allmächtigen' (Offb 16,14), die im Jahre 1914 zu Ende gehen soll, bereits angefangen hat.«[10]

Russells Sicherheit kommt auch in folgenden Worten
zum Ausdruck: »We see no reason for changing the figu-
res — nor could we change them if we would. They are,

we believe, God's dates, not ours. But bear in mind that the end of 1914 is not the date for the *beginning*, but for the *end* of the time of trouble.«[11]

Den Beginn der unsichtbaren Gegenwart Jesu nahm Russell mit 1874 an;[12] dreieinhalb Jahre später (so lange, wie Jesus bei seinem ersten Kommen sichtbar auf der Erde öffentlich gewirkt hatte), also 1878, sollte die Ausübung seiner Macht und die Aufrichtung des Königreiches Gottes beginnen; 1914 sollte dieser Prozeß (Machtausübung, Königreich-Aufrichtung) vollständig sein, also 40 Jahre nach 1874 — weil ja auch zwischen dem damaligen Beginn des öffentlichen Auftretens Jesu (i.J. 30) und der Zerstörung Jerusalems (i.J. 70) 40 Jahre liegen.

Im Band 4 der *Schriftstudien* heißt es ähnlich, daß der Untergang der politischen, kirchlichen und finanziellen Mächte im Oktober 1914 fällig ist.[13] Im Band 3 noch etwas präziser:

»Mit dem Ende des Jahres 1914 wird, was Gott Babylon nennt, und was die Menschen Christentum nennen, verschwunden sein, wie schon aus der Weissagung gezeigt wurde.«[14]

Aus all dem geht eindeutig hervor, daß Russell im Herbst 1914 den *Schlußpunkt* sah, und zwar den wirklichen, sichtbaren Schlußpunkt für die menschlichen Regierungen.

b) »Harmagedon«

Dieser Ausdruck kommt einmal in der Bibel vor, und zwar in Offb 16,14.16:

»... zu den Königen des ganzen Erdkreises, sie zu versammeln zu dem Krieg des großen Tages Gottes, des Allmächtigen. ... Und er versammelte sie an den Ort, der auf hebräisch *Harmagedon* heißt.«

Nach diesem Ort wird der Krieg selbst auch 'Harmagedon' genannt. Zwei obenstehende Zitate aus dem Band 2 sind hier wichtig:

»Man verwundere sich daher nicht, ... daß die 'Schlacht
...' (Offb 16,14), die im Jahre 1914 zu Ende gehen soll,
bereits angefangen hat.«[15]

»Sechstens beweist es, daß die große 'Zeit der Trübsal,'
'dergleichen nicht gewesen, seitdem ein Volk ist', ihren
schließlichen Höhepunkt erreichen und an jenem Zeitpunkt
enden wird;«

Russell hat die beiden Fachausdrücke *Harmagedon* und
große Drangsal einander gleichgesetzt:

»Die Heilige Schrift ist voller Anspielungen auf Harmagedon. Unser Herr Jesus nennt es eine 'große Drangsal,
dergleichen von Anbeginn der Welt bis jetzthin nicht gewesen ist, noch je sein wird.' (Matthäus 24:21.)«

So zu lesen im Band 4 der *Schriftstudien*, betitelt *Der
Krieg von Harmagedon*.[16] Darin hat Russell seine Vorstellungen über den Ablauf dieser Ereignisse präzise dargelegt.

Im nachstehenden Schema soll die von Russell vorhergesagte Ereignis-Kette skizziert werden.

Abfolge von Harmagedon

(die linke Spalte betrifft Kirchliches, die mittlere Staatliches, die rechte Jüdisches; beigefügte Zahlen bedeuten die Nr. der Studie, wo Russell das Ereignis beschreibt; E = Einleitung)

anglikan. Kirche verleiht der Ev. Allianz apostol. Predigt-Autorität E	Regenten ignorieren Wahlergebnis E	viele wohlhabende Hebräer wandern nach Palästina aus E
	kath. + ev. Kirche herrschen mittels staatl. Gewalt für kurze Zeit, schaffen Freiheiten ab E	
Gläubige erlöst 11-13	Bauern verbünden sich mit Industriearbeitern 8	
1914 beginnt die Zerstörung der Namenchristenheit; diese wird plötzlich und vollständig vernichtet 2-4	große soziale Revolution: Massen gegen Regenten, Heere gehen zu den Aufständischen über, Anarchie E, 11	allgemeine Massen-Auswanderung von Hebräern 11
	am Schluß von Harmagedon: »Drangsal Jakobs«: Nationen gegen Israel, Gott hilft Israel E, 11	
	im Oktober 1914 *volle* Aufrichtung des messianischen Königreiches 13	
	aus Jerusalem als Hauptstadt der Welt lassen die Fürsten Weisungen ausgehen 13	

(An einer Stelle gibt Russell auch ein zeitliches Intervall an, und zwar soll zwischen dem Abschaffen von Freiheiten und der großen sozialen Revolution ca. ein Jahr verstreichen — E.)

Aus dieser Skizze wird deutlich, daß Russells Vorhersage sich nicht darauf beschränkte, über das Jahr 1914 etwas auszusagen, sondern daß der gesamte Zeitraum davor
miteingeschlossen war. Wieviel Zeit wäre für all die skiz-
zierten Ereignisse zu veranschlagen? 17 Jahre vor 1914
schrieb Russell: »Die 17 Jahre reichen vollauf hin zu ihrer
Abwicklung.«[17] Da alle diese für die Jahrzehnte vor 1914
vorhergesagten Ereignisse ausblieben, ist es verständlich,
daß Russell sich allmählich darauf einstellte, daß sich die
von ihm vorhergesagte Ereigniskette nicht mehr bis 1914
erfüllen würde. Von daher sind auch seine abschwächen-
den Äußerungen 1912/14 zu verstehen. Denn speziell 1910
hätte sich auch Bemerkenswertes abspielen sollen:

»... 1910 ... ist nur 4 Jahre vor dem vollen Schluß der
Trübsalszeit, ... ein Trubel, in Besonderheit auf die Kirche, die Herauswahl, die Auserwählten nach dem Vorsatz
Gottes, ist um 1910 n.Chr. zu erwarten. ... Diese 4 Jahre
von 1910 bis zum Ende von 1914, ..., werden für die äußerste Höhe all der Trübsal völlig hinreichen, denn wenn
sie ihren schrecklichen Höhepunkt erreicht hat, kann sie
nicht mehr lange dauern,«[18]

Vor dem Ende der Trübsal war außerdem die Entrückung der »Bibelforscher« zu erwarten: »daß das volle
Ende der Macht der Heiden oder Völker in der Welt und
das Ende der Zeit der Trübsal, die ihren Sturz hervorruft,
am Ende des Jahres 1914 herbeigeführt sein wird, und daß
einige Zeit vor jenem Datum die letzten Glieder der Kirche Christi 'verwandelt' und verherrlicht sein werden.«[19]
Und: »Daß die Befreiung der Heiligen etwas vor 1914 stattfinden wird, ist offenbar, ... Wie lange gerade vor 1914
die letzten lebenden Glieder des Leibes Christi werden verherrlicht werden, ist uns nicht direkt gesagt;«[20]

Mitunter setzt Russell den Sturz aller Regierungen sogar schon auf die Zeit *vor* 1914 an: »Daß der Herr gegenwärtig sein und sein Königreich aufrichten und seine große

Macht gebrauchen muß, um die Nationen, wie eines Töpfers Gefäß, *vor 1914* zu zerschlagen, ist also deutlich festgestellt; denn es ist 'in den Tagen dieser Könige' — vor ihrem Sturz — d.i. vor 1914 — daß der König vom Himmel sein Königreich aufrichten wird. 'Es wird alle jene Königreiche zermalmen und vernichten.' (Dan. 2:44.)«[21]

Unter »Harmagedon« verstand Russell eine weltweite soziale Revolution (er stellt einen Vergleich mit der französischen Revolution von 1789 an), deren Abfolge in der Skizze deutlich wird: Die Regierungen ignorieren den bei Wahlen ausgedrückten Willen des Volkes, Kirche und Staat verbünden sich, schaffen Freiheiten ab, daraufhin kommt es zum Aufstand der Massen, die Regierungen setzen ihr Heer zur Niederschlagung des Aufstandes ein, die Soldaten gehen aber über auf die Seite der Massen, dadurch können sich die Regierungen nicht mehr halten, und es kommt zur Anarchie. Und jetzt, nach der Beseitigung aller menschlichen Regierungen, beginnt Jesus seine Regentschaft.

Dementsprechend sahen die Bibelforscher im 1. Weltkrieg, der ja ein Krieg von Nationen gegeneinander war, *nicht* Harmagedon. Aber in der Erwartung, daß ja sehr bald Harmagedon kommen müßte (nach Russells ursprünglicher Vorhersage sogar schon 1914 hätte zu Ende sein sollen), überlegten sie, wie der Übergang von diesem gegenwärtigen Ereignis zu Harmagedon erfolgen könnte.[22]

Jesu Prophezeiung »Nation wird sich gegen Nation erheben« (Matthäus 24,7) bezog Russell nicht auf Harmagedon, sondern auf die gesamte Zeit zwischen Jesus und seiner Gegenwart (»Die Geschichte von achtzehn Jahrhunderten vorausgesagt«).[23]

Eine gewisse Schwierigkeit beim Erfassen der Lehre Russells liegt darin, daß er im Gebrauch der Begriffe nicht konsequent ist. So kann man bei ihm sowohl lesen, daß Harmagedon bevorstehe, als auch, daß es bereits im Gang sei. Man kann sich das durch einen Vergleich mit Geburts-

wehen veranschaulichen: Die Geburtswehen sind bereits da,
aber der Höhepunkt, die eigentliche Geburt, steht noch
bevor.

3. Unsicherheit kurz vor 1914

Russell hatte — wie besonders in *Schriftstudien* Bd.4 erkennbar ist — für die Zeit bis 1914 eine ganze Ereignis-
kette vorhergesagt, deren Eintreffen einige Zeit erfordern
würde. Da nichts geschah, wurde er gegen 1914 zu immer
unsicherer — im Wissen, daß die Zeit allmählich zu kurz
wurde zum Eintreffen all der vorhergesagten Ereignisse.
Zum Beispiel hatte er (1893) für spätestens 1907 das Losbrechen eines großen Sturmes erwartet:
»Ein großer Sturm nähert sich. Obschon man nicht genau wissen mag, wann er losbrechen wird, scheint es doch
vernünftig zu sein, anzunehmen, daß es *höchstens* noch
zwölf bis vierzehn Jahre dauern kann, bis es so weit ist.«[24]
Was Russell vernünftig schien, passierte dennoch nicht
— die Zeit bis 1907 ging ohne Sturm vorüber, und Russell
mußte sich allmählich mit dem Gedanken anfreunden, daß
all die Ereignisse, die er für die Zeit bis 1914 vorhergesagt
hatte, bis dahin doch nicht mehr stattfinden würden. Das
war für den selbstbewußten Propheten ein harter Schlag!
Was sollte er nun tun? Seine Vorhersagen widerrufen? Dazu konnte er sich doch nicht durchringen. Also versuchte
er es mit vorsichtigem Abschwächen, wobei er sich in eine
Reihe von Widersprüchen verwickelte, etwa nach dem Motto: 'Ich stehe nach wie vor zu dem, was ich gesagt habe,
aber eigentlich habe ich gar nichts gesagt.'
Um einen wirklichen Widerruf kann es sich auch deshalb nicht handeln, weil dieser in Neuauflagen der *Schriftstudien* hätte erfolgen müssen, nicht bloß in WT-Artikeln
(wir haben ja in Kap.3/1 gesehen, daß die *Schriftstudien*
das repräsentative, für die Öffentlichkeit bestimmte Pu-

blikationsmedium waren). Die Neuauflagen der *Schriftstudien* blieben aber bis 1914 unverändert.

Ende 1912 schrieb Russell: »Es bietet sich hier sicherlich Gelegenheit für kleine Meinungsverschiedenheiten über
diesen Gegenstand, und es geziemt sich, einander den größten Spielraum zu lassen.«[25]

Das ist wirklich etwas Neues, denn zuvor hatte Russell
seinen Lesern keinen sehr großen Spielraum mehr gelas-
sen — zu sicher schien ihm das, was er für 1914 vorhergesagt hatte. Doch lesen wir weiter!

»Die Lehnsherrschaft der Nationen mag im Oktober
1914 oder im Oktober 1915 zu Ende gehen.«

Nun ist das alles auf einmal unsicher? Russell: »Aber
wir erinnern alle unsere Leser wieder daran, daß nicht wir
irgend etwas über die Zeiten der Nationen prophezeit haben, welche in einer Zeit der Drangsal zu Ende gehen, noch
über die herrliche Epoche, die dieser Katastrophe bald folgen wird.«

Es fällt mir schwer, mir jetzt einzureden, daß Russell
darüber nichts prophezeit hat! Nach der Lektüre von all
dem, was in den *Schriftstudien* (besonders Bd.2) steht! Russell weiter:

»Wir haben nur angegeben, was die Schrift sagt, indem
wir unsere Meinung über kommende Dinge äußerten und
es unseren Lesern anheimstellten, daß jeder für sich selbst
entscheide und darüber urteile, was diese bedeuten.«

Russell hätte »nur angegeben, was die Schrift sagt«? Sagt
denn die Schrift wirklich, daß 1914 Harmagedon vorüber
und weltweiter Friede sein würde?

»*Diese Prophezeiungen bedeuteten für uns immer noch
dasselbe ... Einige* geben jedoch positive Erklärungen über
Dinge ab, die sie wissen, und über Dinge, die sie nicht wissen. *Wir folgen niemals diesem Beispiel*, sondern erklären
nur das, was wir aus diesem oder jenem Grunde so oder
so glauben.«

Die Verwirrung ist nun perfekt: Zuerst sagt er, diese Prophezeiungen bedeuten für ihn noch immer dasselbe (also: 1914 Harmagedon vorüber, weltweiter Friede), und dann bestreitet er, jemals positive Erklärungen gemacht zu haben!

An dieser Stelle brechen Zweifel am Wahrheits- und Realitäts-Sinn Russells auf. Er behauptet hier das Gegenteil von dem, was wahr ist — und was ihm doch sehr wohl bewußt sein mußte! Einerseits möchte er so tun, als hätte er nie etwas behauptet, andererseits ist er auch nicht bereit, von seinem hohen prophetischen Selbstverständnis herunterzusteigen.

Auch am Beginn des Jahres 1914 warnt Russell seine Leser davor, seine Vorhersagen *zu* ernst zu nehmen:

»Wir vermögen die Zeitrechnungen nicht mit einer solch absoluten Sicherheit zu lesen wie die *Lehren*, denn die Zeit ist in der Bibel nicht so deutlich ausgedrückt wie die Grundlehren.«[26]

Auf einmal ist die Zeitrechnung unsicher? In Band 2 ließen Russells Vorhersagen nichts von Unsicherheit erkennen!

»Wenn es sich später herausstellen sollte, daß die Herauswahl im Oktober 1914 nicht verherrlicht ist, so werden wir uns mit dem Willen des Herrn zu begnügen suchen, ... Wenn nach der Vorsehung des Herrn die Zeit *fünfundzwanzig Jahre später* kommen sollte, so würde der Wille des Herrn auch unser Wille sein.«

Hier kommt die Unsicherheit schon sehr deutlich zum Ausdruck; ein ausdrücklicher Widerruf der ursprünglich als völlig sicher hingestellten Vorhersagen Russells erfolgt aber nicht — Russell möchte den Schein wahren!

---

1) Im WT 1916, S.136; zitiert nach *Vorhaben* 20

2) Es wird zwar nicht ausdrücklich gesagt, daß auch Russell selbst mit 1878 rechnete, aber indirekt geht es aus dem Text hervor: Erstens aus der Aussage, daß »sie glaubten, daß ...« — also ohne Einschränkung auf einzelne; und zweitens daraus, daß Russell erst nach dem Nichteintreffen sich veranlaßt

sah, »die Schrift erneut zu untersuchen«. — Somit ist es irreführend, wenn das *Jahrbuch 1975* die 1878-Erwartung speziell Barbour zuschreibt: »Dann kam der Frühling des Jahres 1878 herbei. Barbour erwartete, daß die auf Erden lebenden Heiligen dann in ihrem Leib entrückt würden,« (S.34)

3) WT im Juni 1922, Absatz-Überschrift *Weise vor Gott.*; zit. nach Franz 176

4) So lesen wir etwa in WTG: »*Dein Name werde geheiligt*« (1963) S.294: »Außer wiederholten Hinweisen auf das Jahr 1914 in der Zeitschrift *Der Wachtturm*, wurde es in dem 1889 erschienenen Buch *Die Zeit ist herbeigekommen* ausführlich in Studie 4, betitelt 'Die Zeiten der Heiden, oder Nationen', behandelt.« Das stimmt; doch anstatt nun konkret zu zitieren, was dort tatsächlich vorhergesagt wurde, heißt es anschließend bloß: »... Staat und Kirche der Christenheit, waren vor dem bedeutsamen Jahr 1914 gewarnt worden,«

5) Eckhard von SÜSSKIND: *Zeugen Jehovas.* 1987, S.32f.71, weist auf eine Stelle in *Schriftstudien* Band 3 hin, wo *1894* als Ende der Zeiten der Nationen angegeben wird. Dieser Hinweis stimmt zwar, aber da an allen anderen Stellen — von Band 3, von Band 2 und sonst — übereinstimmend 1914 angegeben wird, ist an dieser einen Stelle mit einem Versehen zu rechnen (wie auch Neidhart 105 annimmt). Die weitreichenden Schlußfolgerungen Süsskinds — daß die ZJ bis 1914 das Jahr 1894 als Ende der Zeiten der Nationen ansahen und daß daher ihre spätere Darstellung, daß Russell mit 1914 gerechnet hätte, falsch sei — kann ich nicht teilen.

6) Diese Drangsal war für Russell die Zeit von 1874-1914: So lesen wir in Bd.3 der *Schriftstudien*, »daß der Schluß des Jahres 1874 der *chronologische* Anfang der Zeit der Trübsal war, dergleichen nicht gewesen ist, seitdem eine Nation besteht, nein, noch auch je sein wird.« (in der Ausgabe von 1913 auf S.327, in Studie 10, die auf S.303 beginnt). Ähnlich auch in dem von Russell und Barbour gemeinsam herausgegebenen Buch: »... 1914 n.Chr., also vierzig Jahre nach 1874, und diese Zeit von vierzig Jahren, in die wir nun eingetreten sind, ist 'eine Zeit der Drangsal, wie es dergleichen nie zuvor gegeben hat, seitdem eine Nation besteht'.« (zitiert in WTG: »*Dein Name werde geheiligt*«. 1963, S.294) Vgl. auch *Watch Tower* vom 15.Jan.1892 (zit. von Franz 156f.347).

7) In dieser Liste fehlt der Beginn des Millenniums. Diesen datierte Russell auf 1874; der »Vierzig-Jahr-Tag der Unruhen« (= 1874 bis 1914) galt ihm als Beginn des Millenniumszeitalters (siehe *Vorhaben* 52; *Schriftstudien* Bd.2, Studie 6; Neidhart 20).

8) *Schriftstudien* Bd.2, deutsche Ausgabe von 1900, S.73f

9) Ebd. 95

10) Ebd. 97

11) Im *Watch Tower* vom Juli 1894 (zit. nach Franz 348; dt. Übersetzung Franz 157)

12) Davon berichten z.B. *Vorhaben* 37 oder WTG: *Gottes tausendjähriges Königreich hat sich genaht* (1973) S.188

13) Bd.4, *Tagesanbruch*-Ausgabe S.497 (in Studie 13, die auf S.491 beginnt); in der Ausgabe von 1923 auf S.475

14) Bd.3, Ausgabe von 1898 = 1913, S.146 (in Studie 6, die auf S.129 beginnt); zit. auch bei Franz 156

15) Zu diesem Satz findet sich in der Nachkriegsausgabe eine Fußnote: »Der Krieg unter den Nationen ist nur ein Vorspiel des großen Krieges von Jehovas großem Heere.« (S.101)

16) In der *Tagesanbruch*-Ausgabe auf S.11 (am Beginn der Einleitung)

17) Im Jahr 1897 im Bd.4 der *Schriftstudien*, *Tagesanbruch*-Ausgabe auf S.443 (in Studie 11, die auf S.427 beginnt), Ausgabe von 1923 auf S.422

18) Bd.3 der *Schriftstudien*, in der Ausgabe von 1913 auf S.348f (in Studie 10, die auf S.303 beginnt)

19) ebd. 346f

20) ebd. 218

21) Im Bd.2 der *Schriftstudien*, in der Ausgabe von 1900 auf S.165 (in Studie 5, die auf S.103 beginnt)

22) »Während des Ersten Weltkrieges neigten Gott hingegebene Erforscher der Bibel zu der Ansicht, daß dieser Weltkonflikt allmählich in die in Offenbarung 16:13-16 vorhergesagte Schlacht von Harmagedon hineinführen werde.« (WTG: *Ewiges Leben — in der Freiheit der Sühne Gottes.* 1967, S.356; die Fußnote verweist auf WT-Artikel der Jahre 1914, 1915 und 1918) Siehe auch Anm.14

23) S.459f (Studie 12, die auf S.457 beginnt). Vgl. dazu Neidhart 148

24) Im WT von 1893 (zitiert nach *Vorhaben* 52)

25) Zitiert nach *Vorhaben* 53

26) WT vom 1.Jan.1914 (zitiert nach *Vorhaben* 59)

Kapitel 6

Die Bibel und die WTG über falsche Propheten

»*Viele falsche Propheten werden auftreten, und sie werden viele irreführen.*« *(Mt 24,11)*

1. Die WTG *vor* 1975

Ein Prophet ist jemand, der Gottes Botschaft den Menschen überbringt. Eine solche Botschaft muß nicht, aber sie kann auch Zukunftsaussagen beinhalten. In diesem Fall haben wir eine objektive Überprüfungsmöglichkeit, um falsche Propheten zu entlarven. Jedenfalls dann, sobald der vom Propheten beschriebene, damals zukünftige Zeitabschnitt abgelaufen ist.

Diese eigentlich recht triviale Überprüfungsmöglichkeit wurde auch mehrmals von der WTG selbst angeführt, z.B. 1969 im *Erwachet!*:

»Allerdings hat es in der Vergangenheit Menschen gegeben, die erklärt haben, an einem bestimmten Tag werde die Welt untergehen. ... Doch es geschah nichts. Das 'Ende' kam nicht. Sie hatten sich als falsche Propheten erwiesen.«[1]

Das Prinzip ist ganz einfach: Jemand sagt etwas voraus für einen bestimmten Zeitpunkt; zu diesem Zeitpunkt geschieht das Vorausgesagte jedoch nicht — es handelt sich also um einen falschen Propheten.

Im Anschluß an *Sacharja 13,1-6* schreibt die WTG: »Jehova, der Gott der wahren Propheten, wird alle falschen Propheten in Schande geraten lassen, entweder dadurch, daß er die falsche Voraussage solcher Propheten, die sich dieses Amt selbst anmaßen, nicht erfüllen läßt oder indem er seine eigenen Prophezeiungen auf eine Weise verwirklicht, die zu derjenigen der falschen Propheten im Gegensatz steht.« (*Das Paradies für die Menschheit durch die Theokratie wiederhergestellt*. 1973, S.355)[2)]

Wieder dieses einfache Prinzip: eine falsche Voraussage läßt auf einen falschen Propheten rückschließen.

Im Anschluß an diese Erläuterung lenkt die WTG noch den Blick auf die Anhänger eines solchen falschen Propheten; wie sich diese nun verhalten (bzw. verhalten *sollen*):

»Falsche Propheten werden den Grund für ihre Schande zu verbergen suchen, indem sie verleugnen, wer sie wirklich sind. Sie werden zu vermeiden suchen, daß man sie tötet oder daß sie durch Jehovas loyale Anbeter als geistig tot hingestellt werden. ...

So sagte Jehova voraus, daß die Glieder seines Volkes in ihrem 'Land' der Wiederherstellung durch sein Wort so gut unterrichtet und ihm und seinen wahren Prophezeiungen gegenüber so loyal gesinnt wären, daß sie sich weigern würden, Freunde und 'leidenschaftliche Liebhaber' irgendeines falschen Propheten zu sein. Wenn sie einen solchen auch nicht töteten, so würden sie ihn doch disziplinieren und ihn in ihrem Unwillen derart schlagen, daß sichtbare Wunden und Narben die Folge wären.«

Diese Erinnerung ist wichtig, für uns alle. Gott erwartet, daß wir prüfen, und daß wir uns gegebenenfalls von einem als falsch entlarvten Propheten distanzieren — wir sollen uns weigern, wie die WTG schreibt, »Freunde und leidenschaftliche Liebhaber irgendeines falschen Propheten zu sein«.

Wenn man diese Mahnung der WTG so liest, ist man im ersten Moment erstaunt: Ist es denn nicht ohnehin selbstverständlich, daß man jemanden, der falsch vorhergesagt hat, nicht mehr als Propheten Gottes ansieht? Verlieren sich die Anhänger eines falschen Propheten nicht ohnehin, sobald dessen Vorhersage danebengegangen ist?

Um zu verstehen, wie gerechtfertigt diese Mahnung der WTG ist, müssen wir uns in die Situation einer in Erwartung befindlichen Gruppe hineinversetzen. An ihrer Spitze der »Prophet« — sicherlich eine Persönlichkeit mit Ausstrahlung, jemand der überzeugt ist und der auch auf (manche) andere überzeugend wirkt. Die Anhänger sind von ihm beeindruckt, und sie finden vieles (oder gar alles) was er sagt wertvoll. Die Anhänger genießen auch die enge Gemeinschaft der Gleichgesinnten — zusammengeschweißt auch durch die Ablehnung und durch den Widerstand der Umwelt. Gegenseitig bestärkt man sich in der Erwartung. Wenn einem der Anhänger Zweifel kommen, so richtet er sich an der festen Überzeugung der anderen wieder auf. (Schließlich weiß er auch, wer der Urheber solcher Zweifel sein muß: der Satan natürlich.) Nun kommt der vorausgesagte Zeitpunkt, das vorausgesagte Ereignis bleibt jedoch aus.

Das führt zweifellos zu einer Krise. Wenn der »Prophet« selbst erkennt und zugibt, daß er mit seiner Voraussage falsch lag, wird sich die Bewegung zerstreuen. Wenn der »Prophet« jedoch die ursprüngliche Vorhersage etwas abwandelt, vielleicht auch Gründe anzugeben weiß, warum Gott (»in seiner Gnade«) doch noch einen kurzen Moment wartet, dann kann die Bewegung diese Krise überstehen. Keiner der Anhänger, die ja von ihrem »Propheten« fasziniert sind und die Gemeinschaft mit den anderen Anhängern schätzen, wird die Gruppenzugehörigkeit gerne aufgeben. Sie werden also jede kleinere Korrektur, die es erlaubt, das religiöse System (ihre Lehre und Praxis) prinzipiell beizubehalten, gerne aufgreifen. Leise Zweifel bleiben zwar zurück, aber die Bindung an die Gruppe und die Verehrung des »Propheten« — von ihm hatten sie ja, abgesehen von seiner konkreten Vorhersage, schon so viel gelernt! — sind bei den meisten stärker.[3)] Insofern besteht hier die von der WTG beschriebene Gefahr, »Freunde und leidenschaftliche Anhänger« eines solchen Propheten zu bleiben, tatsächlich. Und es ist — wie die WTG oben ausführte — notwendig, durch Gottes Wort gut unterrichtet und Gott gegenüber 100%ig loyal zu sein. Das bedeutet, daß man gelernt hat, sich selbst von Gottes Wort zu »ernähren«, und es nicht immer nur durch die Brille des Propheten zu sehen. Und es bedeutet, in allererster Linie Gott selbst — nicht einer menschlichen Leitung — gehorchen zu wollen, und nicht automatisch alles vom »Propheten« Kommende als Gottes Ansicht zu betrachten.

Manchen wird es zwar gelingen, die Bindung an die Gruppe und an den »Propheten« zu durchbrechen, aber das werden nur wenige sein. Solche, deren Urteilsvermögen noch soweit an der Realität orientiert ist, daß sie das Auseinanderklaffen zwischen Vorhersage und tatsächlichem Geschehen voll erfassen und entsprechende Konsequenzen ziehen können. Im Unterschied zu den anderen, die Vorhersage und tatsächliches Geschehen solange umbiegen und umdeuten, bis sie doch noch irgendwie zusammenpassen. Die zurückbleibende Gruppe wird auch für die paar »Abgefallenen« eine passende Erklärung haben: Diese hatten eben falsche Motive für ihre Nachfolge, sonst hätten sie diese Krise sicher überstanden. Also war das Ganze letztlich doch irgendwie gut, denn es führte zu einer »Sichtung«! (Eine Sichtung zwischen Spreu und Weizen.)

Hier von einer »Sichtung« zu sprechen, ist gar nicht so unpassend. Aber ob dabei Spreu und Weizen richtig gedeutet sind? Ob »Weizen« unbedingt dort ist, wo Menschen — wie die WTG schrieb — »leidenschaftliche Anhänger« eines angeblichen Propheten bleiben? Ich meine vielmehr, daß wir solchen Menschen, deren Liebe zu Gott und deren Wertschätzung für das, was wirklich *wahr* ist, so groß sind, daß sie bereit sind, auch für sie selbst schmerzliche Konsequenzen zu ziehen, unsere Achtung nicht verwehren sollten! *Bemitleiden* brauchen wir solche Menschen jedoch nicht, denn Jesus lädt alle ein, zu ihm zu kommen (Matthäus 11,28-30), und das gilt auch für die von einem falschen Propheten Enttäuschten. Jesus selbst kann sie auch durch schwere Zeiten hindurchtragen.

Soweit unsere Betrachtung von zwei Stellen, in denen die WTG über die Beurteilung »falscher Propheten« spricht. Sehen wir uns dazu nun noch zwei Stellen im Alten Testament an.

2. Das Alte Testament

Die »klassische« Stelle ist *5.Mose 18,18-22*, wo Gott zu Mose sagt:

»Einen Propheten wie dich will ich ihnen mitten unter ihren Brüdern erstehen lassen. Ich will ihm meine Worte in den Mund legen, und er wird ihnen alles sagen, was ich ihm auftrage. Einen Mann aber, der nicht auf meine Worte hört, die der Prophet in meinem Namen verkünden wird, ziehe ich selbst zur Rechenschaft. Doch ein Prophet, der sich anmaßt, in meinem Namen ein Wort zu verkünden, dessen Verkündigung ich ihm nicht aufgetragen habe, oder der im Namen anderer Götter spricht, ein solcher Prophet soll sterben. Und wenn du denkst: Woran können wir ein Wort erkennen, das Jahwe nicht gesprochen hat?, dann sollst du wissen: Wenn ein Prophet im Namen Jahwes spricht und sein Wort sich nicht erfüllt und nicht eintrifft, dann ist es ein Wort, das nicht Jahwe gesprochen hat. Der Prophet hat sich nur angemaßt, es zu sprechen. Du sollst dich dadurch nicht aus der Fassung bringen lassen.«

Ich habe deshalb so ausführlich zitiert, weil dadurch auch der Zusammenhang sichtbar wird. Gott kündigt hier einen »Propheten wie Moses« an — die Christen haben diese Ankündigung schon immer so verstanden, daß sie auf Jesus hinweist. Daneben — also eigentlich in Konkurrenz zu Jesus, *dem* wahren Propheten schlechthin — wird auch von falschen Propheten gesprochen. Das heißt, bei unserer Beurteilung eines angeblichen Propheten können wir sowohl darauf achten, ob sein Wort eintrifft als auch darauf, ob er irgendwie in Konkurrenz zu Jesus tritt (vielleicht dadurch, daß er behauptet, »an Stelle« Jesu zu stehen).

Dieses Wort in 5.Mose wirkt eigentlich sehr einfach und klar. Doch auf wen sollen wir es nun konkret anwenden? Was ist, wenn jemand in seinem Herzen eine Vermutung hegt, die sich dann als falsch herausstellt — ist er dann schon ein falscher Prophet?

Wir sollten bei der Beurteilung auf drei Gesichtspunkte achten:

1. Es ist zu unterscheiden, *ob sich jemand auf Gott beruft als Quelle seiner Vorhersage*, ob er also »im Namen Gottes« spricht. Wenn jemand etwas vorhersagt, ohne sich dabei auf Gott als seine Quelle zu berufen, ist er nicht ein »falscher Prophet« im Sinne von 5.Mose. Dabei denke ich etwa an Vorhersagen in den Bereichen von Politik, Wirtschaft oder Sport ('ich nehme an, daß die Partei xy bei dieser Wahl nicht mehr die absolute Mehrheit bekommen wird ...'). Entscheidend ist, ob er sich auf Gott als seine Quelle beruft. Wie dabei der *Weg* aussieht, auf dem er die Vorhersage von Gott bekommen haben will, scheint mir nicht so wichtig zu sein. Ob er sich also auf eine Vision beruft, oder ob er meint, beim Bibellesen von Gott so erleuchtet worden zu sein, daß er bisher unentdeckte Zusammenhänge erkennt und nun durch Kombination und neuartige Ausdeutung verschiedener Bibelstellen auf diese Vorhersage kommt — in beiden Fällen beruft er sich letztlich auf Gott, der ihm diese Vorhersage übermittelt hat.[4]

2. Es ist zu unterscheiden, *ob jemand seine Vorhersage als etwas Sicheres oder doch zumindest sehr Wahrscheinliches hinstellt* oder bloß von einer Möglichkeit spricht. Wenn jemand beispielsweise lediglich sagt, durch Kombination

verschiedener Bibelstellen könnte man fast meinen, daß in einem bestimmten Jahr das Ende käme — hier würde ich auch bei Nichteintreffen doch nicht von einem falschen Propheten sprechen.

3. Es ist zu unterscheiden, ob jemand für sich persönlich von einer bestimmten Erwartung überzeugt ist (eventuell auch mit einem vertrauten Freund darüber spricht), oder *ob er seine Vorhersage öffentlich bekanntmacht,* vielleicht sogar große Anstrengungen zur Verbreitung seiner Vorhersage unternimmt. Nur in letzterem Fall tritt er ja wirklich als Prophet auf. Zur Unterscheidung dieser beiden Möglichkeiten sollten wir auch in unserer Geschichtsschreibung klare Worte gebrauchen. »Er hatte die Erwartung, daß ...« heißt: Er persönlich hat es erwartet; ob er darüber mit irgend jemand anderem auch gesprochen hat, ob er seine Erwartung in Form einer definitiven Vorhersage öffentlich verbreitet hat, wird damit noch nicht gesagt. Ist also letzteres der Fall, sollte das auch deutlich ausgesprochen werden (»Er sagte voraus, daß ...«, »Er verbreitete die Behauptung, daß ...«).

Gemäß diesen drei Gesichtspunkten können wir präzisieren, wann wirklich von einem falschen Propheten gemäß 5.Mose 18 zu sprechen ist.

Betrachten wir noch ein — auch von der WTG selbst zitiertes[5] — konkretes Beispiel für einen falschen Propheten, wie er im Buch *Jeremia* beschrieben wird. Noch bevor der babylonische König Nebukadnezar Jerusalem erobert hatte, sagte Hananja das baldige Ende dieses Königs voraus. Jeremia dazu: »Der Prophet aber, der Heil weissagt — an der Erfüllung des prophetischen Wortes erkennt man den Propheten, den der Herr wirklich gesandt hat.« (Jeremia 28,9) Im Bericht heißt es weiter: »Da nahm der Prophet Hananja das Jochholz vom Nacken des Propheten Jeremia und brach es entzwei. Vor dem ganzen Volk erklärte Hananja: 'So spricht Jahwe: Ebenso nehme ich binnen zwei Jahren das Joch Nebukadnezars, des Königs von Babel, vom Nacken aller Völker und zerbreche es.' Der Prophet Jeremia ging seines Weges.«

Man könnte nun versuchen, die Vorhersage Hananjas noch irgendwie zu rechtfertigen: 'Gut, seine Zeitangabe hat zwar nicht ganz gestimmt, aber der *Inhalt* seiner Botschaft war ja doch richtig. Zwar nicht innerhalb von zwei Jahren, aber doch innerhalb eines Jahrhunderts ging seine Vorhersage in Erfüllung.' Das könnte man zwar versuchen, aber Gott macht bei diesen Versuchen nicht mit. Der Bericht über den falschen Propheten endet tragisch: »Im siebenten Monat desselben Jahres starb der Prophet Hananja.« (Jer.28,17)[6]

Was ist, wenn jemand im Dienst Gottes steht und tatsächlich einen segensreichen Dienst tut. Nun entschließt er sich dazu — aus welchem Grund auch immer —, eine Vorhersage herauszubringen. Vielleicht läßt er sich gerade durch das Empfinden der Nähe Gottes, durch den spürbaren Segen auf seinem Dienst dazu verleiten, seine Deutungen verschiedener Bibelstellen für absolut richtig zu halten. Er publiziert also seine Vorhersage, und sie stellt sich als falsch heraus. Bedeutet das, daß wir ihn *insgesamt* als falschen Propheten einstufen müssen, und daß wir *alles*, was er tat und tut, als negativ einstufen müssen?

Ich meine, daß wir hier doch einen Unterschied machen sollten, daß wir Gutes und Schlechtes erkennen und auch entsprechend einschätzen sollten. Weder sollten wir angesichts einer Sünde eines Menschen alles andere, was er tut, gleichfalls negativ bewerten, noch sollten wir angesichts positiver Handlungen/Lehren eines Menschen die Augen vor Sünde verschließen oder versuchen, diese Sünde zu verharmlosen oder zu beschönigen. Die Bibel gibt uns dafür mehrere Beispiele. Von dem, was David, Salomo oder die Jünger Jesu geschrieben haben, können — und sollen! —

wir sehr viel lernen. Deren Schriften finden wir in der Bibel; daneben wird aber in der Bibel auch von deren Sünden offen berichtet. Es wird dort nicht versucht, deren Sünden zu verschweigen oder zu verharmlosen.

Gerade aus der Bibel lernen wir ja auch, daß bei Gott Vergebung möglich ist. Eine solche Vergebung setzt aber Umkehr voraus. *Wenn ein Mensch auf Sünde aufmerksam wird und er versucht daraufhin, zu erläutern, daß diese Sünde ohnehin nur ganz minimal war, ja daß sie eigentlich gar nicht als »Sünde« anzusprechen sei, sondern höchstens als »Fehler«, daß dieser Fehler aber sehr natürlich und sehr verständlich gewesen sei, und daß letztlich auch dieser Fehler noch sehr positive Auswirkungen hatte, dann ist der Betreffende von einer biblischen Umkehr noch sehr weit entfernt!*

Sollten wir das falsche Vorhersagen im Namen Gottes als »Sünde« ansprechen? Wenn man die alttestamentlichen Aussagen dazu ansieht — den Befehl, einen solchen falschen Propheten zu steinigen, oder den Bericht über Hananja, der innerhalb eines Jahres starb —, so besteht kein Zweifel, daß es sich hierbei um eine schwere Sünde handelt.

Vergebung ist möglich, aber die Voraussetzung dazu ist *Umkehr*. Dort, wo eine solche Umkehr geschehen ist — was Schuld*er*kenntnis, Schuld*be*kenntnis und radikales Abwenden von einer solchen Handlungsweise einschließt —, vergibt Gott. Und dort sollten auch wir vergeben und nicht immer wieder daran erinnern und somit bereits vergebene Schuld aufwärmen.

3. Die WTG *nach* 1975

Im ersten Abschnitt betrachteten wir zwei WTG-Aussagen, die kurz vor 1975 gemacht wurden — als die WTG sich selbst in der Rolle des wahren Propheten sah, der in Gottes Auftrag auf einen bestimmten Termin hinweist (siehe

Kap.9). Nachdem aber 1975 nichts geschehen war, trat die WTG leiser auf und verzichtete auf die Darstellung solcher Kriterien, die ihr nun selbst auf den Kopf zu fallen drohten. Seither fühlt sie sich unter Verteidigungszwang; nun versucht sie ihre Vorhersage-Tätigkeit mit biblischen Ereignissen parallelzusetzen, um dem Vorwurf, ein falscher Prophet zu sein, entgegenzutreten:

»Die Apostel und andere frühchristliche Jünger hegten gewisse falsche Erwartungen, doch die Bibel reiht sie nicht unter die 'falschen Propheten' ein. (Siehe Lukas 19:11; Johannes 21:22,23; Apostelgeschichte 1:6,7.)« (*Unterredungen anhand der Schriften*, 1985, S.147)

Die WTG verweist hier auf 3 Bibelstellen, wo die Jünger »gewisse falsche Erwartungen hegten«. Die Parallele trifft aber nur teilweise zu. Denn die Jünger machten diese Erwartungen nicht zum Gegenstand ihrer öffentlichen, weitgespannten Verkündigung! Insofern läßt sich deren »Hegen falscher Erwartungen« *nicht* vergleichen mit millionenfach verbreiteten Vorhersagen.[7]

Daß die WTG ihr Heil in solchen Vergleichen sucht, zeigt auch, daß sie von einer echten Umkehr — die ja Sündenbekenntnis einschließt — noch weit entfernt ist. Oder sollten wir in folgendem ein Sündenbekenntnis sehen?

»Jehovas Zeugen behaupten nicht, inspirierte Propheten zu sein. Sie haben Fehler gemacht. Wie die Apostel Jesu Christi haben sie mitunter falsche Erwartungen gehegt (Luk. 19:11; Apg. 1:6). ... Es stimmt zwar, daß sie nicht völlig verstanden, was am Ende bestimmter Zeitperioden geschehen würde,« (ebd. S.149)

Russell sah sich selbst sehr wohl als Propheten, und auch die WTG nach seinem Tod sah ihn so (vgl. Kap.4).[8] Auffallend ist hier die Tendenz des Abschwächens. Sie haben Fehler gemacht[9] — Gegenfrage: Wer nicht? Welche Fehler konkret, wird nicht gesagt (eine konkrete Liste aller von der WTG herausgebrachten Vorhersagen würde ja vielleicht

doch manche ZJ nachdenklich machen — da ist es besser,
man begnügt sich mit einer so allgemein gehaltenen Formulierung). Sie haben »nicht völlig« verstanden — das
klingt so wie: Sie haben es nur zu 95% verstanden ... Sie
hegten Erwartungen, sie verstanden nicht alles — kein Leser
denkt dabei daran, daß es hier nicht bloß um innere Vorgänge geht, sondern um lautstark propagierte Vorhersagen.

Das Buch *Unterredungen* soll ZJ auf mögliche Einwän-
de ihrer Gesprächspartner vorbereiten:

»Bezieht sich der Wohnungsinhaber auf einige angebli-
che 'Vorhersagen', die nicht eingetroffen sind,« (S.150)

Was heißt »angeblich«? Haben die ZJ also gar keine
Vorhersagen gemacht? Darum geht es in diesem Buch in
Kap. 5, 8 und 9. Dort untersuchen wir, ob und was die
WTG vorhergesagt hat. Jedenfalls kann man nicht behaupten, daß sie in den *Unterredungen* eingestanden hätte, nicht
erfüllte Vorhersagen gemacht zu haben — dort ist vielmehr
von »angeblichen Vorhersagen« die Rede.

Von so etwas wie »Umkehr« ist auch im WT 1986 wenig zu merken: »Einige Gegner behaupten, Jehovas Zeugen seien falsche Propheten. Sie sagen, es seien Daten
festgelegt worden, aber nichts sei geschehen. Wiederum fragen wir, welches Motiv die Kritiker haben.«[10]

Jemand wird auf einen möglichen Fehler hingewiesen
— seine erste Reaktion: Er fragt nach dem Motiv des Hin-
weisenden. — Doch immerhin faßt die WTG hier dieses
heiße Thema an. Gibt sie zu, falsche Vorhersagen verkündet zu haben?

»Ja, Jehovas Volk mußte von Zeit zu Zeit seine Erwartungen revidieren. Wegen unseres Eifers erhofften wir das
neue System früher, als es nach Jehovas Zeitplan vorgesehen ist. ..., daß wir unser Verständnis etwas revidieren mußten, ... Erwartungen, die einer gewissen Korrektur
bedurften, ...«

Halten wir fest: Von »Vorhersagen« ist keine Rede, auch

nicht davon, daß einige als ganz sicher präsentiert wurden, auch nicht davon, daß sie weltweit verkündet wurden. Der Leser erfährt lediglich von »Erwartungen«, die minimal korrigiert werden mußten. Dann erfährt er auch noch das positive Motiv: der Eifer war es!

Den ZJ genügt eine solche Rechtfertigung. Wird sie auch Gott genügen?

1) 8.April 1969, S.23

2) Bei diesen beiden Zitaten ist sicher auch ihr Datum zu berücksichtigen: 1969 und (engl.) 1972, also in jener Zeit, wo auf 1975 hingearbeitet wurde und wo die WTG ihr prophetisches Selbstverständnis sehr bewußt zur Schau stellte. Das Zitat aus dem *Erwachet!* entstammt demselben Heft, in dem auch der Artikel *Was werden die 1970er Jahre bringen?* steht (ab S.13). Zu der Vorhersage für 1975 siehe Kap.9. — Gerade in einem solchen Fall (prophetischer Anspruch und konkrete Vorhersagen) liegt es nahe zu prüfen; entweder handelt es sich hier wirklich um einen Propheten Gottes, oder es handelt sich um einen falschen Propheten (der selbst irregeführt ist und nun andere verführt).

3) Mit dieser Erscheinung beschäftigt sich auch die Soziologie. Hans ALBERT: *Plädoyer für kritischen Rationalismus.* München 1971, S.31, dazu: »Bei starker sozialer Verankerung ist es durchaus möglich, daß Überzeugungen, die in keiner Weise der Realität entsprechen, sich dennoch als außerordentlich stabil erweisen. Realitätsentsprechung kann weitgehend durch soziale Verankerung ersetzt werden, wie zum Beispiel das Studium bestimmter Sekten zeigt, die den Fehlschlag ihrer Prophetie durch eifrige Missionstätigkeit erfolgreich kompensieren konnten. Der Verlust stabiler Verankerungen für die Orientierung im natürlichen und sozialen Milieu und der daraus resultierende Zustand der Ungewißheit, Normenlosigkeit und Desorientierung scheint dagegen außerordentlich schwer ertragbar zu sein.«

4) Etwas anderes ist es natürlich, wenn eine bestimmte Vorhersage expressis verbis in der Bibel enthalten ist und ein Bibelleser darauf stößt und nun andere auf diese Bibelstelle hinweist — sollte diese Vorhersage dann nicht eintreffen, so läge die Schuld nicht bei dem Bibelleser, der diese Bibelstelle »entdeckt« hat, sondern bei der Bibel selbst.

5) Im WT vom 1.Feb.1980, S.25-28

6) Im *Bruder-Dienst* (Nr.11/12, S.11f) heißt es dazu: »Wer also wissen möchte, ob eine Zukunftsprognose wirklich von Gott ist, der soll nach beiden Aussagen der Schrift nicht etwa auf den 'Berg des Propheten' klettern, um sich näher mit ihm zu beschäftigen, der soll auch nicht seine mehr oder minder tiefen Gründe durchwaten und seine sogenannten 'Beweise' durchzubuchstabieren suchen. Er soll sich die bisherigen Ergebnisse seiner 'Prophezeiungen' anschauen ...«

7) Auch der Vergleich mit dem Propheten Nathan taugt nicht. Nathans Kontakt mit Gott war immerhin so eng, daß Gott ihn schon einige Stunden, nachdem er David einen voreiligen Rat gegeben hatte, korrigieren konnte. (Vgl. 2. Samuel 7)

8) Ob als »inspirierter« Prophet, ist auch ein bißchen eine Frage der Terminologie.

9) Rogerson urteilt: »die Zeugen ... sind auch sehr zurückhaltend mit dem, was sie zugeben; ich habe den Eindruck, daß sie nur die Fehler eingestehen, die ganz offen zutage liegen und die dazu führen könnten, daß einige Zeugen die Organisation verlassen. Wenn möglich, kehren sie den größten Teil ihrer früheren Fehler unter den Teppich beruhigender historischer Verallgemeinerungen.« (Alan ROGERSON: *Viele von uns werden niemals sterben. Geschichte und Geheimnis der Zeugen Jehovas.* Hamburg 1971, S.98)

10) WT vom 15.März 1986, S.19

Kapitel 7

Wie sieht die WTG heute die Vorhersagen für 1914?

*»Möchtest du wirklich einer Religionsgemeinschaft ange-
hören, die dir gegenüber nicht ehrlich gewesen ist?«* (die
WTG im Jahre 1974)[1]

1. Die Verkündigung vor 1914 zusammen-gefaßt

Versuchen wir die Aussagen des Kapitels über die Vorhersagen für 1914 zu rekapitulieren: Russell — und somit die
WTG — hatte mehrere Jahrzehnte vor 1914 eine Reihe sehr
konkreter Vorhersagen gemacht. Diese Vorhersagen waren samt und sonders danebengegangen; in bezug auf manche der Vorhersagen ist einfach nichts passiert, zum Teil
kam das Gegenteil: Russell hatte den Krieg von Harmagedon in gewisser Weise schon im Gange geglaubt, und ab
1914 sollte weltweit Friede herrschen. Stattdessen brach
1914 ein so heftiger Krieg von Nationen gegeneinander aus,
daß er die Jahrzehnte davor beinahe wie Friedenszeiten erscheinen ließ.

Im ersten Moment mag aber schon bloß die Tatsache,
daß die Bibelforscher im vornherein immer wieder von einem bestimmten Jahr gesprochen hatten, an dem dann tatsächlich etwas Besonderes — wenn auch nicht das
Vorhergesagte — passierte, beeindruckend sein.

Es *ist* beeindruckend, allerdings: die Bibelforscher hatten für mehrere Jahre etwas vorhergesagt, z.B. auch für
1878 oder für 1918. Und nicht bloß 1914 war ein wichti-

ges Jahr der Weltgeschichte, sondern auch 1917, 1918/19, 1933, 1939, 1945 ... Wenn nun eine Gruppe mehrmals etwas vorhersagt und wenn in verschiedenen Jahren etwas Auffälliges passiert, so ist es nicht so unwahrscheinlich, daß auch tatsächlich einmal eine Vorhersage und ein Ereignis auf dasselbe Jahr fallen.[2]

Russell brachte also seine Vorhersagen heraus — mit großer Sicherheit, wie wir gesehen haben: »bewiesen«, »biblische Tatsache«, »feststehende Wahrheit« ... So und ähnlich lauteten die Beifügungen. Da die von ihm vorausgesagten Vorgänge zum Teil Jahrzehnte erfordert hätten, sich aber beim Näherrücken von 1914 nicht zeigten, wurde er allmählich unsicherer — so fanden wir dann einige Abschwächungsversuche in den Jahren 1912 und 1914.

Soweit also die Ereignisse. Nun wollen wir betrachten, wie die WTG in der Zeit nach 1914 damit umging. Dabei erleben wir eine Reihe ganz verschiedener Haltungen. Da bei diesem Betrachten manches Schockierende ans Licht kommt — schockierend insbesondere für solche Leser, die mit der WTG sympathisieren —, muß ich noch einmal an das Motto dieses Buches erinnern, wie ich es ganz am Beginn, vor dem Inhaltsverzeichnis, angeführt habe: »*Schau den Tatsachen ins Auge!*«

2. Wege des Umgangs mit nicht eingetroffenen Vorhersagen

a. Der wirkliche Inhalt der Vorhersage und die aus deren Nichteintreffen resultierende Enttäuschung werden *ehrlich dargestellt.*

b. Es wird behauptet, die Bibelforscher hätten den *Ausbruch des 1.Weltkrieges vorausgesagt.*

c. Die Vorhersage der Bibelforscher wird *umschrieben* (»sie sagten voraus, daß 1914 ein wichtiges Jahr sein wer-

de«), aber nicht genau zitiert, so daß beim Leser der Eindruck entsteht, sie hätten den Ausbruch des 1. Weltkrieges
vorausgesagt, ohne daß das expressis verbis behauptet wird
(die Darstellung ist also *formal* korrekt, aber doch irreführend).

d. Es wird gesagt, *daß »nicht alle« Erwartungen der Bibelforscher in Erfüllung gingen.* (Zu beachten bei dieser
Terminologie: »Erwartungen« — hier könnte der Leser
denken, daß es sich bloß um innere Erwartungen gehan-
delt habe; er ahnt dabei nicht, daß diese Vorhersagen ja
in Millionen Exemplaren verbreitet wurden. Und: »nicht
alle« — ist das eine treffende Wiedergabe für »keine
einzige«?)

e. Die eigentliche Schuld wird weg von der WTG, die
diese Vorhersagen propagierte, *abgewälzt* auf die Leser dieser Publikationen, die eben zuviel hineinlasen. (Wenn man
bedenkt, was Russell alles vorhergesagt hatte für die Zeit
bis 1914, fragt man gespannt, was denn da ein Leser noch
darüber hinaus hätte hineinlesen können, was nicht schon
dastand.)

f. Soweit gesagt wird, daß »die Bibelforscher« (nicht bloß
»einige« oder »einzelne«) zuviel erwarteten — wobei dann
unausgesprochen oder ausgesprochen auch die WTG-
Verantwortlichen mitgemeint sind —, wird auf die positiven Ursachen und auf die positiven Auswirkungen hingewiesen. *Positive Ursachen:* der Übereifer war es, die große
Sehnsucht, den Anbruch von Gottes Königreich mitzuerleben (wer wird das zu tadeln wagen!). *Positive Auswirkungen:* es war eine »Sichtung«, die Unwürdigen wurden
dabei ausgesiebt; diese waren es, die enttäuscht waren und
dann nicht mehr mit der WTG mitgemacht haben.

g. Es wird darauf hingewiesen, daß es *dennoch nichts
Besseres* gäbe, nichts Besseres nämlich als Glaube und Praxis der ZJ.

h. Die Vorhersage wird umgedeutet: es wird behauptet,

sie hätte sich in einem anderen, *unsichtbaren* Sinn doch *erfüllt*.

Soweit also eine summarische Zusammenfassung der verschiedenen Möglichkeiten (die auch in Kombination miteinander auftreten können) des Umgangs mit der »Vorgeschichte« von 1914. Nun bin ich noch konkrete Belege schuldig, und ich werde sie liefern! (Ein persönliches Detail am Rande: Hier ist jener Punkt, der mich am meisten dazu gezwungen hat, am Charakter der WTG-Verantwortlichen zu zweifeln. Wenn also ein ZJ das hier Vorgeführte nicht sofort glauben kann, so verstehe ich ihn gut!)

a) Ehrliche Darstellung
Eine solche erleben wir in Rutherfords *Licht*:
»Der 'Wachtturm' und die mit ihm verbundenen Veröffentlichungen der Gesellschaft haben vierzig Jahre lang die Tatsache betont, daß das Jahr 1914 Zeuge der Aufrichtung des Königreiches Gottes und der Verherrlichung aller Auserwählten sein werde. ... Das ganze Volk des Herrn blickte dem Jahre 1914 mit freudiger Erwartung entgegen. Als diese Zeit gekommen und vorübergegangen war, da bemächtigte sich seiner große Enttäuschung, Kummer und Traurigkeit, und das Volk des Herrn wurde sehr geschmäht. Es wurde besonders von der Geistlichkeit und deren Bundesgenossen verhöhnt und mit Spott überhäuft, weil es so viel über 1914 ausgesagt hatte, was da alles geschehen werde, und seine Prophezeiungen sich nicht erfüllt hätten.[3]

Hieraus ist doch deutlich zu entnehmen, daß JZ für 1914 eine sichtbare — und somit so nicht erfolgte — Aufrichtung des Königreiches vorhergesagt hatten, außerdem die »Verherrlichung« d.h. Entrückung der Christen.

Auch *Vorhaben* ist stellenweise[4] ehrlich: »Zuerst glaub-

ten Pastor Russell und seine Mitverbundenen, daß die unsichtbare Gegenwart Christi in Geistgestalt bereits vom Jahre 1874 an datiere. ... Sie glaubten, der Zweck der
Wiederkunft Christi bestehe darin, sie zu versammeln, die
wahre Anbetung wiederherzustellen und die Treuen dann
im Jahre 1914, am Ende der 'Heidenzeiten', in Gottes Königreich aufzunehmen, gleichwie ein Bräutigam seine Braut
zu sich nimmt.« (S.23)

In *Gottes tausendjähriges Königreich hat sich genaht*
(1973) wird gleichfalls korrekt berichtet; es heißt dort in
bezug auf den 1879 erstmals erscheinenden *Zions Wacht-
Turm und Verkünder der Gegenwart Christi*:

»Die neue Zeitschrift verkündete, Christus sei seit 1874
unsichtbar gegenwärtig. Diese Gegenwart sollte bis 1914,
dem Jahr, in dem die Zeiten der Nationen abgelaufen wären, andauern. Dann würden die Nationen vernichtet, und
der Überrest der als 'keusche Jungfrau' bezeichneten Klasse
würde sterben und durch eine Auferstehung zu einem Leben im Geiste mit dem Bräutigam im Himmel verherrlicht
werden.« (S.188)

Wichtig an dieser Feststellung ist: Für 1914 wurde kein
theoretisches, juristisches »Ende der Zeiten der Nationen«
vorhergesagt, sondern deren *Vernichtung*; außerdem sollten die Bibelforscher in den Himmel entrückt werden. Diese
Erwartung haben nicht einige Bibelforscher gehegt — im
Sinne »privater Spekulationen«, sondern der Wachtturm
selbst hat diese Vorhersage verkündigt.

Ich zitiere weiter: »Doch die Erwartung, daß der Überrest der Kirche nach Ablauf der Zeiten der Nationen in die
himmlische Herrlichkeit eingehen würde, erfüllte sich nicht.
... Bei den Berechnungen mußte ein Fehler unterlaufen
sein.« (S.189)

Es wird dort auch der ursprüngliche Name der Zeitschrift
erläutert (S.206f):

»Der Redakteur und Herausgeber der Zeitschrift *Zion's*

Watch Tower and Herald of Christ's Presence (*Zions Wacht-Turm und Verkünder der Gegenwart Christi*) errechnete allerdings, daß die 'Gegenwart'oder Parusie des himmlischen Bräutigams mit dem Jahr 1874 u.Z. begonnen habe. Russell und seine Mitarbeiter errechneten auch, daß Jehova Gott den ersten Menschen im Jahre 4128 v.u.Z. erschaffen habe, was bedeutet hätte, daß der Mensch im Jahre 1872 u.Z. 6000 Jahre auf der Erde gewesen wäre. Man begann die Jahre nach dieser Zeitrechnung zu zählen, und auf der Titelseite der englischen Ausgabe der Zeitschrift *Zions Wacht-Turm und Verkünder der Gegenwart Christi* erschien vom 1.Juli 1906 an bis zur Ausgabe vom 15. September 1928 die entsprechende Jahreszahl. Auf der ersten der erwähnten *Wacht-Turm*-Ausgaben stand zum Beispiel: 'July 1, A.D. 1906 — A.M., 6034' (dementsprechend erschien auf der Titelseite der deutschen Ausgabe vom August 1906 die Angabe: seit Adam: 6034); die letzte der erwähnten Ausgaben trug das Datum: 'Anno Mundi 6056 — September 15, 1928' (deutsche Ausgabe: '1.Oktober 1928, seit Adam: 6056'). Als 'Jahr der Welt' errechnete man das Jahr 4128 vor unserer Zeitrechnung.«

Als der Bd.7 der *Schriftstudien* auf 1925 hinwies, stellte er auch einen kurzen Rückblick auf die Falschvorhersage für 1914 an:[5]

»Satan ist ein fleißiger Durchforscher von Zeitprophezeiungen (Luk. 12:39); da er aber nicht den Heiligen Geist besitzt, so ist er nicht imstande, zu genauen Schlußfolgerungen zu kommen. ... Ohne Zweifel *glaubte* Satan, daß das tausendjährige Königreich im Jahre 1915 aufgerichtet werden sollte; ...«

Dieser Hinweis wirkt merkwürdig, weil dabei ja eine Reihe von Parallelen zwischen Satan und den Bibelforschern sichtbar werden: »Satan ist ein fleißiger Durchforscher von Zeitprophezeiungen« — die Bibelforscher gleichfalls; Satan ist »nicht imstande, zu genauen Schlußfolgerungen zu

kommen« — die Bibelforscher auch nicht (haben sie vielleicht auch den Heiligen Geist nicht?); Satan glaubte an
1915 — die Bibelforscher ebenfalls. Ich zitiere weiter:

»Wie dies aber auch immer sein mag, jedenfalls sprechen Beweise dafür, daß die Errichtung des Königreichs
in Palästina wahrscheinlich im Jahre 1925 stattfinden wird,
zehn Jahre später als wir einmal berechnet hatten.«

Soweit einige Darstellungen, die den historischen Sachverhalt noch erkennen lassen. Nun kommen wir zu den
verschiedenen Versuchen der Irreführung. Handelt es sich
wirklich um Irreführung? Oder vielleicht einfach um nicht
ganz exakte Darstellungsweisen? Das soll jeder Leser selbst
beurteilen; er soll sich dabei aber auch seiner Verantwortung bewußt sein. Liegt nämlich tatsächlich Irreführung
und Lüge vor, der darauf hingewiesene ZJ aber versucht
das Problem zu verharmlosen, so gilt ihm das 'Wehe!' des
Propheten Jesaja (5,20):

»Wehe denen,
die das Böse gut und das Gute böse nennen,
die die Finsternis zum Licht und das Licht zur Finsternis
machen,
die das Bittere süß und das Süße bitter machen.«

b) »Weltkrieg vorausgesagt«

Diese Darstellungsweise geht bereits auf Russell selbst zurück. Er schreibt im engl. WT vom 15.Oktober 1914, also
kurz nach dem Zeitpunkt, zu dem gemäß der Vorhersage
Russells Harmagedon vorüber und Christi Friedensreich
angebrochen sein sollte:

»Seit vierzig Jahren haben wir gerade diesen Krieg und
seinen glorreichen Ausgang durch Predigten (mündliche
und gedruckte) sowie durch unsere Bücher zum Studium
der Bibel in zwanzig Sprachen verkündigt. Nachdem nun
das Jahr der Erfüllung der Prophezeiung gekommen ist,«[6]

Zu einem Zeitpunkt also, wo endgültig klar war, daß Russells Vorhersagen sich *nicht* erfüllt hatten, ist er dennoch weit von einer Umkehr entfernt. Stattdessen versucht er, es so darzustellen, als ob er den Ausbruch dieses Krieges vorhergesagt hätte. Der Prophet Russell ist als solcher unbelehrbar!

Joseph F. Rutherford war ein würdiger Nachfolger Russells. Er behauptet 1915:

»For the past forty years Pastor Russell has been pointing out Scriptural proof showing that the great International wars would be upon the earth in 1914, just exactly as they have come, and that shortly thereafter Messiah's Kingdom would be established.«[7]

Im *Jahrbuch 1972* (im Bericht über die Tschechoslowakei, S.127) heißt es:

»Dann brach der Erste Weltkrieg genau zu der vorhergesagten Zeit, im Herbst des Jahres 1914, aus. Seit 1879 sprachen die Bibelforscher von den Katastrophen, die die Erde in jenem Jahr heimsuchen würden.«

An dieser Behauptung ist mehrerlei bemerkenswert: Der Weltkrieg brach im *Herbst* 1914 aus? In Wirklichkeit brach der Weltkrieg im Hochsommer aus.[8] Soll hier der Kriegsausbruch auf den Herbst verlegt werden, um ein noch besseres Zusammenpassen mit den Vorhersagen Russells (dieser sprach manchmal vom Herbst, oder noch genauer vom 1.Okt. 1914) vorzugeben? Jedenfalls wird hier behauptet, die Bibelforscher hätten von jenen Katastrophen gesprochen, die 1914 geschahen. Doch, wie in Kap.5 gezeigt, von dem, was die Bibelforscher vorhergesagt hatten, ging 1914 nichts in Erfüllung. Soweit sie mit kriegerischen Auseinandersetzungen gerechnet hatten, so waren diese anderer Art (eine weltweite soziale Revolution), und diese sollten 1914 *enden*.

Während die WTG an vielen Stellen falsche Aussagen anderer Religionsgemeinschaften anprangert, verwendet sie doch ganz gerne falsche Erinnerungen, wenn diese die WTG in um so hellerem Licht erstrahlen lassen. So werden, wenn es um die Darstellung der Erwartungen für 1914 geht, gerne einzelne ZJ vorgeschoben — anstatt konkret zu zitieren, was die *Schriftstudien*, die damals maßgeblichen WTG-Produkte, für 1914 vorhergesagt hatten. In einem *Erwachet!*-Artikel (8.Sept.1984, S.5) lesen wir von einer gewissen »Maria, die an der Nordostküste der Vereinigten Staaten lebte«. Als sie vom Ausbruch des Ersten Weltkriegs erfuhr, dachte sie:

»Es ist tatsächlich so weit gekommen! Genau das, was die Bibelforscher vorhergesagt haben, ist eingetroffen; 1914 ist bestimmt ein gekennzeichnetes Jahr!«

Es ist natürlich schwer überprüfbar, was (welche?) Maria damals dachte. Doch sicher ist: Wenn sie die damalige Verkündigung der Bibelforscher ernst genommen hat, muß sie etwas anderes gedacht haben.

Auch einer der damaligen WTG-Leiter, Macmillan, kommt zu Wort: »Damals wußten wir nicht genau, was sich 1914 ereignen würde; ganz sicher aber waren wir, daß mit diesem Jahr die schlimmste Zeit anbrechen werde, die es je gegeben hat«.[9]

Diese Aussage ist sehr eigenartig, denn die WTG hatte für 1914 ja den Beginn einer Zeit voll Friedens vorhergesagt (der Satan sollte dann ein Jahrtausend lang gebunden sein!).

Wenn der Autor eines WT- oder *Erwachet!*-Artikels Äußerungen damaliger ZJ unkorrigiert zitiert, obwohl er weiß, daß diese Äußerungen falsch sind, so ist er dafür mitverantwortlich. Und es ist doch anzunehmen, daß es in Brooklyn, wo die Verantwortung für die WTG-Publikationen liegt, zumindest *einen* ZJ gibt, der über den wirklichen Inhalt der damaligen Verkündigung informiert ist!

Im WT 1957 (S.542) steht: »Was nun die Worte betrifft, die Van Baalen anführte, so erschienen weder diese noch irgendwelche, die ihnen im entferntesten ähnlich wären, jemals in irgendeinem der sechs Bände der *Schriftstudien*, die hauptsächlich für die Öffentlichkeit geschrieben wurden. ... in der Zeitschrift *The Watchtower*, die zu jener Zeit für die interne Organisation geschrieben wurde ...«

Der Autor dieses Artikels muß die sechs Bände der *Schriftstudien* sehr gut gekannt haben, wenn er mit Sicherheit ausschließen kann, daß ein bestimmter Satz (oder ein ähnlicher Satz) irgendwo in diesen Bänden vorkommt. Aber das ist sowieso anzunehmen: Daß es im Hauptbüro der WTG Kenner der *Schriftstudien* — der Hauptwerke der WTG in ihrem ersten halben Jahrhundert — gibt. Und noch etwas geht aus diesem Zitat hervor: Der Inhalt der damaligen öffentlichen Verkündigung ist in diesen *Schriftstudien* zu finden, und nicht anderswo (etwa im *Wachtturm*).

Im *Jahrbuch 1987* (S.124, im Bericht über die Schweiz) heißt es:

»Schwester Berta Obrist erinnerte sich, wie oft sie von ihrer Familie verspottet wurde, wenn sie von dem Krieg sprach, der in jenem Jahr zu erwarten war. 'Hör jetzt endlich auf, über 1914 zu reden!', fuhr ihre Großmutter sie jeweils verärgert an. Doch wie überrascht und sprachlos sie war, als im Jahre 1914 dann wirklich der Krieg ausbrach!«

Sollte Frau Obrist wirklich zwar bei den Bibelforschern gewesen sein, aber gleichzeitig eine Botschaft verkündigt haben, die so völlig anders war als alles, was die WTG in den *Schriftstudien* präsentierte? Denn dort ist von dem Krieg, der dann 1914 ausbrach, sicher nicht die Rede.

Oder gibt sie hier einfach ihre Erinnerung ehrlich wieder, die durch manche Gedächtnislücken, durch Wunschdenken, vielleicht auch durch die Lektüre der späteren Wachttürme getrübt sein mag? Das wäre natürlich möglich, aber Fragen bleiben trotzdem:

Hat diese Frau durch die Lektüre der späteren Wacht-

türme ein falsches Bild von den damaligen Ereignissen gewonnen, und hat dieses falsche Bild allmählich ihre eigene Erinnerung überdeckt? Wenn ja, warum vermitteln die
Wachttürme ein so falsches Bild?

Gibt es unter den Schweizer Berichterstattern nieman-
den, der sich entweder daran erinnern kann, wie es wirklich war, oder der wenigstens durch Lektüre der *Schriftstudien* Russells weiß, wie in etwa die Botschaft damals
gelautet haben kann (und wie nicht)?

Und handelt die Zentrale der WTG in New York — die
es ja besser wissen müßte — wirklich so verantwortungs-
los, daß sie den von den nationalen Anhängern verfaßten
Geschichtsbericht unangeschaut übernimmt und ihn weltweit verbreitet? Oder ist es ihr sogar angenehm, wenn die
nationalen Geschichtsberichte so aussehen? (Sie bringen
ja großen »Nutzen« und wenig Risiko: die Leser erhalten
einen sehr positiven Eindruck von der damaligen Verkündigung der Bibelforscher, und falls doch einmal ein Leser
— selten genug wird das vorkommen! — besser informiert
ist und stutzig wird, kann man sich ihm gegenüber noch
immer damit rechtfertigen, daß man das Versehen auf Er-
innerungsfehler der nationalen Anhänger zurückführt.)

Im *Jahrbuch 1974*, im Bericht über Deutschland, hieß
es ähnlich (S.78f): »1914 ... Der bis dahin mörderischste
Krieg der Menschheitsgeschichte war ausgebrochen, ... Bruder Grabenkamp ... seine Brüder in der ganzen Welt. Sie
hatten diese Ereignisse erwartet, ja nicht nur das, sie hatten sie im Auftrage Jehovas anderen angekündigt.«

Geschah die Ankündigung, daß ab 1914 die Erde mit
Frieden erfüllt sein würde und daß dann im Himmel wie
auf Erden der Wille Gottes geschehen würde, wirklich im
Auftrag Jehovas? Hat also letztlich Jehova sich geirrt?

Ich lasse das jetzt dahingestellt und zitiere weiter: »Nun
konnten sie zurückblicken und mit eigenen Augen sehen, wie
das Zeugnis, das sie gegeben hatten, bestätigt worden war.«

Doch lassen wir die Jahrbücher, und wenden wir uns anderen WTG-Publikationen zu. Am Beginn des Vorworts haben wir bereits den WT 1971 (S.659) betrachtet, wo es hieß:

»Wir wollen einmal untersuchen, was Jehovas Zeugen im Laufe der Jahre verkündet haben, ...« Diese Untersuchung bringt, jedenfalls nach Darstellung der WTG, ein überraschendes Ergebnis:

»Das denkwürdige Jahr 1914 kam, das Jahr, in dem der Erste Weltkrieg ausbrach, ... Völkerringen ... Massenvernichtung ... Hungersnöte ... Seuchen ... Die Welt hatte diese schrecklichen Vorkommnisse niemals erwartet. Jehovas Zeugen dagegen hatten sie erwartet, ...« (S.660)

Zur Erinnerung: JZ hatten vorhergesagt, daß es ab Herbst 1914 weltweiten Frieden geben würde, daß der Wille Gottes im Himmel wie auf Erden geschehen würde ... Das geschah nicht, eher das Gegenteil. Nun soll den WT-Lesern eingeredet werden, die ZJ hätten ohnehin das vorhergesagt, was damals geschah?

»... wiesen sie warnend darauf hin, ... daß im Jahre 1914 für die Welt eine Zeit der Drangsal anbrechen würde, wie es noch keine gegeben hätte.«

Tatsächlich hatte Russell vorhergesagt, daß diese Drangsal — die in gewisser Weise schon Jahrzehnte vor 1914 im Gange war — im Jahr 1914 *enden* würde.

Auch der Hinweis auf »das Werk der Warnung«, »durch das das verhängnisvolle Jahr 1914 verkündet wurde«,[10] ist irreführend. Denn von den tatsächlich eingetroffenen Verhängnissen haben ZJ nichts verkündet. Genauso irreführend ist die Angabe, daß die ZJ »die Nationen vor dem schicksalsschweren Jahre 1914 warnen« wollten.[11]

Jehovas Zeugen in Gottes Vorhaben geht einen doppelten Weg: Einerseits wird betont, daß Russell sich nicht sicher festlegte in seinen Zukunftsauslegungen; andererseits wird versucht, es so hinzustellen, daß ZJ richtig vorhergesagt haben.

Das Buch ist in Dialogform geschrieben, der Außenstehende (»Thomas«), dem die — stellenweise beschönigte — Geschichte der ZJ erzählt wird, fragt: »Ich nehme an, daß Jehovas Zeugen wirklich rehabilitiert wurden, als das Jahr 1914 endlich begann und der erste Weltkrieg ausbrach, oder?« (S.54) Diese Frage verwundert, denn wieso sollte jemand gerade dann rehabilitiert sein, wenn das von ihm Vorhergesagte nicht eintrifft?

Doch der ZJ schwächt in seiner Antwort — wie ehrlich! — etwas ab: »Nicht ganz.«

Da das Buch ausführlich berichtet, mit vielen Details, bekommt der Leser in vieler Hinsicht doch mit, was sich ereignete — zumindest dann, wenn er zwischen den Zeilen lesen kann. So erfährt er etwa, daß die Zeit nach 1914 (dem Jahr der in Erfüllung gegangenen Vorhersage?) keineswegs eine Blütezeit für ZJ war:

»Im Jahre 1914 erreichte das Werk einen Höhepunkt, aber in den Jahren 1915 und 1916 ging das Verkündigungswerk, das Jehovas Zeugen durchführten, allmählich zurück, und zwar wegen des zunehmenden Widerstandes, des Spottes und der weltweiten Zerrüttung des Werkes.« (S.58)[12]

Diese nach-1914-Erscheinungen versteht man nur, wenn man weiß, daß ZJ für 1914 falsch vorhergesagt haben. Auch die folgende Bemerkung wäre unverständlich, wenn die Vorhersage der ZJ für 1914 wirklich so erfolgreich gewesen wäre — wie in diesem und in anderen WTG-Büchern gelegentlich gesagt wird:

»Wann begann für die Zeugen die Zeit des Trauerns?

Johannes: Im Jahre 1914. Es war eine Zeit der Schmach, der Prüfungen und der Enttäuschung.« (S.59)

Aber bestätigen nicht selbst *weltliche Zeitungsberichte* jener Tage, daß der Ausbruch des Ersten Weltkriegs als Erfüllung der Verkündigung der Bibelforscher empfunden wurde? Sehr groß wird die Zahl dieser Zeitungen nicht ge-

wesen sein, denn in der WTG-Literatur findet man lediglich ein Zitat aus einer einzigen Zeitung — dieses dafür um
so häufiger. Kaum ein WTG-Buch geht daran vorbei. Im
Jahrbuch 1975 lesen wir (S.73):

»Ein für diese Zeit typischer Pressekommentar erschien
in der Zeitung *The World*, damals eine der führenden Zeitungen New Yorks.«

Wenn dieser Pressekommentar »typisch« war — warum
wird nicht auch einmal eine andere Zeitung zitiert?

An dem Bericht dieser Zeitung fällt folgendes auf: Der
Schreiber zeigt grobe Informationsmängel — seine falschen
Aussagen sollten doch, wenn sie schon von der WTG zitiert werden, wenigstens korrigiert werden. Und: Wenn der
Bericht ausführlich zitiert wird, erkennt man, daß es sich
hierbei lediglich um ein vorläufiges Beeindrucktsein handelt. Die Bibelforscher hatten davon gesprochen, daß es
1914 zur totalen Wende kommen würde. Der Ausbruch des
Ersten Weltkrieges beeindruckte; man nahm die Vorhersage der Bibelforscher nun wesentlich ernster — vielleicht
hatten sie doch recht? Keineswegs konnte man deren Vorhersage als bereits erfüllt ansehen, denn vom Ausbruch eines Krieges von Nationen gegeneinander im Jahr 1914
hatten die Bibelforscher nicht gesprochen. Wird in jenem
Zeitungsartikel doch einmal gesagt, daß sich die Vorhersage quasi schon erfüllt habe, so ist das als journalistische
Übertreibung zu werten.

Betrachten wir nun den am 30.August (also ca. einen
Monat nach Kriegsausbruch und ca. einen Monat vor dem
1.Oktober, dem eigentlichen von der WTG vorhergesagten Schlußpunkt) erschienenen Artikel.

In der Einleitung wird gesagt, daß das Jahr 1914 in dem
Buch *Die Zeit ist herbeigekommen* (= *Schriftstudien* Bd.2)
vorhergesagt wurde, und daß von diesem Buch 4 Millionen Exemplare verkauft wurden. Diese Zahlenangabe ist
eindeutig falsch (Näheres dazu in Kap.3/2). Nach der Ein-

leitung beginnt der Text mit einer journalistischen Übertreibung (»Prophezeiung erfüllt«) und setzt fort mit einer
weiteren falschen Aussage (»1914 anbrechen«):

»Durch den Ausbruch des schrecklichen Krieges in Europa hat sich eine außergewöhnliche Prophezeiung erfüllt.
Während der vergangenen fünfundzwanzig Jahre haben
die 'Internationalen Bibelforscher', die am besten als
'Millennium-Tagesanbruch-Leute' bekannt sind, durch ihre
Prediger und durch die Presse der Welt verkündigt, daß
der Tag der Rache, der in der Bibel prophezeit ist, im Jahre
1914 anbrechen würde.«

Die letzte Aussage ist eindeutig falsch, denn der Anbruch
von Harmagedon wurde nie für 1914 vorhergesagt. In gewisser Weise galt dieser »Tag der Rache« schon Jahrzehnte
davor als im Gange. Und wenn er auch gelegentlich als zukünftig angesprochen wurde (im Sinne der letzten dramatischen Zuspitzung), so wurde doch lediglich der Endpunkt
datiert: Harmagedon endet 1914. (Und nicht: Harmagedon *beginnt* 1914.)

Im weiteren Verlauf wird in dem Zeitungsartikel aber
doch noch deutlich, wie die Vorhersage der Bibelforscher
wirklich aussah:

»'Angesichts der kraftvollen Bibelbeweise', so schrieb
Pastor Russell im Jahre 1889, 'erachten wir es als eine feststehende Wahrheit, daß das endgültige Ende der Königreiche dieser Welt und die vollständige Aufrichtung des Königreiches Gottes am Ende des Jahres 1914 herbeigekommen sein werden.«

In diesem Zitat aus *Schriftstudien* Bd.2 kommt die wirkliche Vorhersage Russells einigermaßen zum Ausdruck.
Weiter lesen wir:

»Pastor Russell sagt nicht: 'Ich habe es euch gesagt', und
er unterzieht die Prophezeiungen nicht einer Durchsicht,
damit sie auf das gegenwärtige Geschehen passen. Er und
seine Forscher begnügen sich damit, zu warten — zu war-

ten bis zum Oktober, den sie als das eigentliche Ende des Jahres 1914 betrachten.«

Hier finden wir zumindest die Andeutung, daß das bisher Geschehene noch nicht die eigentliche Erfüllung des Vorhergesagten darstellte — auf diese hoffte man noch für Oktober 1914.

Was diese Zeitung in den Monaten und Jahren danach schrieb, als sichtbar wurde, daß das Jahr 1914 doch nicht das brachte, was Russell vorhergesagt hatte (was aber nach dem Ausbruch des Ersten Weltkrieges vorerst nicht mehr so unwahrscheinlich geschienen hatte), erfahren wir aus den WTG-Publikationen leider nicht.

Eine ausführliche Wiedergabe dieses Zeitungsartikels finden wir in dem obenerwähnten *Jahrbuch 1975* (S.73f), in *Vorhaben* 54f, in *Predigtdienst* 309, in der Serie *Neuzeitliche Geschichte der Zeugen Jehovas* (im WT 1955, S.301f).

Meistens — zur Gegenwart hin immer ausschließlicher — wird jedoch nur ein kürzerer Abschnitt zitiert, die journalistische Übertreibung am Beginn (»Der Ausbruch des schrecklichen Krieges in Europa hat eine außergewöhnliche Prophezeiung erfüllt«) enthaltend. Das Zitat aus dem Bd.2 der *Schriftstudien* und der Schluß-Hinweis auf den Oktober 1914 werden dann weggelassen (also jene Teile des Zeitungs-Artikels, die andeuteten, daß die eigentliche Erfüllung eigentlich noch bevorstand — und, wie wir heute wissen, ausblieb). In dieser Kurzform finden wir das Zitat etwa in: *Die Offenbarung — Ihr großartiger Höhepunkt ist nahe!* (1988) S.105, *Das Leben — wie ist es entstanden?* (1985) S.229, *Erwachet!* vom 8.Sept.1984, S.5f (dort wird auch die betreffende Seite der Zeitung abgebildet), WT 1971 (S.660).

Die nachträglich zu einer erfolgreichen umgewandelte Vorhersage der ZJ wird in noch helleres Licht versetzt, wenn man zeigen kann, daß die Welt damals überhaupt nicht mit dem 1914 ausbrechenden Krieg gerechnet hat. Das zu zeigen ist allerdings nicht so einfach. Denn die Welt vor 1914 war turbulent und gespannt, die Kriegsgefahr drohte. Das zeigt schon ein kurzer Blick in die Schriften Russells. 1894 schreibt er: »Now, in view of recent labor troubles and threatened anarchy, our readers are writing to know if there may not be a mistake in the 1914 date. They say that they do not see how present conditions can hold out so long under the strain.«[13] Und 1897, im 4.Bd. der *Schriftstudien* (am Beginn von Studie 5), zitiert er Beobachtungen aus verschiedenen Zeitungen. Ich reihe jetzt einfach einige Zitate aneinander. Da ist die Rede vom »Pessimismus, der Europa wie eine Flut überschwemmt.« Ein französischer Politiker »erinnerte Europa noch einmal daran, wie dünn die Kruste ist, welche die vulkanischen Feuer noch bedeckt.« Warum? Der deutsche Kaiser »hat das aktive, zum Marschieren und Kämpfen bereite Heer auf fünfhundertfünfzigtausend Mann erhöht,« »Deutschland ist jetzt in dem Zeitraum von vierundzwanzig Stunden kriegsbereit.« Es werden auch die diplomatischen Bemühungen angesprochen, die gelegentlich zu Optimismus führen, dennoch: Frankreich agiert, »als stünde der Krieg vor der Tür«, und ebenso »wird Deutschland durch die leiseste Anspielung auf einen Krieg veranlaßt, sich bis aufs Äußerste kriegsbereit zu halten,« Am Ende des 19. Jahrhunderts wird ein Rückblick angestellt: »Unser Jahrhundert ... hatte genau genommen kein einziges Friedensjahr.« »In den letzten Jahren hat Europa seine Armeen verdoppelt« — »Wenn diese Kriegsvorbereitungen irgend etwas bedeuten, so steht die zivilisierte Menschheit am Vorabend einer fürchterlichen Katastrophe,« »die Völker, die über die größten Streitkräfte verfügen, schwanken bereits am Rande des Abgrundes.« Ein geringfügiger Vorwand würde ausreichen, um einen Kriegsausbruch herbeizuführen. »Viele denkende Publizisten halten dafür, daß die Völker Europas entweder abrüsten oder losschlagen müssen.«

Soweit Russells Zitate. In *Vorhaben* wird dieser Zustand gleichfalls realistisch beschrieben: »Die Rivalität der Nationen unter sich verursachte auf der ganzen Erde eine hochgespannte Atmosphäre. ... wahnsinnigen Rüstungswettlauf ... die Völker spalteten sich in große Kriegslager auf.« (S.53)

Dieses Nebeneinander von Aufrüstung und Drohung einerseits und diplomatischen Bemühungen und Friedenshoffnung andererseits läßt sich treffend zusammenfassen: »Nirgendwo will man den Krieg, aber überall rechnet man mit ihm.«[14]

Soweit scheint die Sachlage klar — wenn da nicht eine Aussage von James CAMERON wäre, zitiert im — bereits mehrmals erwähnten — WT 1971 (S.659): »An Krieg hätte kaum jemand gedacht... Westeuropa hatte fast zwei Generationen lang keinen Krieg gehabt.« Der WT setzt fort: »Führende Politiker, Geistliche und Wirtschaftsexperten dieser Welt vertraten diese Ansicht.«

Was ist von dieser Äußerung Camerons zu halten? Cameron ist ein Journalist, der ein Buch über *1914* geschrieben hat. Dazu hat er viele Quellen herangezogen, allerdings betrachtet er die Lage primär vom britischen Standpunkt aus. Die zitierte Äußerung ist sicherlich eine journalistisch-einseitige Übertreibung. Daß kaum jemand an Krieg gedacht hätte, kann man wirklich nicht behaupten.

Uns geht es hier aber gar nicht um eine Beurteilung Camerons, sondern der WTG. Wie ging der Schreiber des WT-Artikels vor? Ist ihm zufällig gerade dieses eine Buch in die Hände gefallen, mehr hat er dazu nicht angesehen? Dann wäre es ein Hinweis auf eine äußerst leichtfertige, sorglose Schreibtätigkeit, die ohne Bemühen um Wahrheitsfindung ausgeübt wird. Das wäre schlimm genug, aber noch schlimmer wäre die Alternative: Daß der Schreiber sehr wohl auch andere Literatur dazu angesehen und dann bewußt diese eine einseitige Äußerung Camerons ausgewählt

hat, weil sie ihm am geeignetsten schien, die treffende (?)
Vorhersage der ZJ dagegen in noch helleres Licht zu setzen: Die Welt hat überhaupt nicht mit einem Krieg gerechnet, die ZJ dagegen sagten ihn sehr genau voraus.

Mehrere Beobachtungen sprechen dafür, daß die noch
schlimmere Alternative zutrifft: Zuerst, daß die WTG-
Autoren im allgemeinen mit sehr vielen Zitaten, aus verschiedenster Literatur, aufwarten können — das weist darauf hin, daß sie bei der Schreibvorbereitung viel Literatur
durchsahen. Sodann, daß in dem WT-Artikel (S.660) aus
dem Bd.4 der *Schriftstudien* (= *Der Krieg von Harmagedon*) zitiert wird — der Schreiber kannte also jenen Band,
aus dem ich oben mehrere Äußerungen über die Stimmung
vor 1914 angeführt habe. Schließlich, daß derselbe WT-
Artikel auch versucht, die Vorhersagen der ZJ für 1914
so zu verdrehen, daß sie mit dem Kriegsausbruch 1914 zu-
sammenzustimmen zu scheinen (siehe oben); zumindest hier
ist er also nicht vor Irreführung zurückgeschreckt (eine weitere bewußte Irreführung wäre ihm also auch zuzutrauen).
— Durch konsequente Anwendung dieser Methode gelingt
es ihm dann in bezug auf die ZJ auch zu zeigen, »daß viele der göttlichen Prophezeiungen, die sie verkündigt haben, bereits in Erfüllung gegangen sind ...« (S.665)

c) Umschreiben

Dabei wird folgende Strategie verfolgt: Ohne mitzuteilen,
was an konkreten Ereignissen für dieses Jahr vorhergesagt
wurde, wird erwähnt, daß die Bibelforscher auf 1914 hin-
wiesen, eventuell auch, daß sie eine Drangsal ankündig-
ten. (Der Leser kombiniert dann schon selber: »Sie haben
eine große Drangsal vorhergesagt, sie haben von 1914 gesprochen — aha, ich verstehe, sie haben für 1914 den Ausbruch einer großen Drangsal vorhergesagt!«)

Stellenweise haben wir das ja auch in dem eben zitierten WT-Artikel (1971, S.660) gefunden: »... wiesen Jeho-

vas Zeugen schon im Jahre 1877 darauf hin, daß das Jahr 1914 von großer Bedeutung sei«. Die »Bedeutung« begegnet uns noch öfter: »Bereits Jahrzehnte vor 1914 gab es eine organisierte Gruppe von Menschen, die auf die Bedeutung dieses Jahres hinwies.«[15] Auf *die* (tatsächliche) Bedeutung dieses Jahres wies diese Gruppe eigentlich nicht hin, sondern auf eine ganz andere Bedeutung, die dieses Jahr dann gar nicht hatte.

In *Die Wahrheit, die zum ewigen Leben führt* lesen wir: »Schon Jahre im voraus erkannten Erforscher der Bibel, daß 1914 ein Jahr von großer Bedeutung sein würde. ... Sie erwarteten große Veränderungen, und die Tatsachen bestätigen, daß 1914 tatsächlich ein gekennzeichnetes Jahr war.« (S.91) Neben der »Bedeutung« finden wir hier also auch die Umschreibung durch »gekennzeichnet«; letztere auch in einem *Erwachet!*-Artikel:[16] »In der englischen Ausgabe des *Wachtturms* wurde schon 1879 darauf hingewiesen, daß 1914 ein gekennzeichnetes Jahr sei«, und weiter: »Wieso wußten Jehovas Zeugen mehr als 30 Jahre im voraus, daß 1914, was die Herrschaft Gottes betrifft, ein wichtiges Jahr sein würde?«

Eine andere Umschreibungs-Vokabel ist »ausschlaggebend«: »Russell und seine Bibelstudienfreunde hatten Jahrzehnte zuvor erkannt, daß das Jahr 1914 das Ende der Heidenzeiten ... kennzeichnen würde ... Sie verstanden zwar damals die volle Bedeutung dieses Jahres nicht, aber sie waren davon überzeugt, daß 1914 ein ausschlaggebendes Datum in der Weltgeschichte sein würde, und sie hatten recht.«[17]

Im *Jahrbuch 1927* wurde berichtet (S.23): »Bibelforscher ... erwarteten, daß das Jahr 1914 etwas offenbaren würde, weil die biblische Chronologie zeigte, daß die Zeiten der Nationen in jenem Jahre zu Ende gingen. Der Prophezeiung gemäß begann dort auch wirklich der Weltkrieg, ...« Hier finden wir also die Umschreibung durch »etwas«.

Im *Jahrbuch 1932* hieß es (S.8): »Die Treuen sahen, indem sie sorgfältig die Prophezeiungen und die Chronologie der Bibel studierten, daß 1914 ein bemerkenswertes Jahr war. Alles deutete darauf hin, daß zu jenem Zeitpunkt ein großes, mit dem Königreich in Verbindung stehendes Ereignis geschehen mußte. Als sich im Herbst dieses Jahres die Nationen und Königreiche der sogenannten Christenheit gegeneinander in dem großen Weltkriege erhoben, ...«
Hier wird der Kriegsbeginn auf den Herbst verlegt, während er in Wirklichkeit im Sommer begann. Das gleiche fanden wir ja auch schon im *Jahrbuch 1972*, wo über die Tschechoslowakei berichtet wurde. (Hier haben wir vielleicht einen Anhaltspunkt dafür, daß die Erinnerungen der nationalen ZJ — die für die nationalen Geschichtsberichte verantwortlich waren — durch die Lektüre der WTG-Schriften verfälscht sein könnten.) In dem Zitat fanden wir nun die Umschreibung durch »1914 ein bemerkenswertes Jahr« und »ein großes ... Ereignis«. Was hinter diesen geheimnisvollen Umschreibungen steckt, was konkret vorausgesagt wurde, erfährt der Leser nicht; oder — siehe Punkt d!

In einem WT lesen wir: »Von 1879 an hatte der Präsident der Gesellschaft die außerordentliche Bedeutung des Jahres 1914 wiederholt in den Spalten der englischen Ausgabe des *Wachtturms* betont, besonders aber in dem Buch *Die Zeit ist herbeigekommen*, das 1889 in Englisch erschien.«[18]

Umschreibung durch »außerordentliche Bedeutung« — wobei man nicht vergessen darf, daß 1914 nicht *jene* Bedeutung hatte, die Russell ihm beilegte, sondern eine Bedeutung ganz anderer Art (Ausbruch eines Weltkrieges anstatt Beginn einer 1000jährigen Friedenszeit). Aber immerhin wird hier ein Hinweis auf den Band 2 der *Schriftstudien* gegeben, worin der Leser — falls er Zugang zu diesem Band hat und falls er sich die Zeit nimmt, lange genug zu suchen (ein Hinweis auf ein bestimmtes Kapitel fehlt ja) — nachlesen kann, was Russell tatsächlich vorhergesagt hat. Nämlich nicht ein »Ende der Zeiten der Nationen« in einem theoretischen, juristischen Sinn, sondern das wirkliche Ende: sämtliche Regierungen dieser Erde würden bis 1914 zermalmt und durch Jesu Regierung ersetzt.

Ein weiteres neutrales und somit auch zweideutiges Wort ist »Brennpunkt«: »... seine damalige Überzeugung, daß das Jahr 1914 ein Brennpunkt biblischer Prophezeiungen sein werde«.[19] Tatsächlich hatten die damaligen Bibelforscher diese Überzeugung, allerdings waren ihre — durch die WTG-Publikationen gespeisten — Vorstellungen über diesen »Brennpunkt« wesentlich anders, als wie sie heutige ZJ aufgrund der wirklich stattgefundenen Ereignisse haben.

Im WT 1958 (S.238f) lesen wir: »Das folgenschwere Jahr, auf das die Aufmerksamkeit durch diese gebetsvoll angestellten Berechnungen gelenkt wurde, war das Jahr des ersten Weltkrieges, ja, das Jahr 1914. Dieses Jahr wurde in Druckschriften angekündigt, was nicht bestritten werden kann!«

Im *Jahrbuch 1975* (Bericht über die USA, S.70) heißt es: »Jahrelang hatten Gottes Diener auf 1914 als auf das Jahr hingewiesen, das das Ende der Heidenzeiten kennzeichnen würde. Ihre Erwartungen sollten nicht enttäuscht werden. Am 28.Juli 1914 brach der Erste Weltkrieg aus,...«

Die Erwartungen der ZJ wurden sehr wohl enttäuscht, traf doch von den von ihnen konkret vorhergesagten Ereignissen nichts ein. Doch die Verbindung der — in ihrem Sinn nicht näher erläuterten — Vorhersage mit dem Ausbruch des Weltkrieges führt den Leser dazu, fälschlich zu glauben, es sei dieser Weltkrieg vorhergesagt worden.

Ich schließe diesen Abschnitt mit einem Zitat aus einem neueren WT: »Aufgrund ihres Bibelstudiums hatten sie auch erkannt, daß das Jahr 1914 ein Wendepunkt in der

Menschheitsgeschichte sein würde, und sie ließen ihre diesbezügliche Warnung bereits 40 Jahre im voraus erschallen. Wie in der Bibel vorausgesagt, begann im Jahre 1914 eine Zeit, die durch Hungersnöte, Seuchen, Erdbeben und Kriege gekennzeichnet ist ...« (1.Nov.1988, S.5)

d) »nicht alle Erwartungen erfüllt«

Es handelt sich hier um eine Kombination von Zugeständnis einerseits und starker Abschwächung andererseits. Also einerseits: Die Vorhersage hat sich nicht erfüllt; aber andererseits: Sie hat sich *nicht ganz genau erfüllt*, oder: *nicht alle Erwartungen gingen in Erfüllung*. Mit dieser Darstellungsweise begann bereits Russell selbst, und zwar in seinem letzten Vorwort (vom 1.Oktober 1916) zu Bd.2 (Hervorhebung durch Kursiv von mir):

»Bei der Behandlung von Gegenständen, die so schwierig sind, daß sie selten von anderen berührt werden, sollte es uns nicht befremden, daß *einige* der Annahmen, die wir in diesem Bande dargelegt haben, sich *nicht ganz buchstäblich* erfüllt haben, ... Natürlich konnten wir im Jahre 1889 nicht wissen, ob das Datum 1914 in der Bibel *so genau* als das Ende der Macht oder des Herrscherrechts bestimmt war, daß es bedeutete, daß ihre Macht zu jener Zeit völlig gebrochen sein, oder ob mit Ablauf ihrer Frist ihre Entsetzung beginnen würde.«

Wenn Russell 1889 »natürlich« manches noch nicht wissen konnte, warum hat er dann 1889 so getan, als ob er es wissen *würde*? Seine Äußerungen klangen damals sehr bestimmt und sicher.

Die Unbelehrbarkeit Russells zeigt sich nun darin, daß er unmittelbar nach diesem eben zitierten Zugeständnis, was er 1889 »natürlich« noch nicht wissen konnte, neuerlich mit konkreten Vorhersagen weitermacht:

»Wir sehen, daß das letztere die Verfahrungsweise Gottes ist, und zur festgesetzten Zeit, im August 1914, begannen die Nationen, auf die in der Prophetie Bezug genommen wird, den gegenwärtigen gewaltigen Krieg, welcher der Bibel gemäß in einem vollständigen Umsturz der menschlichen Regierungen gipfeln und so die Aufrichtung des Königsreichs des geliebten Sohnes Gottes vorbereiten wird.«

Hier sehen wir die veränderte Vorhersage: Die Schlacht von Harmagedon hätte 1914 zu Ende sein und Jesu Herrschaft des Friedens hätte auf der Erde beginnen sollen; das war nicht geschehen, aber nun sollte der gegenwärtige Weltkrieg in jene soziale Revolution (»vollständiger Umsturz der menschlichen Regierungen«), die Russell als »Harmagedon« erwartete, übergehen.[20] Dieser Umsturz — es gibt danach keine menschlichen Regierungen mehr — würde dann Platz schaffen für Jesu 1000jähriges Reich.

Russell läßt also neuerlich eine Vorhersage hinausposaunen, die sich neuerlich als falsch herausgestellt hat. »Ein gebranntes Kind scheut das Feuer«, sagt der Volksmund. Das gilt jedoch nicht für Russell. Er sah sich als Prophet Gottes, und seine Erkenntnisse mußten sich als wahr herausstellen; wenn Russell auch zugeben mußte, daß sie nicht zutrafen, gab er doch die Hoffnung nicht auf, daß es sich dabei lediglich um eine minimale zeitliche Verschiebung handeln würde. Eine Hoffnung, die sich nach dem Tod Russells gleichfalls als falsch erwiesen hat. Auch nach dem 1. Weltkrieg haben menschliche Regierungen weiterregiert, nunmehr bereits über 70 Jahre.

Russell setzt fort: »Wir können nicht hinter den Vorhang schauen; wir können nicht wissen, wie sich die Dinge unter der Führung unseres herrlichen Herrn Jesu und der bereits verherrlichten Glieder seiner Kirche gestalten werden.«

Wie wahr! Doch warum sagt dann Russell weiterhin voraus, wie sich die Dinge gestalten werden, wenn er weiß, daß wir das nicht wissen können?

Schließlich finden wir in seinem letzten Vorwort noch ein Zugeständnis:

»Der Autor gibt zu, daß er in diesem Buche den Gedanken nahe legt, daß des Herrn Heilige erwarten dürfen, am Ende der Zeiten der Nationen bei ihm zu sein in Herrlichkeit. Dies war ein Fehler, den zu machen sehr natürlich war, ...«

Dieses Zugeständnis ist allerdings sehr abschwächend. Hat Russell diesen Gedanken lediglich »nahegelegt«, oder hat er ihn klar ausgesprochen?

Hier gebraucht Russell immerhin das Wort »Fehler«. Allerdings: Ein Sündenbekenntnis müßte stärker zum Ausdruck kommen. (Vgl. Kap. 6/2 Ende.)

Ähnliche Formulierungen lesen wir dann auch später, z.B. in der Broschüre *Jehovas Zeugen im zwanzigsten Jahrhundert* (revidiert 1979): »1914 gingen zwar nicht alle Erwartungen in Erfüllung, aber dieses Jahr kennzeichnete das Ende der Heidenzeiten und war ein Jahr von besonderer Bedeutung.« (S.7)

Eine Andeutung in gleicher Richtung liegt auch in folgender Formulierung vor: »Obwohl sie sich noch nicht ganz klar darüber waren, was in den fast vier Jahrzehnten bis zum Jahre 1914 alles geschehen würde, ...« (WT 1971, S.660)

e) Abwälzen

Dieser Weg dürfte bereits von Russell begonnen worden sein. Kurz vor 1914 wollte er nämlich seine eigenen, ursprünglich so sicheren Vorhersagen bloß noch als persönliche Meinung verstanden wissen, und er distanzierte sich von jenen Anhängern, die ihn zu ernst genommen hatten: »Einige geben jedoch positive Erklärungen ... ab, ... Wir folgen niemals diesem Beispiel,« (ausführliches Zitat in Kap. 5/3).

Rutherford erwies sich als würdiger Nachfolger Russells.

Auch bei ihm finden wir die Vorstellung, daß nur *einige* es waren, die Falsches erwarteten — wobei man sich immer fragt, ob Russell mit seinen zahlreichen definitiven Voraussagen überhaupt noch etwas übrigließ, das ein Bibelforscher über Russell hinausgehend hätte erwarten können. Rutherford schrieb im *Jahrbuch 1927* (S.24):

»Es ist wahr, daß einige Bibelforscher 1914 das Ende der irdischen Pilgrimschaft der Kirche erwarteten, daß sie erwarteten, daß die Treuen in den Himmel eingehen würden.«

Schade, daß Rutherford uns zwar darüber informiert, was »einige Bibelforscher« erwarteten (warum ist das überhaupt so wichtig — ein paar Extremisten gibt es doch immer!), aber darüber schweigt, was eigentlich die WTG (und mit ihr die meisten Bibelforscher) erwartet haben![21]

Das folgende Zitat erinnert uns an Punkt c (»Umschreiben«): »Die Watch Tower Society der Zeugen für Jehova hatte recht in ihrem dreißigjährigen öffentlichen Feldzug, durch den sie die Heiden-Nationen vor dem verhängnisvollen Jahr 1914 warnte. Einzelne jedoch, die am Geben jener Warnung teilgenommen hatten, waren enttäuscht, da sie unrichtigerweise von sich gedacht hatten, sie kämen im Jahre 1914 in den Himmel, ...«[22]

Schließlich kommt es zu den WT-Lesern, die zuviel hineingelesen haben — wobei aber nie gesagt wird, worin dieses »zuviel« eigentlich bestanden haben soll. Konkret: Was haben diese Leser hineingelesen, was in Wirklichkeit nicht drinstand?

In *Vorhaben* lesen wir: »Ohne Zweifel waren viele in dieser Zeit voreilig in ihren Erklärungen über das, was zu erwarten war. Einige haben Gedanken in den Watch Tower oder Wachtturm hineingelesen, die gar nicht darin standen, ...« (S.52f)

»*Viele*« waren voreilig, »*einige*« haben Gedanken hineingelesen ... Was konkret, erfährt man leider nicht. Deutlich wird nur eines: die *WTG* war an all dem jedenfalls unschuldig.

Hier erleben wir dann noch eine besonders raffinierte Abwälzungsmethode: *Russell wird mit einem seiner Abschwächungsversuche kurz vor 1914, als er bereits unsicherer geworden war, zitiert, ohne daß seine früheren, äußerst sicheren Äußerungen in* Schriftstudien *(Band 2) erwähnt werden; somit erscheint Russell als der bedächtige Warner im Kontrast zu den anderen Bibelforschern, die »zuviel hineinlasen« bzw. »eigene Spekulationen anstellten«.* Diejenigen, die den Fehler gemacht hatten, die WTG-Publikationen zu ernst zu nehmen, stehen dann als die Dummen da, während der Urheber und Verkünder der falschen Vorhersagen, dem die Anhänger naiv glaubten, seine Hände in Unschuld zu waschen scheint.

Hören wir die Fortsetzung des Berichtes in *Vorhaben*: »...und obwohl es notwendig war, daß Russell auf die Gewißheit hinwies, daß am Ende der 'Zeiten der Nationen' eine große Änderung zu erwarten sei, ermutigte er doch seine Leser, die Ereignisse mit offenem Sinn zu betrachten, besonders was den Faktor Zeit betraf.«

Russell habe demnach »eine große Änderung« vorhergesagt — was für eine, wird hier verschwiegen. Diese Formulierung erinnert uns an die diversen Umschreibungen (siehe unter c). Doch lesen wir weiter!

»Um irgendwelchen privaten und wilden Spekulationen in bezug auf das Jahr 1914 entgegenzuwirken, ließ Russell einen besonderen Warnruf erschallen.«[23)]

Russell als Warner vor »irgendwelchen privaten und wilden Spekulationen in bezug auf das Jahr 1914«. Wir erfahren leider nichts darüber, wie solche Spekulationen konkret ausgesehen haben. Oder sind damit Russells eigene Spekulationen gemeint, vor denen er nun, zwei Jahre vor dem endgültigen Ende Harmagedons und dem vollen Anbruch des Millenniums, Angst bekam?

In dem Bericht wird nun der engl. WT-Artikel Russells vom 1.Dez.1912 zitiert, den wir schon in Kap.5/3 zitiert hatten — wo Russell auffordert, einander Spielraum zu lassen, und daran erinnert, daß er nichts prophezeit habe.

Die Formel von den »einigen« bewährte sich — sie wurde bis zur Gegenwart beibehalten. Im *Jahrbuch 1975* (über die USA, S.70) wird zuerst behauptet, daß sich die Erwartungen der Diener Gottes hinsichtlich 1914 erfüllt hätten (Zitat siehe oben unter b). Aber:

»Es gab auch andere Erwartungen hinsichtlich des Jahres 1914. ... Einige Bibelforscher waren fest überzeugt, 1914 in den Himmel zu kommen.« Dann wird eine gewisse »Schwester D.T. Kenyon« zitiert: »Wir glaubten damals, daß der Krieg in Revolution und in Anarchie übergehen würde. Dann würden die Gesalbten oder die Geweihten sterben und verherrlicht werden.« Wieder erfahren wir nicht, wo dieser Glaube herkam. Daß es die WTG war, die ihren Anhängern jahrelang diesen Glauben vermittelte, wird hier verschwiegen.

»Tatsächlich glaubten einige Christen, sie würden im Herbst jenes Jahres in den Himmel kommen.« (S.72)

Russell war da doch ganz anders. Am 2.Oktober 1914 sagte er vor dem Frühstück: »Irgend jemand enttäuscht? Ich nicht. Alles geht ganz plangemäß!« (S.71) Nun, Russell war zu diesem Zeitpunkt längst klar, daß die ganze Abfolge von Ereignissen, die er für die Zeit bis 1914 vorhergesagt hatte, und die Jahre, vielleicht sogar Jahrzehnte in Anspruch nehmen würden, die aber bis dahin noch immer ausgeblieben waren, nun nicht innerhalb eines Tages geschehen könnte. Das war ihm klar, damit hatte er sich im Laufe der 1914 vorhergehenden Jahre abgefunden, so daß er nun, am 2.Oktober, ehrlich sagen konnte, daß er nicht enttäuscht sei — er hatte ja wirklich nicht erwartet, daß das alles jetzt noch innerhalb weniger Stunden eintreten würde.

Ohne aber Russells sicher klingenden ursprünglichen
Vorhersagen zu erwähnen, zitiert nun jenes Jahrbuch Russells Abschwächungs-Artikel. Dadurch erscheint Russell
als der bedächtige Warner, der in seinen Vorhersagen ohnehin (immer schon?) sehr behutsam gewesen zu sein
scheint. Im Kontrast zu ihm — nämlich zu dem Russell
kurz vor Oktober 1914 — erscheinen dann andere Bibelforscher, die an Russells ursprünglichen (und nie klar wi-
derrufenen!) Vorhersagen festhielten, wie schwärmerische
Extremisten, die zuwenig auf Russell gehört hätten!

Was man alles durch eine geschickte Auswahl von Zitaten zustandebringen kann!

Lesen wir also weiter im *Jahrbuch 1975* (S.72): »Russell hatte selbst vor privaten Spekulationen gewarnt.« (Hier
wird verschwiegen, daß der eigentliche »private Spekulant«
Russell selbst — und somit die WTG, die dessen Bücher
herausbrachte — war!) Anstatt zuzugeben, daß mitunter
auch WTG-Publikationen irreführend sein können, heißt
es in dem Bericht:

»Somit gab es unter vielen Bibelforschern große Erwartungen hinsichtlich des Jahres 1914. Sie hatten aber auch
durch den *Wacht-Turm* gesunden Rat erhalten.«

f) »Ursache und Folge: Übereifer«

Bereits Russell begann damit, seine Fehlvorhersage positiv zu sehen, oder zumindest als positiv hinzustellen. Im
letzten Vorwort (vom 1.Oktober 1916) zum Bd.2 schrieb er:

»Der Autor gibt zu, daß er in diesem Buche den Gedanken nahe legt, daß des Herrn Heilige erwarten dürfen, am
Ende der Zeiten der Nationen bei ihm zu sein in Herrlichkeit. Dies war ein Fehler, den zu machen es sehr natürlich
war, doch der Herr überwaltete ihn zum Segen seines Volkes. Der Gedanke, daß die Kirche vor Oktober 1914 in
Herrlichkeit vereint sein würde, übte zweifellos einen an-
spornenden und heiligenden Einfluß auf Tausende aus,

von denen demgemäß alle den Herrn preisen können, selbst um des Fehlers willen.«

Mit dieser positiven Sicht selbst einer Fehlvorhersage begann sich Russell schon vor dem endgültigen Debakel anzufreunden. Im WT vom 1.Jan.1914 schrieb er im Hinblick auf die damals von ihm bereits erwartete Nichterfüllung:

»Wenn es sich später herausstellen sollte, daß die Herauswahl im Oktober 1914 nicht verherrlicht ist, so werden wir uns mit dem Willen des Herrn zu begnügen suchen, welcher Art er auch immer sein mag ... Wir glauben, daß die Chronologie ein Segen ist. Wenn wir durch sie einige Minuten oder einige Stunden früher am Morgen aufgeweckt worden sind, als es sonst geschehen sein würde, *dann ist es gut so*. Diejenigen, die *wach* sind, erlangen den *Segen* ...«[24].

Eine positive Sicht der *Ursache* für eine solche Vorhersage kann sich etwa folgendermaßen präsentieren:

»In der Neuzeit hat ein solcher Eifer, der an und für sich lobenswert ist, dazu geführt, daß man versucht hat, für die ersehnte Befreiung von den Leiden und Problemen, die die Menschen überall auf Erden plagen, ein Datum festzusetzen.« (WT 15.Juni 1980, S.17)

g) »dennoch nichts Besseres«

Ein ZJ, der sich in die Enge getrieben fühlt, weil er merkt, daß er mit schwer entschuldbaren Fehlern der WTG konfrontiert wird, hat doch noch einen Rettungsanker: 'Es gibt ja nichts Besseres als die ZJ.' Er denkt sich: 'Selbst wenn in dieser Bewegung und auch in ihrer Leitung nicht alles weiß ist, sondern da und dort Grautöne erkennbar sind — alle Alternativen sind ja total schwarz. So daß also die verschiedenen auch bei der WTG erkennbaren Fehler letztlich doch nicht so ausschlaggebend sind.'

Mit dieser Reaktion begann bereits Russell selbst, und zwar schon im WT vom 15.Dez.1914:

»Selbst wenn die Zeit unserer Verwandlung innerhalb von zehn Jahren nicht kommen sollte, hätten wir kaum noch etwas zu erbitten. Sind wir nicht ein glückseliges Volk? Ist unser Gott nicht treu? Wenn jemand etwas Besseres findet, so mag er es ruhig annehmen. Wenn irgend jemand von euch etwas Besseres findet, so hoffen wir, daß wir davon Mitteilung erhalten. Wir kennen nichts Besseres. Ja wir kennen nicht einmal etwas, was auch nur halb so gut wäre wie das, was wir in dem Worte Gottes gefunden haben.«[25]

Eine solche Reaktion geht aber am Problem vorbei. Wenn es sich herausstellt, daß die WTG — nach alttestamentlichen Maßstäben — ein falscher Prophet ist, so sollte ein WTG-Anhänger das ernst nehmen, und es nicht damit abtun, daß — gemäß seiner von der WTG geprägten Sicht — alle anderen Gruppen noch viel schlechter sind. Und wenn es sich herausstellt, daß die WTG z.B. in ihrer Geschichtsdarstellung wiederholt bewußte Irreführung betreibt, so sollte ein ZJ das ernst nehmen — denn er muß dann damit rechnen, daß auch das ihm von der WTG vermittelte Bild der anderen Gruppen unkorrekt ist.

h) »unsichtbare Erfüllung«

Schon Russell begann damit, die Vorhersage als in einem gewissen Sinn erfüllt anzusehen (deshalb: »der unbelehrbare Prophet« — komme, was wolle, Russell hält an seinem Sendungsbewußtsein fest). Während er bisher 1874 als den Beginn des Umbruches ansah, der 1914 zu seinem endgültigen Abschluß kommen sollte, wurde nun plötzlich 1914 als der Zeitpunkt angesehen, wo der Umbruch *beginnt* — das Spiel fängt also wieder von vorne an:

»Als das Jahr 1875 kam, wurde da alles innerhalb 24 Stunden vollbracht? ... Wir wollen lediglich den Gedanken ausdrücken, daß die Erfüllungen der Prophezeiungen nicht plötzlich stattfanden, sondern allmählich, indem sie eine bestimmte Zeit des Anfangs hatten und allmählich, aber mit Sicherheit, ihrer Erfüllung entgegengingen.«[26]

Da hat Russell schon recht, aber der Anfang war nach Russell im Jahr 1874 gegeben, und die Erfüllung sollte 1914 da sein. Nun will Russell von all dem nichts mehr wissen, und in 1914 den Zeitpunkt sehen, wo der Umbruch erst *beginnt*.

1915 wird sich Russell schon sicherer darin, daß das Königreich (Jesu 1000jähriges Friedensreich?) tatsächlich 1914, wenn auch unsichtbar, begonnen hat:

»wir sehen nichts, das dem Gedanken widersprechen würde, daß man zu Recht verstehen dürfte, das Königreich des Herrn habe seine Tätigkeit aufgenommen und das gegenwärtige 'Schlagen der Nationen' gehe unter der Herrschaft des Königreiches vor sich ...

Wir denken, daß wir Tag für Tag nach weiteren Beweisen Ausschau halten sollten, dafür, daß die Zeiten der Heiden geendet haben und Gottes Königreich sein Werk begonnen hat ...«[27]

3. 1914 eine Wende?

Die ZJ berufen sich darauf, daß Russell immerhin doch das Jahr 1914 vorhergesagt hat, das Ende der Zeiten der Nationen, einen »Wendepunkt in der Menschheitsgeschichte«[28]. Doch war es wirklich eine Wende? Die von Russell vorhergesagte Wende — von kriegerischen Zeiten zum Friedensreich Jesu — fand sicher *nicht* statt. Also inwiefern eine Wende? Vom Frieden zum Krieg? Auch zuvor war nicht wirklich Friede auf Erden.

Das einzige, was man diskutieren könnte, ist folgendes: Die turbulente Entwicklung auf Erden verstärkte sich zunehmend; vielleicht kann man in 1914 einen Zeitpunkt sehen, ab dem sich die Entwicklung beschleunigt.[29]

Es war aber keine Wende. Vorher gab es Kriege, danach

gab es Kriege — danach mit mehr Toten. Vorher gab es unvollkommene menschliche Regierungen, genauso danach. Und so könnte man fortfahren aufzulisten.

»Im Grunde hat es nur eine Zeitenwende gegeben; damals, als 'die Zeit erfüllt war' und Gott Seinen Sohn sandte in die Welt, daß Er die Werke des Teufels zerstöre und das ewige Gottesreich zu den Verlorenen bringe. Was man seitdem Zeitenwende nennt, ist allemal nur vergleichbar dem Umwenden eines bettlägerig Kranken von einer Seite auf die andere.«[30]

4. »Der Tagesanbruch« über Russells Vorhersagen

Der Tagesanbruch ist der deutsche Zweig der *Dawn Bible Students Association*, einer russelltreuen Organisation. Dort wurden auch die *Schriftstudien* Russells nachgedruckt. Der Band 2, worin sich Russell am deutlichsten über seine Vorhersagen für 1914 ausspricht, wird allerdings nur in stark gekürzter Form (die Herausgeber: »eine zusammengedrängte Ausgabe«) präsentiert. Das finde ich schade, insbesondere fehlt mir die Studie 4. Andererseits verstehe ich auch, daß man offensichtliche Falschvorhersagen nicht nachdrucken will. Was ich aber nicht verstehe, ist, daß die Herausgeber die Sachlage im Vorwort so darzustellen versuchen, als ob Russells Vorhersage für 1914 eingetroffen wäre:

»Dieses wertvolle Hilfsmittel zum Bibelstudium wurde erstmalig fünfundzwanzig Jahre vor 1914 veröffentlicht, wies aber auf jenes Datum als kennzeichnend für das Ende des von Jesu prophetisch 'die Zeiten der Nationen' genannten Zeitraumes hin; auf einen Zeitpunkt also, da wir erwarten konnten, Augenzeugen der Vernichtung der

machtvollen Erb-Herrscherhäuser Europas zu sein.«
Als ob Russell die Ablösung bestimmter heidnischer Regierungen durch andere vorhergesagt hätte, und nicht vielmehr das vollständige Ende menschlicher Regierungen!

Man liest weiter: »Heute steht das Jahr 1914 als eines der bedeutsamsten in der gesamten Menschheitsgeschichte fest, denn nun wird von Geschichtsgelehrten klar erkannt, daß es tatsächlich das Ende einer Welt bezeichnete. Viele Reiche, die vor jenem Datum blühten, sind seitdem zerstört worden.«

Wenn die Vorhersagen Russells so treffend waren: Veröffentlicht doch bitte den Band 2 ungekürzt, dann kann sich jeder Leser selbst davon überzeugen!

1) WTG: *Ist mit dem jetzigen Leben alles vorbei?* 1974, S.46

2) Genau genommen, rechnete Russell mit dem jüdischen Kalender und meinte das im Oktober 1914 beginnende und im Oktober 1915 endende Jahr; so schrieb er in einem Abschwächungs-Artikel 1912: »Die Lehnsherrschaft der Nationen mag im Oktober 1914 oder im Oktober 1915 zu Ende gehen.« Das von ihm angegebene Jahr deckt sich also nicht mit dem (jüdischen) Jahr des Kriegsausbruchs, denn der Krieg begann im Hochsommer 1914.

3) »Licht« war der Name des Offenbarungs-Kommentars Rutherfords, 1930 in 2 Bänden veröffentlicht. Das Zitat findet sich in Bd.1, S.199.

4) Mehrere Seiten später (S.52f) versucht dieses Buch jedoch, die Vorhersagen Russells als unter gewissen Vorbehalten gemacht hinzustellen (siehe Abschnitt e).

5) In der Ausgabe von 1922 auf S.164, in jener von 1925 (mit gleichem Wortlaut) auf S.164f. Mit ähnlichem Wortlaut in der Ausgabe von 1917 auf S.151f. Zu Offb 7,3 (*Die Knechte Gottes versiegelt haben*).

6) Zitiert nach WTG: »*Dein Name werde geheiligt* (1963) S.296

7) J.F. Rutherford: *A Great Battle in the Ecclesiastical Heavens* (1915), S.38

8) Das sagt auch die WTG selbst an anderen Stellen. Z.B. sagt sie in *Predigtdienst* 309, daß »beginnend mit dem 27.Juli bis in den August 1914 hinein, Nation um Nation und Königreich um Königreich in den ersten Weltkrieg gerissen wurden«. Oder im *Jahrbuch 1975* (S.70): »Am 28.Juli 1914 brach der Erste Weltkrieg aus ...« (am 28.Juli war die Kriegserklärung Österreich-Ungarns an Serbien.) Oder in *Erwachet!* vom 8.April 1969, S.5: »Am 4.August 1914 brach der Erste Weltkrieg aus.« (am 4.Aug. war das Ultimatum Englands an das Deutsche Reich.) — Am 28.Juni wurde der österreichische Thronfolger in Sarajewo ermordet; am 28.Juli erfolgte die erste Kriegserklärung, bis zum 4.August waren die hauptbeteiligten europäischen Nationen in die Auseinandersetzung verwickelt, bis zum 12.August erfolgten die restlichen Kriegserklärungen. Der eigentliche Kriegsausbruch ist somit auf Anfang August (= Hochsommer) zu datieren. — Die Behauptung, der Erste Weltkrieg wäre im *Herbst* ausgebrochen, ist auch insofern besonders merkwürdig, als ja die WTG-Publikationen immer wieder den die ZJ ehrenden Kommentar der New Yorker Zeitung *The World* zitieren, die *am 30.August* schrieb: »Durch den Ausbruch des schrecklichen Krieges in Europa ...« Wenn ein ZJ immer wieder auf diesen Kommentar hingewiesen wird, müßte er doch auch allmählich mitbekommen, daß der Krieg Ende August bereits ausgebrochen war.

9) Dieser Satz von A.H. Macmillan (aus dessen Buch *Faith on the March* von 1957) wird in *Erwachet!* vom 22.Sept. 1984, S.3 zitiert.

10) *Predigtdienst* 307

11) ebd. 308; ähnlich sagt das *Jahrbuch 1975*, daß »die Nationen vor dem hochbedeutsamen Jahr 1914 gewarnt« wurden. (S.43)

12) Ähnlich in *Predigtdienst* 311

13) im *Watch Tower* vom Juli 1894, zit. nach Franz 348 (dt. Übersetzung Franz 157)

14) Karl PLOETZ: *Hauptdaten der Weltgeschichte*. Würzburg, 31.Aufl. 1972, S.207

15) WTG: *Das Leben — wie ist es entstanden?* (1985) S.227.229

16) *Erwachet!* vom 8.Sept.1984, S.6

17) WTG: *Die Offenbarung* (1988) S.105

18) WT vom 15.8.1983, S.17

19) *Erwachet!* vom 22.Sept. 1984, S.3

20) So wird Russell auch in dem WTG-Buch *Rettung aus der Weltbedrängnis steht bevor!* (1975) verstanden:»Doch plötzlich endete der Erste Weltkrieg. Er ging nicht, wie die Bibelforscher erwartet hatten, in eine Weltrevolution und in eine weltweite Anarchie oder in die Schlacht von Harmagedon über.« (S.96)

21) Siehe die Zitate unter a.

22) WT 1955, S.302

23) ähnlich heißt es im *Jahrbuch 1975*: »C.T.Russell hatte selbst vor privaten Spekulationen gewarnt.« (S.72) Daraufhin wird aus dem WT vom (engl.) 1.Dez.1912 und vom (engl.) 1.Jan.1914 zitiert.

24) Zitiert nach *Vorhaben* 59

25) ebd. 60

26) Im WT v. 1.Nov.1914 (zitiert nach ebd.)

27) ebd. 60. — So wurde es auch nach Russell beibehalten: »Die Chronologie, wie sie in den *Schrift-Studien* erscheint, ist genau. Das Jahr 1914 brachte das Ende der Zeiten der Nationen, aber nicht das Ende der Erntearbeit.« In: *Schriftstudien* Bd.7 (1925) S.76; in der Ausgabe von 1917 auf S.67f. Zu *Offb 3,14*

28) WTG: Broschüre *Jehovas Zeugen im zwanzigsten Jahrhundert* (revidiert 1979), S.7

29) Die WTG stellt gerne Zitate von Politikern und Historikern zusammen, worin das Jahr 1914 als *Markstein* gesehen wird: z.B. in *Unterredungen anhand der Schriften* (1985) S.284f, in der Broschüre *Jehovas Zeugen im zwanzigsten Jahrhundert* (1979) S.7, oder im Buch *Die Wahrheit, die zum ewigen Leben führt* (1968) S.91f. Diese Zitat-Auswahlen sind einseitig, denn unter Historikern gibt es durchaus auch andere Ansichten. Als entscheidende Epochenwende der neuesten Geschichte werden drei Zeitpunkte diskutiert: Erstens 1789, zweitens der 1.Weltkrieg, drittens der 2.Weltkrieg. Die Betonung von 1914 ist also nur eine von drei Möglichkeiten. Und auch jene Historiker, die im 1.Weltkrieg die einschneidendste Grenze sehen, denken dabei nicht unbedingt genau an 1914, sondern eher an 1917 (Russische Revolution, Kriegseintritt der USA). Siehe Waldemar BESSON (Hg.): *Geschichte* (= Das Fischer Lexikon 24). Frankfurt a.M. 1961, Stichwort *Periodisierung, Zeitgeschichte.* Dagegen meint die WTG den Augenblick dieser Wende sehr exakt bestimmen zu können: »das 'Zeichen' seiner Gegenwart und des Abschlusses des Systems der Dinge ... zeigte sich erst vom 4./5.Oktober ... des Jahres 1914 an, als die Zeiten der Nationen endeten.« (WTG: *Gottes tausendjähriges Königreich hat sich genaht.* 1973, S.229.) Für eine einschneidende Änderung genau an diesem Tag läßt sich kein Beweis aus der sichtbaren Welt erbringen.

30) Aus *Der Gärtner* (Zeitschrift Freier Evangelischer Gemeinden) vom 6.Juli 1947 (Schriftleiter Wilhelm WÖHRLE). Zitiert nach Heinz Schumacher (Hg.): *Unser 20.Jahrhundert im Lichte der Bibel. Ein Gang durch 75 Jahre (1907-1982). Nach zeitgenössischen Quellen.* Heilbronn 1982, S.113

Kapitel 8

Vorhersagen für die Zeit nach Russells Tod

»Viele Leute glauben, wenn sie einen Fehler erst eingestanden haben, brauchen sie ihn nicht mehr abzulegen.« (Marie von Ebner-Eschenbach[1])

1. Überblick über die Vorhersagen der ZJ

Wir haben in Kap. 5 von Russells Vorhersagen für 1914 gehört und im vorigen Kapitel von den verschiedenen Versuchen, damit umzugehen. Doch wie ging es weiter? In einem weisen Spruch heißt es: »Ein gebranntes Kind scheut das Feuer.« Nicht so die ZJ! Hören wir, was Rutherford im Jahr 1931 rückblickend schrieb:

»Jehovas Getreue auf der Erde wurden in ihren Erwartungen für die Jahre 1914, 1918 und 1925 in etwa enttäuscht, und ihre Enttäuschung hielt eine Zeitlang an. Später lernten die Treuen, daß, obwohl jene Daten in der Heiligen Schrift in bestimmter Weise festgelegt sind, sie dennoch keine Daten mehr für die Zukunft festsetzen und nicht voraussagen sollten, was sich an einem gewissen Zeitpunkt ereignen werde ...«[2]

Diese Stellungnahme Rutherfords ist in mehrerlei Hinsicht aufschlußreich:

1. Wir haben hier das ausdrückliche Eingeständnis seitens der WTG, daß dreimal etwas Falsches erwartet (und vorhergesagt?) wurde. Dieses redliche Eingeständnis ist lobenswert.

2. »später« — also nach 1925 (dem letzten genannten Vorhersagejahr) und bis 1931 (dem Jahr der zitierten Ver-

öffentlichung) — lernten sie, daß sie keine zukünftigen Daten mehr festsetzen sollten. Die »Getreuen Jehovas« waren also lernwillig. — Aber ist es wirklich notwendig, *dreimal* etwas zu versuchen, was nach Jesu Wort ohnehin vergeblich ist (»Tag oder Stunde weiß niemand ...«), um endlich zu erkennen, daß man das besser unterläßt? (Die von den ZJ vielkritisierte Christenheit hatte das schon immer gewußt und sich auch großenteils daran gehalten.)

3. Gegen 1930 hatten sie es also gelernt, gegen 1970 — vier Jahrzehnte später — hatten sie es bereits wieder vergessen. Dann wurde nämlich ein neues Jahr ausgerufen: 1975!

4. Wenngleich sie also — nach der Feststellung Rutherfords — gelernt hatten, *kein bestimmtes Jahr* mehr anzugeben, haben sie dennoch nicht aufgehört, für die jeweils nächsten paar Jahre das Kommen der Wende (Harmagedon, Beginn des Millenniums) vorherzusagen. Sie kauften 1930 ein großes Haus, das »Haus der Fürsten« (= *Beth Sarim*), damit die alttestamentlichen Patriarchen — mit deren Kommen ja für die allernächste Zeit gerechnet wurde — sofort eine Wohnung haben (dieses Haus wurde 1948 wieder verkauft, nachdem Rutherford 1942 gestorben war). Und Rutherford riet gegen Ende seines Lebens dringlich, angesichts des unmittelbar bevorstehenden Harmagedons vom Kinderbekommen bzw. überhaupt vom Heiraten abzusehen — das könne man dann nach den paar Jahren, wenn der große Sturm vorüber sei, viel besser tun.

Doch alles der Reihe nach! »Jehovas Getreue« wurden, wie Rutherford sagt, *in etwa* enttäuscht. Also nicht ganz, sondern nur teilweise? Um zu erkennen, inwiefern sie enttäuscht wurden, müssen wir zuerst sehen, was denn für die verschiedenen Jahre konkret vorhergesagt wurde. Denn wenn Rutherford hier auch eingesteht, daß es enttäuschte Erwartungen gab und somit andeutet, daß Falsches vorhergesagt wurde, so erfahren wir dabei doch nicht konkret, was denn eigentlich vorhergesagt wurde.

Festhalten sollten wir hingegen folgendes: *In der Geschichte der ZJ ist die Neigung zum Berechnen und Vorhersagen der Zukunft nicht quasi als Ausnahmeerscheinung gelegentlich zum Durchbruch gekommen, sondern die Geschichte der ZJ ist zum größten Teil begleitet von einem Vorhersagen des »Endes« (Harmagedon, Anbruch des Millenniums) für die allernächste Zukunft.[3)]* Wobei diese Vorhersage entweder ein bestimmtes Jahr angibt oder zumindest einen knappen zeitlichen Rahmen festlegt. Man könnte die Geschichte der ZJ in 6 Abschnitte zerlegen; fünf dieser sechs Abschnitte hatten eine solche Vorhersage:

1. In den Jahrzehnten vor 1914 galt die Voraussage, daß die dramatischen Umsturz-Ereignisse unmittelbar bevorstünden (und bis 1914 zum endgültigen Abschluß kämen).

2. Nach 1914 galt der Hinweis auf 1925 (vorerst auch auf 1918 ...).

3. Nach 1925 wurde die Auferstehung der Patriarchen als unmittelbar bevorstehend angekündigt (demonstriert durch das »Haus der Fürsten«). Um 1940 galt der Rat, Heiraten und Kinderbekommen noch ein paar Jahre aufzuschieben.

4. 1950 wird die Erwartung der Auferstehung der Fürsten beiseitegeschoben, indem Frederick Franz bei einem Kongreß dort anwesende ZJ als »Fürsten« bezeichnet. Nun beginnt eine Zeit, die etwa 16 Jahre lang dauerte, und die die einzige Lücke in der permanenten Naherwartung darstellt.

5. 1966 beginnt das Hinarbeiten auf 1975. Grundlage: 6000 Jahre Menschheitsgeschichte laufen ab; Sicherheitsventil: *Gottes* 6000 Jahre (des 7. Tages) laufen zwar parallel dazu, sind aber zumindest etwas (wie lange?) verschoben. Zur Unterstützung dient Mt 24: »diese Generation wird nicht vergehen ...« — Deutung: die Generation (= siebzig oder achtzig Jahre lt. Psalm 90), die 1914 *bewußt* (d.h. zumindest 12jährig) miterlebte, wird auch das

Ende miterleben. Das führt ebenfalls auf die Mitte der 70er
Jahre.

6. Nach 1975 bleibt die Naherwartung aufrecht, indem
der »Generations«-Begriff behutsam Schritt für Schritt ver-
längert wird: Es genügt, 1914 bereits geboren gewesen zu
sein, und überhaupt: manche Menschen werden auch älter als 80 Jahre ...

Im vorliegenden Buch werden die Vorhersagen für 1914,
1918 und 1975 (und danach) näher behandelt; die Vorhersagen für 1925 (und danach) kommen in meiner
Rutherford-Biographie.

Bei alldem ist sicher zu unterscheiden: Eine »Naherwartung« in dem Sinn, daß jederzeit mit der Möglichkeit gerechnet wird, daß Gott eingreift, ist durchaus in Ordnung
— wir finden das auch bei Jesu Jüngern. Es ist auch erlaubt, für sich persönlich die Vermutung zu haben, das Ende noch mitzuerleben. Bedenklich wird es dort, wo eine
Festlegung auf konkrete Daten stattfindet: auf ein bestimmtes Jahr, oder auf einen beschränkten Zeitraum (wie es ZJ
derzeit tun: denn mit ihrer derzeitigen Darlegung sagen sie
ja auch, daß es keine — sagen wir einmal — 50 Jahre mehr
dauern könne).

Eine bemerkenswerte Ähnlichkeit bei den präzisen Vorhersagen besteht darin, daß Jahre vorher mit großer Sicherheit
aufgetreten wurde, während dann kurz vor dem endgültigen
Ablauf der Frist Verunsicherung ausgedrückt wird (WT
1.Jan 1914, WT 1.Feb 1925, das Ende 1974 erschienene
Jahrbuch 1975). Irgendwie menschlich verständlich!

Bei der näheren Betrachtung der verschiedenen Vorhersagen der WTG stellt sich natürlich auch die Frage, ob jemand, der so oft falsch vorhergesagt hat, nicht als falscher
Prophet im Sinne von 5.Mose 18,22 zu betrachten ist. Dieser Frage sind wir bereits in Kap.6 nachgegangen. Jedenfalls gilt der Titel »unbelehrbarer Prophet« nicht bloß für
Russell, sondern auch für die WTG insgesamt.

2. Die Vorhersagen für 1918

Nachdem die für die Zeit bis 1914 vorhergesagten Ereignisse ausgeblieben waren, wurde für das Jahr 1918 eine Zerstörung der christlichen Kirchen vorausgesagt (und außerdem die Entrückung der wahren Christen). Diese Voraussagen wurden im 1917 herausgegebenen Bd. 7 der *Schriftstudien* verbreitet (zu diesem Band siehe Kap. 3/5). Dieser Band, genannt *Das Vollendete Geheimnis*, kommentiert die Offenbarung und Hesekiel.

Die Verschiebung auf 1918 wird darin auf Russell selbst zurückgeführt;[4] wie Juda insgesamt erst 73 n.Chr. erobert war (also 40 + 3,5 Jahre nach Jesu öffentlichem Auftreten 29 n.), so wird das Gegenbild, die »Nominalkirche«, gleichfalls erst 40 + 3,5 Jahre nach Jesu unsichtbarer Wiederkunft (1874 n.) verwüstet werden. »Das Vorstehende ist Pastor Russells letzte Äußerung über den Gegenstand der Chronologie;«[5]

Ein Mitarbeiter der Brooklyner Zentrale berichtete von einem Gespräch bei Tisch, an dem auch Russell teilnahm und das einige Monate vor dessen Tod stattfand. Dabei warf dieser Mitarbeiter folgende Frage auf:

»Nachdem ich erkannte, daß die Zeit der jüdischen Drangsal mit dem Frühjahr 73 nach Christi endete, wofür ich den deutlichen Beweis aus der Geschichte zog, was werden wir wohl da für das Paralleljahr 1918 zu erwarten haben?«

Da andere am Tisch sitzende Bibelforscher keine Antwort wußten, fragte Russell den die Frage aufwerfenden Mitarbeiter um seine Meinung; dieser antwortete:

»Da das Jahr 73 nach Christi die vollständige Zerstörung des nominellen fleischlichen Israels brachte, so folgere ich daraus, daß wir in dem Paralleljahr 1918 den gänzlichen Umsturz des nominellen geistlichen Israels, d.h. den Fall von Babylon erwarten dürfen.«

Der Bericht setzt fort: »Bruder Russell antwortete: ›Ganz richtig! Das ist genau der Schluß, der zu ziehen ist.‹ Zuvor aber die Vollendung der Kirche.«[6]

Hierbei werden mehrere Probleme sichtbar: (a) keine Bereitschaft zur Abkehr von falschen Wegen, (b) Abwertung der Bibel zu einem Buch ohne Aussage, (c) die WTG hat zu bestimmen, nicht die Bibel, (d) eigene Vorstellungen werden nur soweit unbedingt nötig in Frage gestellt.

a) Keine grundlegende Umkehr

Eine grundlegende Abwendung vom falschen Weg ist nicht zu erkennen, bloß minimale Änderungen.

Nachdem sich — nach Ablauf von 1914 — herausgestellt hat, daß die WTG falsch vorhergesagt hat: sollte sie dann nicht vorsichtiger sein mit weiteren Vorhersagen? Ja, noch viel grundsätzlicher: Müßte sie dann nicht überhaupt ihr prophetisches Selbstverständnis in Frage stellen? Stattdessen macht sie weiter, indem sie die vorhergesagten Ereignisse auf die nächsten Jahre verschiebt, auf 1918 und auf 1925.

b) Die Bibel als Buch ohne Aussage

Die Bibel wird zu einem Buch ohne klare Aussagen degradiert, indem — je nach Bedarf — völlig verschiedenartige Schlußfolgerungen aus ihr gezogen werden.

Ist die Bibel wirklich so vieldeutig, daß man die verschiedensten Aussagen aus ihr herausholen kann? Sollte die Art des Umgangs der WTG mit der Bibel erlaubt sein, dann müßte man das annehmen. Ursprünglich hat die WTG mit Hilfe verschiedenster Bibelstellen, deren Kombination, allerlei Vergleichen und Parallelen, Schlußfolgerungen daraus usw. als »bewiesen« abgeleitet, was 1914 geschehen werde. Das geschah nicht, nun führt die WTG »Korrekturfaktoren« ein und leitet andere Jahreszahlen ab, für die dann die ursprünglich vorhergesagten Ereignisse zu erwarten seien. Das erweckt den Eindruck, daß man alles Beliebige aus der Bibel herausholen könne.

Im Bd. 7 ist die Rede von »den Staatskirchen unserer Tage, deren Auflösung 1914 begann«.[7] Das ursprünglich für die Zeit bis 1914 Vorhergesagte traf nicht ein, nun wird gesagt, es hätte aber 1914 *begonnen*. Nun gut, es begann also 1914, und es endet 1918:

»Daraus ergibt sich, daß die Stunde der Wehen für das nominelle Zion, die Namen-Christenheit voraussichtlich auf das Jahr 1918 fällt ...«[8]

»Wenn nun die Wehen im Frühling 1918 über die Namen-Christenheit kommen sollen ... Das in der Weissagung genannte symbolische 'Weh' ist eine Bezugnahme auf die Zeit der großen Trübsal; ...«[9]

Und weiter: »Das vorausgesagte 'Weh' soll über das nominelle Zion, die Namen-Christenheit, Babylon, kommen, als eine 'Zeit der Drangsal, dergleichen nicht gewesen ist, seitdem eine Nation besteht'.«[10]

Heute würde jeder ZJ sagen, daß diese Drangsal noch bevorsteht, daß diese Vorhersage für 1918 also nicht eingetroffen ist.

Das Ende der christlichen Kirchen soll — so die WTG ursprünglich — parallel zum Ende Jerusalems kommen. Dessen Ende war i. J. 70, also 40 Jahre nach 30, dem Jahr, wo Jesus öffentlich auftrat. Jesu (unsichtbare) Wiederkunft wurde für 1874 angenommen, 40 Jahre später führen zu 1914. Also müßte 1914 das Ende der Christenheit bringen. Das war nicht, und so kam Russell auf die Idee, daß man noch dreieinhalb Jahre anhängen könnte. So lange wirkte Jesus auf der Erde, und das wirkliche Ende Judäas war ja eigentlich noch nicht 70, sondern erst 73 (als die Römer die letzten Festungen erobert hatten). Somit müssen wir auch jetzt noch dreieinhalb Jahre zum Herbst 1914 dazuzählen und kommen auf das Frühjahr 1918:

»... und die oben angeführten Schriftstellen deuten dar-

auf hin, daß der Frühling 1918 ein noch größeres Maß von
Bedrängnis über die Christenheit bringen wird, als dies im
Herbst des Jahres 1914 der Fall war. ... ändere 37 in 40,
70 in 73 und 1914 in 1918, wie vorstehend begründet, so
wird es, wie wir glauben, richtig sein und sich in Bälde mit
großer Macht und Herrlichkeit erfüllen.«[11]

Aufgrund dieser kleinen Rechenkorrektur sollte also die
von Jesus vorhergesagte große Trübsal 1918 kommen. Sie
kam aber wieder nicht, und bei dem Leser, der die Bibelauslegung der WTG ernst nimmt, stellt sich immer mehr
das Gefühl ein, daß die Vorhersagen der Bibel falsch sind,
und überhaupt, daß sie völlig vieldeutig sind — man kann
praktisch alles aus ihnen herausholen. *Bei wie vielen Menschen mag die Bibel dadurch in Mißkredit gekommen sein!*

Während seiner Debatte mit Russell (1908) sagte White,
sich auf Russells Methode der Bibelauslegung beziehend,
»er erinnere sich an ein Schild über der Tür einer Schmie-
de, auf dem es hieß: *Hier werden alle Arten von Drehun-
gen und Windungen gemacht.*«[12]

c) Willkürlich festgelegtes Ziel steht zuoberst

*An oberster Stelle steht das von der WTG willkürlich fest-
gelegte Ziel; die Aussagen der Bibel haben sich diesem Ziel
zu fügen.*

Das Ziel steht fest, nämlich die Vorhersage der End-
Ereignisse für die unmittelbar nächsten Jahre. Könnte man
also aufgrund verschiedener Bibelverse und verschiedener
Überlegungen auf verschiedene Daten kommen, so wird
jeweils ein solches Datum ausgewählt, das in der nächsten
Zukunft liegt.

Die Geschichte der Christenheit soll — laut WTG — pa-
parallel ablaufen zu jener des Judentums: »Der Herr ... zeigte,
daß das Ende des fleischlichen Israel ein Vorbild sei von
dem Ende des geistlichen Israel. Die Geschichte der Nation Israel endete in drei markanten Punkten; die Zerstö-

rung Jerusalems im Jahre 70 n.Chr., die völlige Unterjochung Judäas im Jahre 73 und die tatsächliche Entvölkerung von ganz Palästina im Jahre 135. Was meinte er nun als das Ende, das ein Wegweiser für seine Nachfolger sein sollte? Nicht das Ende im Jahre 70, welches das Jahr 1915 vorschattete; denn die Ernte des Evangelium-Zeitalters geht noch weiter; nicht das Ende im Jahre 135, das Jahr 1980 vorschattend; denn die Ernte ist das Ende. Er muß das Ende in Judäa gemeint haben, wie er auch sagt: 'Daß alsdann, die in Judäa sind, auf die Berge fliehen.' (Matth. 24:16)«[13]

Und das Ende in Judäa war 73, das Jahr 1918 vorschattend. — Für das Ende der christlichen Kirchen (»Namen-Christenheit«) standen also drei Möglichkeiten zur Auswahl: 1914/15, 1918 und 1980. Die erste Möglichkeit war (im Jahr 1917) bereits vorbei, fiel also von vornherein weg. Die dritte Möglichkeit — aktuell erst in einem halben Jahrhundert — hätte für die unmittelbare Zukunft keine Bedeutung gehabt, war also auch uninteressant. Die Wahl fiel auf die zweite Möglichkeit, und somit war für die Aufrechterhaltung der Spannung gesorgt, denn für die nächste Zukunft waren aufregende Ereignisse zu erwarten — und mit verstärktem Eifer war die Welt vor diesen Ereignissen zu warnen (durch die Verbreitung der WTG-Publikationen, versteht sich).

Oder sollte man meinen, daß einfach der vorliegende biblische Sachverhalt zur Entscheidung für 1918 führte? Mich persönlich überzeugen die angeführten Gründe nicht, und Gott haben sie offenbar auch nicht überzeugt. Letztlich sind die vorgeführten Gedankengänge insgesamt sehr spekulativ und willkürlich.

d) Möglichst weitgehendes Festhalten an eigenen Vorstellungen

Die eigenen Vorstellungen werden nur soweit in Frage gestellt, als sie durch die geschichtliche Wirklichkeit bereits eindeutig widerlegt sind. Alles andere bleibt unangetastet.

Die verschiedenen Vorhersagen sind einerseits solche, die sich auf die sichtbare Wirklichkeit beziehen (und somit eindeutig nachprüfbar sind), andererseits solche, die für uns unsichtbare Vorgänge betreffen bzw. aus mehrdeutigen Aussagen bestehen. Nach Vorübergehen des angekündigten Jahres wird der sichtbare Bestandteil der Vorhersage entsprechend abgeändert, der unsichtbare bzw. mehrdeutige Bestandteil bleibt aufrecht. Anstatt grundsätzlich die gesamte Vorhersage in Frage zu stellen! Wenn der nachprüfbare Anteil einer Vorhersage sich als falsch herausgestellt hat — wer sagt mir dann, daß der nicht unmittelbar nachprüfbare Anteil stimmen muß?

So haben wir es ja schon bei Russells Vorhersage für 1914 erlebt: Die Regierungen der Nationen sollten zerschmettert werden. Das geschah nicht, aber »das Ende der Zeiten der Nationen« (in einem ganz anderen als dem ursprünglich vorhergesagten Sinn) wurde weiterhin mit 1914 datiert.

Unter b hatten wir die Änderungs-Anweisung zitiert, die mit der Ankündigung endet, »so wird es, wie wir glauben, richtig sein und sich in Bälde mit großer Macht und Herrlichkeit erfüllen«. In der Ausgabe von 1925 heißt es stattdessen: »... und wir glauben, daß es dann seine Richtigkeit hat« (S.77). Das heißt, am Datum 1918 wird weiterhin festgehalten, aber die »große Macht und Herrlichkeit«[14] — als eindeutig nicht in Erfüllung gegangen — werden weggelassen.

Bei diesen Vorhersagen für 1918 kann man wiederholt einen *4-Stufen-Plan* beobachten: Was in der englischen Originalausgabe 1917 für das Jahr 1918 vorhergesagt wurde, wurde in der deutschen Übersetzung[15] bereits etwas abgeschwächt: »nach 1918«. In den späteren Ausgaben (jenen der Zwanzigerjahre) wurde weiter abgeschwächt: »1918

fing ... an«. Der nächste — und letzte — Abschwächungs-
schritt: Man erwähnt diese Vorhersage nicht mehr und
hofft, daß sie allmählich in Vergessenheit gerät. — *Wie
mühsam ist es doch, sich von der Vorstellung zu lösen, von
Gott prophetisch beauftragt zu sein!*

Dazu konkrete Beispiele (wobei ich die jeweilige Zeitangabe kursiv hervorhebe). Zu *Hes 24,25f* hieß es ursprünglich:

»Also, *in the year 1918*, when God destroys the chur-
ches wholesale and the church members by millions, ...«[16]

Dann in der deutschen Übersetzung: »Und *nach dem
Jahre 1918*, wenn Gott die Kirchen insgesamt und die Kirchenmitglieder zu Millionen vernichtet, ...«[17]

Schließlich in einer späteren Ausgabe (1925): »*Nach dem
Jahre 1918, wo Gott anfing*, die Namenkirchen zu zerstö-
ren und Kirchenmitglieder nach Millionen ihren Untergang
fanden, wird es geschehen, daß solche, die aus der Drangsal entrinnen, die Schriften Pastor Russells in die Hände
bekommen, um daraus den wahren Grund des Untergangs
des 'Namenchristentums' zu erfahren.«[18]

Zu *Hes 31,15* hieß es ursprünglich:

»*In the year 1918*, when Christendom shall go down as
a system to oblivion ...«[19]

Dann in der deutschen Übersetzung: »*Nach dem Jahre
1918*, wenn die Christenheit als System mit ihr folgenden
revolutionären Republiken in die Vergessenheit (Scheol)
hinabsinken soll, wird Gott Trauern verursachen.«[20]

Schließlich in einer späteren Ausgabe (1925): »*Nach dem
Jahre 1918, wo das 'Christentum' als System anfing*, in
Zerfall [Scheol] zu geraten ...« (S.689)

Bei diesen Beispielen wird natürlich auch Problem (b)
sichtbar: Die Beliebigkeit der Bibelauslegung. Während die
Bibelaussagen doch gleich bleiben, werden verschiedenste,
voneinander abweichende Schlußfolgerungen daraus gezogen.

Noch ein letztes Beispiel. Die WTG hatte folgende Vorstellung von dem kommenden Umsturz entwickelt: Die Christenheit verhält sich ungeschickt und unvernünftig und provoziert damit die sozialistische Arbeiterbewegung; diese vernichtet daraufhin die Christenheit im Jahr 1918; kurz darauf wird dann die sozialistische Arbeiterbewegung ihrerseits vernichtet, und zwar von Anarchisten:

»Wie die fleischlich gesinnten Abtrünnigen der Christenheit, die für die Radikalen und Revolutionären Partei ergreifen werden, sich freuen werden über das Erbe der Verwüstung, das nach 1918 über die Christenheit kommen wird, so wird Gott mit der erfolgreichen revolutionären Bewegung verfahren; sie wird gänzlich vernichtet werden, 'insgesamt'. Keine einzige Spur von ihr soll die Verwüstungen der weltenweiten, allumfassenden Anarchie voraussichtlich um das Jahr 1921 herum überdauern.«[21]

Soweit in der ersten deutschen Übersetzung. Im amerikanischen Original liest man anstelle von »voraussichtlich um das Jahr 1921 herum« eine präzisere Angabe: »in the fall of 1920«. In späteren Ausgaben wird das alles abgeschwächt. Zuerst wird — ähnlich wie in den bereits vorgeführten Beispielen — anstelle von »nach 1918« auf »beginnend mit dem Jahre 1918« abgeändert. Dann wird (in der deutschen Ausgabe von 1925) natürlich auch die Jahreszahl 1920/21 weggelassen, und die Verwüstung wird bloß auf das »Ende der Zeit der Drangsal« datiert.

1918 sollte ursprünglich auch die Entrückung (»Verherrlichung«) der Bibelforscher bringen[22] — eine Ankündigung, die in den späteren Ausgaben abgeschwächt wurde, insbesondere wurde die Jahreszahl 1918 (zum Teil auch die anderen Jahreszahlen) weggelassen. In der ersten deutschen Übersetzung las man:

»Die Himmelfahrt fand 40 Tage nach Christi Auferstehung statt. Das bestätigt die Hoffnung der Kirche hinsichtlich ihrer Verherrlichung — 40 Jahre (ein Jahr für einen

Tag) nach der Auferweckung der schlafenden Heiligen, im Frühling 1878. Die sieben Tage vor der Flut mögen sieben Jahre darstellen und zwar von 1914-1921, eine Jahrwoche, in deren Mitte die letzten Glieder des Messias hinter den Vorhang gehen. Die 'große Schar'-Klasse wird am Schluß dieser Woche eingegangen sein; ...«[23]

Und weiter: »Die Auferweckung der schlafenden Heiligen im Jahre 1878 fand genau in der Mitte (dreieinhalb Jahre) zwischen dem Anfang der Zeiten der Wiederherstellung, im Jahre 1874, und dem Schluß der hohen Berufung, im Jahre 1881, statt. Somit dürften wir die Erwartung hegen, daß die Verherrlichung der kleinen Herde im Frühling des Jahres 1918 stattfinden wird. Das wäre wiederum die Mitte zwischen dem Schluß der Zeiten der Nationen und dem Ende des himmlischen Weges, 1921 n.Chr.«[24]

Hier muß man wieder an Punkt (c) denken. Ist es Zufall, daß die Bibelauslegung der WTG immer dahin führt, daß die große Wende unmittelbar in der nächsten Zeit zu erwarten ist?

Die Bibelforscher hatten nun mehrmals bestimmte Termine aufgestellt (1878, 1914, 1918, 1920/21 ...). Zu keinem Zeitpunkt traf das Vorhergesagte ein. Welche Reaktion sollte man in einem solchen Fall erwarten?

Selbst bei Menschen, die ohne Gott leben, würde man erwarten, daß diese nun vorsichtiger werden. Nun haben sie sich als Bewegung bereits mehrere Male blamiert, was sollte es bringen, nun neuerlich eine Vorhersage zu verkünden?

Bei Menschen, die behaupten, Gott ernst zu nehmen, wird die Situation noch viel dramatischer: Nun haben sie bereits mehrere Male — unter Berufung auf Gottes Wort! — Vorhersagen verbreitet, die sich als falsch erwiesen haben. Sie haben sich also — nach alttestamentlichen Maßstäben gemessen — als »falsche Propheten« erwiesen. Sie sind leichtfertig umgegangen mit der Berufung auf Gott, haben somit Gottes Namen verunehrt. Das Mindeste, was man erwarten kann, ist: Klare Abwendung vom bisherigen Weg. Darüber hinaus stellt sich auch noch die Frage: Wie kann die Schuld, die diese Bewegung auf sich geladen hat, wieder gutgemacht werden? Durch öffentliches Schuldbekenntnis?

Jedenfalls, so hoffe ich, wird dem Leser klar, warum ich für dieses Buch den Untertitel: *Der unbelehrbare Prophet* gewählt habe. Ich weiß wirklich nicht, wie ich es anders ausdrücken soll, wenn jemand immer wieder falsche Vorhersagen herausbringt, und dennoch nicht aufhört damit, ja, ganz im Gegenteil, die Verbreitung seiner falschen Vorhersagen immer massenhafter gestaltet.

Dabei wußte Russell so gut, was *andere* tun sollten — bloß die Anwendung seiner weisen Ratschläge auf sich selbst ist ihm leider nicht gelungen:

»viele, die zu wachen behaupten, lesen die Prophezeiungen durch die gefärbten Gläser alter und langgehegter Irrtümer und mit von Vorurteil elendiglich gehinderten Augen. Sie sollten zu dem großen Arzte gehen, und sich 'Augensalbe' der Demut (Off. 3,18) holen, und die gefärbten Brillen der Menschentraditionen und alle Theorien, die eigenen und die anderer, die nicht mit allen Zeugnissen des Wortes Gottes harmonieren wollen, für immer beiseite legen.«[25]

---

1) Aus ihren Aphorismen. Abgedruckt in dem von Johannes KLEIN herausgegebenen Band *Das Gemeindekind. Novellen. Aphorismen.* Winkler-Verlag, München (verlegt 1957, gedruckt 1976), S.880

2) Rutherford: *Rechtfertigung*, Bd.1 (1931) S.332. — Im englischen Original lautet der Beginn des Zitats: »There was a measure of disappointment ... concerning the years ...«

3) So kann Kurt HUTTEN in seinem Standardwerk *Seher, Grübler, Enthusiasten. Das Buch der traditionellen Sekten und religiösen Sonderbewegungen* (13.Aufl. 1984) Jehovas Zeugen in den Ersten Teil (»Von dannen er wiederkommen wird ...«) einordnen, also bei den »apokalyptischen Gemeinschaften«. Zwar seien, so Hutten, auch die in den anderen Teilen beschriebenen Gemeinschaften »vielfach endzeitlich ausgerichtet«, doch läge bei diesen »der Schwerpunkt nicht allein in der eschatologischen Ausrichtung«. (S.17)

4) Auch Neidhart 22f führt die Verschiebung auf 1918 auf Russell selbst zurück, ebenso Günther PA-PE: *Die Wahrheit über Jehovas Zeugen. Problematik. Dokumentation.* Rottweil 1970, S.10; dagegen geht Eckhard von SÜSSKIND: *Zeugen Jehovas.* 1987, S.41.78, davon aus, daß diese Verschiebung erst nach Russells Tod — und gegen dessen Ansicht — erfolgte.

5) In der Ausgabe von 1925 auf S.74, in der Ausgabe von Dez. 1917 mit ähnlichen Worten auf S.66 (zu Off 3,14 *Der Versammlung in Laodicäa*). — Da es verschiedene Ausgaben gibt, führe ich auch die jeweils kommentierte Bibelstelle an, so daß auch der Besitzer einer anderen Ausgabe rasch die von mir zitierte Stelle finden kann. (Die Ausgabe von 1917 ist leider sehr selten, die 1922 bis 26er-Ausgaben sind noch häufiger zu finden.)

6) WTG: *Schriftstudien* Bd.7 (1917) S.153 (zu Off 7,3 *An ihren Stirnen*); in der Ausgabe von 1925 auf S.166, aber mit einigen Änderungen. — Als Beispiel dafür, wie diese neue Vorhersage von den ZJ aufgenommen wurde, zitiere ich aus der Lebensgeschichte eines schottischen ZJ: »Im September oder Oktober 1917 brachte ein Neuankömmling die Nachricht ins Gefängnis, das Buch *Das vollendete Geheimnis* sei herausgekommen (in Englisch), und die Kirche werde im Frühjahr 1918 hinweggenommen werden. ... Was nun? Ich war im April nicht in den Himmel gekommen.« (WT 1957, S.139)

7) In der Ausgabe von 1925 auf S.73. In der Ausgabe von 1917 auf S.65 (dort »Zerstörung« statt »Auflösung«). Es handelt sich hierbei — wie bei Anm.5 — um den Kommentar zu Offb 3,14 (*Der Versammlung in Laodicäa*); der Kommentar zu diesen Worten erstreckt sich über mehrere Seiten: in der Ausgabe von 1917 S.65-72. (Soweit in den folgenden Anmerkungen auf diesen Kommentarteil Bezug genommen wird, geht dieser Bezug bereits aus der Seitenangabe hervor, so daß ich mir die Angabe des kommentierten Textes ersparen kann.)

8) In der Ausgabe von 1917 auf S.152, in der Ausgabe von 1925 auf S.165. Es handelt sich um einen Kommentar zu Offb 7,3 (*Die Knechte ... versiegelt haben*).

9) In der Ausgabe von 1917 auf S.69 (zitiert auch von Franz 163), ähnlich in der Ausgabe von 1925 auf S.78. — Wo ein Text im Buch von Raymond FRANZ zitiert wird, gebe ich deshalb an, weil sich dort die Texte *als Kopie aus dem Original* finden.

10) In der Ausgabe von 1917 auf S.70, in der von 1925 auf S.78.

11) In der Ausgabe von 1917 auf S.69 (zit. auch von Franz 163), in der von 1925 auf S.77.

12) *Jahrbuch 1975*, S.53

13) In der Ausgabe von 1925 auf S.77, ähnlich in der von 1917 auf S.68f.

14) Diese Formulierung würde aus *Markus 13,26* übernommen.

15) Das amerikanische Original erschien am 17.Juli 1917 (laut *Vorhaben* 70), die deutsche Übersetzung erschien im Dezember 1917. In bezug auf die für den Frühling 1918 angekündigten Wehen über die Namen-Christenheit hieß es im am. Orig.: »we are now but the 'one day' (one year) distant from that event which the Prophet mentions« (S.62), in der dt. Üb. dagegen: »und wir unmittelbar vor diesem, von dem Propheten erwähnten Ereignis stehen« (S.69) — zu dem Zeitpunkt dieser Übersetzung konnte man also wohl nicht mehr von einem Abstand von einem Jahr sprechen. (Merkwürdigerweise gibt die deutsche Ausgabe von 1925 dann doch wieder an (S.78): »im Frühjahre 1918 erfüllt werden soll, und wenn wir jetzt nur den 'einen Tag' (ein Jahr) von dem Ereignis entfernt sind, ...«)

16) S.485 (zitiert nach Franz 350 oder Franz: *Crisis* S.168)

17) S.182 (zit. auch bei Franz 165)

18) S.655. — Die 2.Hälfte des Satzes habe ich nur hier wiedergegeben; er stimmt sinngemäß an allen drei zitierten Stellen überein.

19) S.513 (zitiert nach Franz 350 oder Franz: *Crisis* S.169)

20) S.226 (zitiert auch bei Franz 166). — Hier habe ich den ganzen Satz zitiert; bei den beiden Vergleichsstellen ist der zweite Satzhälfte ganz ähnlich, so habe ich sie dort weggelassen.

21) Zu *Hes 35,15*. Deutsche Übersetzung S.268 (zit. auch bei Franz 168); englisches Original S.542 (nach Franz 352 oder Franz: *Crisis* S.171). In der deutschen Ausgabe von 1925 auf S.727.

22) Davon wird auch berichtet in WTG: *»Dein Name werde geheiligt«* (1963) S.302: »weil der Überrest zu der jungfräulichen Klasse gehörte, die als Braut mit Jesus Christus verlobt war, und sich ihre Hoffnung, mit ihm zum Leben im Himmel verherrlicht zu werden, weder 1914 noch jetzt, 1918, erfüllt hatte.«

23) S.71 (zit. auch bei Franz 163)

24) S.72 (zit. auch bei Franz 164)

25) *Schriftstudien* Bd.2 (1923) S.180.182 (Studie 6, die S.167 beginnt)

Kapitel 9

Vorhersagen für 1975 und danach

*»In der Bibel werden wir wiederholt darauf hingewiesen,
daß das Ende völlig überraschend über die Welt kommen
wird. ... daß Gottes Diener niemals im voraus den Zeitpunkt wissen werden, an dem Christus zum Gericht 'kommen' wird. Tatsächlich wird dieser Tag zu einer Zeit
kommen, in der sie es für 'unwahrscheinlich' halten (Luk.
12:39,40).«* (WT 1976, S.633)

Die WTG zeigt mitunter tiefe Einsicht in biblische Wahrheiten. Auffällig daran ist aber dreierlei:

Erstens fällt auf, wie lange sie braucht, um das zu erkennen, was andere Kirchen längst vorher schon erkannt
haben. Wäre es nicht besser gewesen, auch andere Kirchen
ernst zu nehmen, anstatt überheblich zu glauben, allen anderen weit überlegen zu sein?

Zweitens fragt man sich, ob die WTG diese Einsicht
wirklich erst 1976 bekam — die betreffenden biblischen
Aussagen können ihr doch zuvor nicht völlig unbekannt
gewesen sein? Warum wurden diese Aussagen dennoch ver-
nachlässigt? War die WTG vielleicht einseitig auf quanti-
tatives Wachstum fixiert? So daß, sobald dieses gegeben
ist, sie annimmt, daß ohnehin alles in Ordnung sei, und
sie ihre Ansichten unüberlegt weiterhin verbreiten kann?

Drittens ist zu prüfen, wie lange so eine Einsicht anhält
bzw. wie tief sie geht. Wenn Jesus zu einer Zeit kommen
wird, wo Gottes Diener (= ZJ?) es für unwahrscheinlich
halten — warum betont die WTG dennoch (auch heute
noch) immer wieder, daß Jesus in den nächsten Jahren

kommen muß (gestützt auf ihre Auslegung des Jesuswortes »diese Generation ...«)? Weiß sie also doch (in etwa), wann er kommt (zumindest, daß es nun keine Jahrzehnte mehr sein können)?

1. Vorhersagen für 1975 nicht ganz klar formuliert

Wenn man die im Jahr 1966 einsetzenden Äußerungen bezüglich des Jahres 1975 betrachtet, weiß man oft nicht, wie man sie verstehen soll. Kommt 1975 Harmagedon, oder wird das bloß als Möglichkeit hingestellt? Wenn das bloß als eine Möglichkeit gesehen wurde: Warum wurde dann überhaupt speziell auf das Jahr 1975 hingewiesen? Mit dem baldigen Kommen dieses dramatischen Schlußkampfes rechneten die ZJ seit Beginn ihrer Geschichte. Wenn also ohnehin immer gesagt wurde, daß Harmagedon bald kommen werde — ja, noch mehr: daß es in den nächsten Jahren kommen wird/kann, wozu dann noch ein bestimmtes Jahr herausgreifen? Wenn, um nun beispielsweise von einem konkreten Zeitpunkt auszugehen, die ZJ im Jahr 1966 dachten: »Harmagedon kann 1966 kommen, oder 1967, oder 1968, ...«, dann ist der Hinweis darauf, daß es 1975 kommen könnte, doch völlig überflüssig? Wenn nun andererseits doch immer wieder auf dieses Jahr hingewiesen wurde, dann muß darin mehr gesehen worden sein als bloß eine *Möglichkeit*.

Bei einer genauen Betrachtung dieser 1975er-Äußerungen ist man deshalb unsicher, weil man stellenweise den Eindruck hat, es werde als sicher hingestellt, daß 1975 (oder jedenfalls um 1975 herum) das Ende komme, um dann wieder auf eine Stelle zu stoßen, wo plötzlich das alles sehr unsicher zu sein scheint. Versucht man eine Linie darin zu erkennen, so könnte man diese etwa folgendermaßen formulieren: »Spätestens Herbst 1975, eventuell einige Monate danach, kommt das Ende (= Harmagedon, Beginn des Millenniums). Aber 100%ig sicher ist die Zeitrechnung nicht.«

2. Grundüberlegung der 1975er-Vorhersage

Der Grundgedanke für die Berechnung war folgender: Laut Schöpfungsbericht schuf Gott in sechs Tagen Himmel und Erde. Jeder Tag dauert 7000 Jahre. So auch der siebente Tag, an dem Gott ruhte. Dieser Tag begann unmittelbar nach dem letzten Werk des 6. Schöpfungstages, also unmittelbar nach der Erschaffung Evas. Der siebente Tag soll im Endergebnis zur völligen Wiederherstellung — die während des Millenniums bewirkt wird — führen. Bevor also der siebente Tag zu Ende ist, muß das Millennium, das 1000 Jahre dauernde Reich, abgelaufen sein. Vor dem Millennium kommt Harmagedon. Wenn man daher weiß, wann 6000 Jahre des siebenten Tages (= des Ruhetages) Gottes ablaufen, dann weiß man auch, daß spätestens dann das Millennium beginnen muß (dessen 1000 Jahre müssen ja während des 7000 Jahre dauernden siebenten Tages noch Platz finden). Entscheidend ist also zu wissen, wann der siebente Tag Gottes begonnen hat, oder — was gleichbedeutend ist — wann Eva erschaffen wurde. Das weiß man nicht, aber man weiß (d.h. die WTG meint zu wissen), wann Adam erschaffen wurde: Im Herbst des Jahres 4026 v.u.Z. Also laufen 6000 Jahre seit der Erschaffung des Menschen (= Adams) im Herbst 1975 ab (da es kein Jahr 0 gibt). Man muß nun noch jene Zeit dazurechnen, die zwischen der Erschaffung Adams und der Erschaffung Evas liegt. In den WTG-Äußerungen um 1970 wird dieser Zeitraum als sehr kurz bezeichnet, mitunter auf »höchstens einige Monate« festgelegt. Und damit ist auch definitiv festgelegt, daß spätestens im Herbst 1975 zuzüglich einiger Monate das Ende kommen muß.

Ich habe hier den gesamten Gedankengang (ausgenommen die näheren Begründungen für verschiedene Annahmen) dargelegt. Bei früheren Vorhersagen war das nicht nötig, weil dort das Endergebnis der Überlegungen expressis verbis niedergelegt wurde. Das ist nun — Zeichen einer größeren Vorsicht? — nicht mehr der Fall. Nirgends liest man »1975 kommt Harmagedon«. Die entsprechende Behauptung verteilt sich über eine längere Erläuterung hinweg. Man muß daher zuerst den Gesamt-Gedankengang kennen, um dann die Aussagekraft einzelner Textstellen richtig einschätzen zu können. Wenn man das dahinterstehende Lehrgebäude kennt und nun liest: »1975 laufen 6000 Jahre Menschheitsgeschichte ab« und »zwischen der Erschaffung Adams und der Erschaffung Evas liegen höchstens einige Monate«, dann weiß man, daß damit gleichzeitig gesagt ist, daß spätestens 1975/76 Harmagedon kommt.

Eine genauere Durchsicht der 1975er-Vorhersage ist aber auch insofern angebracht, als man denken könnte: 'Gut, das Vorhersagen war eine Schwäche, die die ZJ in ihrer Anfangszeit hatten; diese Schwäche ist aber mittlerweile abgelegt.' Im Hinblick auf diesen Irrtum ist es nötig, sich mit jener Vorhersage zu befassen, für die ein Großteil der noch lebenden Mitglieder der *Leitenden Körperschaft* verantwortlich waren (allen voran der gegenwärtige Präsident, Frederick FRANZ).

Wenn der Leser den Eindruck hat, daß dieser ganze Gedankengang kompliziert ist, so steht er mit diesem Eindruck nicht allein. Nur wenige ZJ können diesen Gedankengang wiedergeben. Und das zeigt uns etwas Wichtiges im Hinblick auf die Zeit vor 1975: Der einzelne ZJ war kaum imstande, die Schlüssigkeit der 1975er-Beweisführung zu beurteilen. Er mußte glauben, was in den WTG-Publikationen stand (wenn er es nicht glaubte, so mußte er daran zweifeln — und auch andere zweifelten daran! —, ob er überhaupt ein treuer ZJ sei). Ähnliches gilt auch für die Zeit nach 1975: Der einzelne, danach dazugekommene ZJ ist auch kaum imstande (und auch kaum dazu motiviert!), die damalige Beweisführung nachzuprüfen — er muß glauben, was ihm heute über die damalige Vorhersage gesagt wird (»einige haben zuviel herausgelesen«).

Das zeigt uns, daß der Glaube an die WTG eine große Rolle spielt. Daher ist es naheliegend, die Vertrauenswürdigkeit dieser WTG zu überprüfen!

3. »Ewiges Leben — in der Freiheit der Söhne Gottes«

Betrachten wir nun die verschiedenen Stellen, in denen auf 1975 hingewiesen wurde.

Im Sommer 1966 erschien das Buch *Ewiges Leben — in der Freiheit der Söhne Gottes* (auf Englisch; in deutscher Übersetzung erst 1967). Dort heißt es:

»Seit der Zeit Usshers ist ein intensives Studium der biblischen Chronologie betrieben worden. In diesem zwanzigsten Jahrhundert wurde ein unabhängiges Studium durchgeführt, das nicht blindlings den traditionellen chronologischen Berechnungen der Christenheit folgte, und die veröffentlichte Zeittafel, die von diesem unabhängigen Studium herrührt, gibt das Datum der Erschaffung des Menschen mit 4026 v.u.Z. an. Gemäß dieser zuverlässigen Bibelchronologie werden 6000 Jahre, von der Zeit der Erschaffung des Menschen an, mit dem Jahre 1975 enden, und die siebente Periode von eintausend Jahren Menschheitsgeschichte beginnt im Herbst des Jahres 1975 u.Z.« (S.29f)

Hier wird vorerst nur von der *Menschheitsgeschichte* gesprochen, also der Zeit von Adam an. Bemerkenswert an dieser Stelle ist aber die allgemeine Sicherheit: die eigene Bibelchronologie wird als »zuverlässig« hingestellt; »den traditionellen chronologischen Berechnungen der Christenheit« sollte man nicht »blindlings« folgen. (Wenn man seine eigene Meinung bloß als »Möglichkeit« gesehen haben will, würde man nicht gleichzeitig auf die anderen Meinungen herabsehen.)

Nun kommt die Schlußfolgerung. Sie wird keineswegs als zwingend hingestellt, aber immerhin als »passend« und »dem liebenden Vorhaben Jehovas« entsprechend — nun wird doch kein Leser an der Liebe Gottes zweifeln wollen!

»... das, was Jehova Gott als den siebenten Tag der Existenz des Menschen ansehen könnte. Wie passend es für Jehova Gott sein würde, diese kommende siebente Periode von tausend Jahren zu einer Sabbatperiode der Ruhe und Befreiung zu machen, zu einem großen Jubeljahr-Sabbat, um Freiheit auf der ganzen Erde allen ihren Bewohnern auszurufen! Das würde für die Menschheit äußerst zeitgemäß sein. Es würde auch von Gott aus sehr zeitgemäß sein, denn erinnere dich bitte daran, die Menschheit hat nur noch das vor sich, was das letzte Buch der Heiligen Schrift über die Tausendjahrherrschaft Jesu Christi über die Erde, die Millenniumsherrschaft Jesu Christi, sagt. Prophetisch sagte Jesus Christus, als er vor neunzehnhundert Jahren auf Erden war, über sich selbst: 'Denn der Sohn des Menschen ist Herr über den Sabbat.' (Matthäus 18:8) Es würde sich nicht nur lediglich um Zufall oder Wahrscheinlichkeit handeln, sondern es würde gemäß dem liebenden Vorhaben Jehovas Gottes sein, daß die Herrschaft Jesu Christi, des 'Herrn über den Sabbat', parallel mit dem siebenten Millennium der Existenz des Menschen läuft.« (S.30f)[1]

Am 1.Jan. 1967 wurde im deutschen WT über den Kongreß, auf dem das Buch *Ewiges Leben* (auf englisch) herauskam, berichtet:

»Es dauerte nicht sehr lange, bis man die Tabelle fand,

die auf Seite 31 beginnt und die zeigt, daß 6000 Jahre des
Daseins des Menschen im Jahre 1975 enden. Erörterun-
gen über dieses Jahr 1975 überschatteten nahezu alles an-
dere. 'Das neue Buch zwingt uns, zu erkennen, daß
Harmagedon tatsächlich wirklich sehr nahe ist', sagte ein
Kongreßbesucher. Das war bestimmt eine der hervorragen-
den Segnungen, die wir mit nach Hause nehmen konnten!«
(S.20)[2]

Wie soll man diesen Bericht verstehen? Wurde 1975 bloß
als theoretisches Datum betrachtet — »6000 Jahre Geschichte der Menschheit«? Etwa so, wie in Österreich 1976
in einer großen Ausstellung des Jubiläums »1000 Jahre Ba-
benberger in Österreich« (= vor 1000 Jahren begann die
Babenberger-Regierung in Österreich) gedacht wurde? Oder
verbanden die Leser jenes Buches mit dem Jahr 1975 praktische, konkrete Erwartungen für den sichtbaren Bereich?
Ein bloß theoretisches Datum ohne sichtbare Auswirkungen hätte wohl nicht soviel Aufmerksamkeit erregt. Und
wir ersehen ja aus dem Bericht, wie die Tabelle mit jenem
Jahr sofort im Mittelpunkt der Gespräche stand. Die Äußerung jenes Kongreßbesuchers erscheint mir etwas zu stark
zu sein; denn »zwingend« ergibt sich aus jenem Buch nicht,
daß Harmagedon sehr nahe ist. In dem Buch wurde es ja
lediglich als sehr passend hingestellt, daß Harmagedon bis
1975 kommt, aber nicht als ganz sicher. Nun kann man
sicherlich nicht immer die WTG verantwortlich machen für
das, was ein Leser aus dem Buch herausliest. Aber in diesem WT-Artikel wird die Schlußfolgerung dieses Lesers ja
ausdrücklich positiv begrüßt (»eine der hervorragenden
Segnungen«).

Der Bericht über jenen Kongreß erwähnt aber auch die
Schlußworte von Frederick Franz, worin dieser auf 1975
einging. Er »zeigte, wie begründet das Jahr 4026 v.u.Z.
als Datum für den Anfang des Ruhetages Gottes ist«. (S.23)
Halten wir fest: Es geht hier um den Anfang des Ruhe-

tages Gottes (der gleich nach der Erschaffung Evas beginnt). Kennt man diesen Zeitpunkt, dann weiß man auch, daß spätestens 6000 Jahre danach Harmagedon da sein muß. Franz zeigte nun — so der Bericht —, wie begründet das Jahr 4026 v.u.Z. dafür ist (demnach hätte die Erschaffung Evas noch im selben Jahr wie jene Adams stattgefunden).

Schließlich finden wir in den Schlußworten auch noch eine Unsicherheitsklausel: »Was ist nun mit dem Jahr 1975? ... Bedeutet es, daß Harmagedon dann vorüber und Satan bis zum Jahre 2975[3)] gebunden ist? Es könnte das bedeuten! Es könnte das bedeuten! Alle Dinge sind bei Gott möglich. ... Doch wir sagen das nicht.«

Bei einer solchen Unsicherheitsklausel wird man wirklich unsicher: Wozu die ganze Betonung, wozu diese komplizierte Berechnung, wozu die Überlegung, was alles eigentlich »passend« wäre, wenn es am Ende dann bloß heißt: 'Alles ist möglich, aber wir sagen nichts.'[4)] (Im übrigen bleibt man auch unsicher, wie weit die angedeutete Unsicherheit sich erstreckt. Bezieht sie sich lediglich auf die präzise Datierung des Millenniums auf 1975-2975?)

Als die WTG 1968 ihr bisher weitestverbreitetes Buch, nämlich *Die Wahrheit, die zu ewigem Leben führt*, herausbrachte, warb sie auf dessen letzter Seite für zwei weitere Bücher, u.a. auch das eben behandelte *Ewiges Leben:*
»sie dir unter anderem folgendes bieten: ... eine Zeittafel, deren Daten der biblischen Geschichte zeigen, daß das gegenwärtige böse System der Dinge nur noch wenige Jahre bestehen wird.«

Die Zeittafel in *Ewiges Leben,* die besonders auf 1975 hinweist, zeigt demnach, daß das gegenwärtige System nur noch wenige Jahre bestehen wird. Für den Leser, der beides (diese Werbeseite und die Zeittafel) kombiniert, ist der Fall klar: 1975 kommt Harmagedon.

4. »Vermeide unnütze Streitfragen«

Wenn man zu einer Frage ohnehin nichts Sicheres sagen kann — sollte man sich dann nicht lieber an den WT-Artikel mit der Überschrift *Vermeide unnütze Streitfragen* (1962, S.476-479) erinnern? Dieser Artikel beginnt:

»Hast du schon bemerkt, wie oft der Apostel Paulus Christen ermahnte, sich vor Spekulation und unnützen Streitfragen zu hüten?«

Dann wird verwiesen auf *2. Tim 4,3f*: »Denn es wird eine Zeit sein, da sie die gesunde Lehre nicht ertragen, … sie werden die Ohren von der Wahrheit abkehren und zu den Fabeln sich hinwenden.«

Danach werden konkrete Beispiele gebracht: »Ebensoviel wertvolle Zeit könnte man verschwenden, um über die Zukunft nachzugrübeln. Man könnte fragen: 'In welchem Jahr kommt Harmagedon? …' Das sind typische Fragen, auf die uns Jehova bis jetzt noch keine Antwort gegeben hat.«

Unter der Überschrift »Gefahren« heißt es dann: »Uns mit unnützen Streitfragen auseinanderzusetzen beraubt uns aber nicht nur unserer Zeit, es kann uns sogar das Leben kosten. … Wir kämen schließlich so weit, daß wir einer menschlichen Philosophie anhingen, statt daß wir Christus nachfolgten. … Würden wir dadurch, daß wir gewisse Situationen annehmen und dann über die Beantwortung der daraus entstehenden Fragen nachzugrübeln beginnen, den Worten Jehovas nicht etwas hinzufügen? … Wir können Jehova nicht in Geist und *Wahrheit* anbeten, wenn sich unsere Anbetung auf Spekulationen stützt.«

So klar wurde das im Jahr 1962 erkannt, ab dem Jahr 1966[5] schien das alles wieder vergessen. Möglicherweise war diese Ermahnung aber von vornherein nur an die Leser der WTG-Publikationen gerichtet, nicht an die WTG selbst. Denn am Beginn des Artikels heißt es auch: »Von

Jehova Gott, seinem Wort und seiner Organisation geht also die Belehrung aus, ...« Und gegen Ende: »Eine genaue Erkenntnis der für unsere Rettung wichtigen Dinge und die Fähigkeit, richtig zu unterscheiden, erhalten wir durch Jehovas 'treuen und verständigen Sklaven', ...« (Also: der Leser soll akzeptieren, was ihm die WTG vorsetzt, und seinerseits keine darüber hinausgehenden Spekulationen anstellen.)

Wenn also dieser »Sklave« richtig unterscheiden kann, was unwichtig und was wichtig ist, und wenn dieser »Sklave« so oft auf das Jahr 1975 hingewiesen hat, muß es sich daher doch um eine wichtige Lehre handeln (und nicht um eine »unnütze Streitfrage«). Betrachten wir also die weiteren Aussagen dazu!

5. In den Jahren 1967/68

Die 1975er-Vorhersage wurde (im englischen Original) erstmals im Jahr 1966 herausgebracht (im Buch *Ewiges Leben* und im Bericht über den Kongreß, auf dem dieses Buch »freigegeben« wurde). Betrachten wir nun die folgenden Jahre. Im *Erwachet!* vom 22. April 1967 (S. 17-20) erschien der Artikel *Wie lange wird es noch dauern?* Mit »es« ist jenes Ereignis gemeint, auf das die ZJ seit Beginn ihrer Geschichte warten: Der Wendepunkt, der Übergang zum Millennium. Wie wir uns erinnern, ist das Entscheidende der Beginn von Gottes Ruhetag (spätestens 6000 Jahre danach kommt Harmagedon), und Gottes Ruhetag beginnt gleich nach der Erschaffung Evas. In unserem Artikel heißt es dazu:

»Es gibt noch einen anderen chronologischen Hinweis darauf, daß wir uns rasch dem Ende dieses verderbten Systems der Dinge nähern. Es ist die Tatsache, daß — wie eine zuverlässige biblische Chronologie zeigt — 6000 Jahre Menschheitsgeschichte bald abgelaufen sind. ... Fällt

Gottes Ruhetag mit der Zeit zusammen, die seit der Erschaffung des Menschen vergangen ist? Offenbar. Die zuverlässigsten Untersuchungen der biblischen Zeitrechnung, die mit vielen Daten, die die Weltgeschichte anerkennt, übereinstimmt, zeigen, daß Adam im Herbst des Jahres 4026 v.u.Z. erschaffen wurde. In jenem Jahr konnte auch Eva erschaffen worden sein, und gleich darauf mußte Gottes Ruhetag begonnen haben. In welchem Jahr wären dann die ersten 6000 Jahre Menschheitsgeschichte und auch die ersten 6000 Jahre des göttlichen Ruhetages zu Ende? Im Jahre 1975. ... Es bedeutet, daß wir im Laufe verhältnismäßig weniger Jahre Zeugen von der Erfüllung der restlichen Prophezeiungen sein werden, die mit der 'Zeit des Endes' zu tun haben.« (S.19f)

Dieser Text legt es nahe, daß 1975 auch die ersten 6000 Jahre des Ruhetages Gottes ablaufen. Der Artikel führt diese Berechnungen ja an, um die Frage »Wie lange wird es noch dauern?« zu beantworten. Er verbindet seine Berechnungen mit sichtbaren Ereignissen (»Ende dieses verderbten Systems«, »Erfüllung der restlichen Prophezeiungen«). Die Chronologie wird als »zuverlässig« bezeichnet. Gottes Ruhetag läuft parallel mit der Erschaffung des Menschen, was genau genommen auf Harmagedon spätestens 1975 hinweist. Ganz genau genommen will es aber vielleicht nicht sein, denn die Erschaffung Evas wird nicht mit Sicherheit ins Jahr 4026 v.u.Z. gesetzt (dann wäre nämlich alles klar) — es heißt lediglich »in jenem Jahr *konnte* auch Eva erschaffen worden sein«. Die Möglichkeit, daß Eva vielleicht erst später, vielleicht erst wesentlich später erschaffen wurde, wird aber nicht einmal erwähnt. Insofern wird dieser Artikel beim gläubigen Leser doch wohl zu der Wirkung führen, daß der Leser sich darauf einstellt, daß spätestens 1975 Harmagedon kommt.

Allerdings enthält auch dieser Artikel am Schluß noch die obligate Unsicherheitsklausel: »Natürlich sagte Jesus, daß nur der himmlische Vater den Tag und die Stunde genau kenne, an dem das Ende komme. (Matth. 24:36) Aber wenn uns nur noch wenige Jahre von dem Ende dieses alten Systems trennen, ist es lebenswichtig, daß wir geistig wach bleiben.«

Wenn man die hier wiedergegebene Aussage Jesu im Evangelium nachschlägt, bemerkt man eine Differenz: Hier, im *Erwachet!*-Artikel wird zusätzlich das Wort »genau« eingefügt. Im Evangelium ist Jesu Aussage: »Tag und Stunde«, doch wohl ein Ausdruck für »Zeitpunkt«, kennt niemand. Im *Erwachet!*-Artikel könnte der Leser denken: »Tag und Stunde *genau* kennen wir nicht, aber zumindest das Jahr.« Die Unsicherheits-Klausel endet ja auch damit, daß von »nur noch wenigen Jahren« bis zum Ende gesprochen wird. (Nebenbei bemerkt: Das war 1967, also vor wenigen Jahr*zehnten*! Diese Vorhersage muß also mittlerweile eindeutig als nicht erfüllt eingestuft werden.)

Im WT vom 1. Aug. 1968 erschien der Artikel *Die verbleibende Zeit weise nützen* (S. 462ff). Als Kontrast zum nachfolgenden heißt es gleich zu Beginn: »Da der Christ Jehova und dessen Vorhaben genau kennt, lehnt er menschliche Theorien ab.« Vermutlich sah sich der Autor dieses Artikels als Christ? Nun, dann kennt er Jehovas Vorhaben genau, und wir können somit gespannt sein, was uns ein solcher über Jehovas Vorhaben enthüllt. Ganz besonders auch deshalb, weil er ja »menschliche Theorien« ablehnt. Was dieser Autor präsentiert, werden somit *nicht* menschliche Theorien sein.

Der Artikel geht auf den entscheidenden, zwischen der Erschaffung Adams und der Erschaffung Evas liegenden Zeitraum näher ein. In diesen Zeitraum fallen zwei Ereignisse:

1. »Es ist anzunehmen, daß Adam sehr schnell, vielleicht schon nach einigen Tagen oder einigen Wochen, sich seines Alleinseins bewußt wurde.« (S. 463)

2. »Auch benötigte er für die Benennung der Tiere nicht allzuviel Zeit. Die Grundarten konnte er verhältnismäßig schnell benennen ... Folglich müßte Adam schon kurze Zeit nach seiner Erschaffung allen Tieren Namen gegeben ... haben ...«

Alles in allem »ist anzunehmen, daß er Eva ebenfalls im Jahre 4026 v.u.Z., kurz nach Adam, vielleicht nur einige Wochen oder Monate später, erschuf«.

Dieser kurze Zeitraum wird hier als Annahme bezeichnet, kurz darauf wird aber schon vorausgesetzt, daß Eva im selben Jahr wie Adam erschaffen wurde:

»Gottes siebenter Tag und die Zeit, in der der Mensch auf der Erde ist, laufen demnach parallel. ... müssen wir feststellen, wieviel Zeit seit dem Jahr der Erschaffung Adams und Evas, dem Jahr 4026 v.u.Z., vergangen ist. ... so kommen wir zum Herbst 1975, zum Ende der 6000 Jahre des siebenten Tages oder des Ruhetages Gottes.«

Vor der Unsicherheitsklausel wird noch festgehalten: »Es dauert höchstens noch ein paar Jahre, bis sich der letzte Teil der biblischen Prophezeiung über diese 'letzten Tage' erfüllen wird ... Tausendjahrherrschaft ...« (S.464)

Dann die Unsicherheitsklausel: »Heißt das, daß im Jahre 1975 die Schlacht von Harmagedon kommt? Niemand kann mit Sicherheit sagen, was ein bestimmtes Jahr bringen wird.«

Was ein *bestimmtes* Jahr bringen wird (also z.B. gerade das Jahr 1975), kann niemand sicher sagen, daß es aber »höchstens noch ein paar Jahre« dauert, konnte die WTG im Jahr 1968 sehr wohl sagen. Das heißt doch: nicht unbedingt 1975, vielleicht 1974 oder 1976. (»höchstens noch ein paar Jahre« — wörtlich genommen, heißt das: es müssen nicht einmal mehr Jahre sein, vielleicht ist es nur noch ein Jahr, vielleicht sind es gar nur noch ein paar Monate ...)

Ich möchte den Leser nicht ermüden. Aber da die Mehrheit der heutigen ZJ, auf das Jahr 1975 angesprochen, sagt, daß die WTG lediglich von der *Möglichkeit* geredet hatte, und daß manche Leser zuviel hineingelesen haben, ist es doch nötig, sich die Stellen genau anzusehen.

Ein paar Monate danach finden wir den nächsten Artikel, der den Lesern die Chronologie vorführte und ihnen vorrechnete, warum das Jahr 1975 für sie eine große Bedeutung haben würde. In diesem WT (vom 15.Nov. 1968) lesen wir:

»Sollten wir aufgrund dieses Studiums annehmen, daß im Herbst 1975 die Schlacht von Harmagedon vorüber sein und die langersehnte Tausendjahrherrschaft Christi beginnen wird? Vielleicht; wir wollen aber abwarten und sehen, inwieweit die siebente 1000-Jahr-Periode der Menschheitsgeschichte mit der sabbatähnlichen Tausendjahrherrschaft Christi zusammenfällt.« (S.691)

Hier ist festzuhalten, daß dieses unsichere »vielleicht« sich auf die Frage »Herbst 1975?« bezieht — das heißt nicht automatisch, daß der Zeitpunkt damit als völlig offen bezeichnet wird. Und wenn es weiter heißt: »wir wollen abwarten«, dann ist, wie das nachfolgende zeigt, nicht gemeint: wir wollen abwarten, was 1975 passiert. Wir sollen vielmehr »abwarten und sehen«, inwieweit die zwei erwähnten Perioden zusammenfallen. Falls das nämlich der Fall ist, dann können wir durchaus behaupten, daß 1975 die erwarteten Ereignisse stattfinden!

Der Artikel setzt fort, indem er an Gottes Liebe appelliert: »Wenn diese beiden Perioden im gleichen Kalenderjahr begonnen haben und im gleichen Kalenderjahr enden, dann ist dies kein reiner Zufall, sondern entspricht Jehovas liebendem und zeitgemäßem Vorhaben.«

Es wird dann erklärt, daß Adam am 6. Tag Gottes noch einige Zeit lebte (nämlich die Zeit bis zur Erschaffung Evas): »Der sechste Schöpfungs-'Tag' kann jedoch im Verlauf desselben Kalenderjahres des Gregorianischen Kalenders geendet haben, in dem Adam erschaffen wurde. Der Unterschied mag höchstens einige Wochen oder Monate, keinesfalls aber Jahre ausmachen.«[6]

Wie sicher ist die Berechnung? »Gestützt auf unsere Chronologie (die zwar ziemlich genau, zugegebenermaßen aber nicht unfehlbar ist), wissen wir bestenfalls, daß im Herbst des Jahres 1975 der Mensch 6000 Jahre auf der Erde ist.« (S.691)

Dieses »nicht unfehlbar« dürfen wir nicht überinterpretieren. Es ist damit nicht gemeint, daß alles im Artikel Aufgeführte ganz unsicher ist. Denn die Schlußfolgerung, »daß im Herbst des Jahres 1975 der Mensch 6000 Jahre auf der Erde ist«, wird als »Wissen« bezeichnet. Und die Chronologie wird als »ziemlich genau« angesehen. Das »nicht unfehlbar« heißt also lediglich, daß mit einer gewissen Ungenauigkeit (von einigen Wochen?) gerechnet werden muß. Denn wenn wir — was dem Artikel zu entnehmen ist — *wissen*, daß im Herbst 1975 6000 Jahre Menschheitsgeschichte enden, und daß »höchstens einige Wochen oder Monate, keinesfalls aber Jahre« später auch Harmagedon kommt, dann wird damit ohnehin schon sehr viel gesagt. Dieses »nicht unfehlbar« kann demnach nur einen sehr kleinen Unsicherheitsspielraum bedeuten.

Am Schluß — der Leser ahnt es schon — kommt wieder die übliche Unsicherheitsklausel, aber dieses Mal erleben wir eine Überraschung: die Unsicherheitsklausel — sprich: ein Wort Jesu — wird kühn weggefegt:

»Es ist nicht an der Zeit, mit dem Gedanken zu spielen, Jesus habe ja gesagt: 'Von jenem Tage und jener Stunde hat *niemand* Kenntnis, weder die Engel der Himmel noch der Sohn, sondern nur der Vater.' (Matth. 24:36) Im Gegenteil, wir sollten uns ständig vor Augen halten, daß das gewaltsame Ende des gegenwärtigen Systems der Dinge eilends herannaht.« (S.693)

Ich hatte bislang nicht gewußt, daß ein Ernstnehmen der

Worte Jesu ein »Spielen mit Gedanken« ist, wofür jetzt keine Zeit ist. Aber die WTG wird es sicher besser wissen. Oder wußte es jedenfalls, in jenen Jahren, wo sie mit Volldampf auf 1975 losmarschierte, und wo jedes Hindernis, das sich ihr dabei in den Weg stellte, schwungvoll beseitigt wurde. Kraftvoll wurden auch die Anhänger zur Aktivität angepeitscht: »Alle, die sich von Babylon der Großen und dem gegenwärtigen satanischen System der Dinge abgewandt haben, laufen jetzt um ihr Leben, ...«

6. Die Zeit zwischen Adam und Eva

Daß in diesen WT-Artikeln vom Jahr 1968 der Zeitraum zwischen Erschaffung Adams und Erschaffung Evas als sehr kurz angegeben und sogar auf »höchstens einige Monate« eingeschränkt wird, überrascht. Woher auf einmal diese Sicherheit? Wenn das Licht wirklich immer heller wird, wie kommt es dann, daß die WTG bereits 1955 wußte, daß dieser Zeitraum unbekannt ist?

»Gerade die Tatsache, daß niemand heute (da es zu Jehovas Geheimnis gehört) feststellen kann, wieviel Zeit Adam und später auch Eva während der Schlußtage der sechsten Schöpfungsperiode lebten, zeigt uns, daß auch jetzt niemand feststellen kann, wann sechstausend Jahre des heutigen Ruhetages Jehovas zu Ende kommen. Offensichtlich müßte die unbekannte Zeit, die Adam von seinen 930 Lebensjahren vor dem Beginn jenes siebenten Ruhetages Jehovas lebte, zu dem Jahre 1976 hinzugezählt werden.« (WT 1955, S.223)

Bei diesem Rückblick auf 1955 sehen wir: So neu waren die Erkenntnisse, die Ende der Sechzigerjahre präsentiert wurden, gar nicht. Der Unterschied war nur, daß man ursprünglich den entscheidenden Zeitraum als »Geheimnis Jehovas« ansah, während die WTG 1968 sich Jehova schon so nahe wähnte, daß sie an diesem Geheimnis teilzuhaben glaubte. Allerdings nur bis 1975. Denn kurz vor Ablauf der Frist war der Zeitraum zwischen Erschaffung Adams und Erschaffung Evas wieder eine offene Frage:

»Bedeutet das, daß wir genau wissen, wann Gott dieses alte System vernichten und ein neues schaffen wird? Der Redner zeigte, daß das nicht der Fall ist, denn wir wissen nicht, wieviel Zeit zwischen der Erschaffung Adams und der Erschaffung Evas, dem Zeitpunkt, an dem Gottes siebentausendjähriger Ruhetag begonnen hat, verstrich« (WT 1.Aug.1975, S.477).

Tatsächlich erwies sich das Festlegen dieses Zeitraumes auf »höchstens einige Monate« als Fehler, 1975 und auch einige Monate später geschah ja nichts. Heute ist daher die WTG in ihrem Erkenntnisstand wieder dort, wo sie schon 1955 war. (Man beachte auch, daß die Abschwächung des 1975er-WT sehr schwach war: »daß wir *genau* wissen, wann ...?«)

1955 wurde das Tiere-Benennen übrigens — im Gegensatz zu 1968 — als zeitaufwendige Tätigkeit eingeschätzt: »es muß für Adam ziemlich viel Zeit erfordert haben, allen Tieren Namen zu geben, ... während Adam die Tiere benannte, andere Familienarten lebender Geschöpfe erschaffen wurden, damit Adam sie mit Namen nenne«.

Das Beunruhigende an dieser »Lehrentwicklung« (oder, um im ZJ-Jargon zu bleiben, beim »Hellerwerden des Lichtes«) sind weniger die einzelnen, konkreten, irrtümlichen Lehren, sondern das Auslegungsprinzip: Während die Bibel doch gleich bleibt, werden immer wieder neue, einander widersprechende Ansichten als biblisch bewiesen hingestellt. Läßt sich die Bibel wirklich drehen und wenden, wie man es gerade braucht? Einmal soll der Zeitraum lang bzw. ungewiß sein, da dauert das Tiere-Benennen Adams lange; dann soll der Zeitraum kurz sein, und plötzlich entdeckt man (aus der Bibel?), daß das Tiere-Benennen ohnehin sehr schnell gegangen sein muß. 1955 dachte man, daß auch Eva noch am 6. Tag Gottes einige Zeit gelebt haben kann. 1968 wußte die WTG auf einmal, daß sofort nach Evas Erschaffung der 6. Tag zu Ende war. Woher auf einmal diese Erleuchtung? — Läßt sich aber in diesen Fragen von der Bibel her überhaupt nichts Sicheres sagen, wäre es dann nicht verantwortungsbewußter, überhaupt nichts zu sagen, als immer wieder einander widersprechende Lehren als biblisch bewiesen zu propagieren?

1955 sprach der WT von 1976; dort wurde begründet, warum die Erschaffung Adams von ursprünglich 4028 v.u.Z. auf 4026 (wie heute wieder vertreten) und schließlich auf 4025 verlegt wurde. 4025 v. plus 6000 ergibt (da es kein Jahr 0 gibt) 1976. Der Fortschritt der Bibelchronologie ermächtigte zu diesen Berichtigungen, »während wir zu neueren Stellungen des Lichts in bezug auf Gottes Wort vorgerückt sind. — Spr. 4:18.« (S.222) Der arme, vielstrapazierte Vers aus Sprüche 4,18 vom hellerwerdenden Licht muß herhalten, um die mancherlei Wandlungen der ZJ-Ansichten zu rechtfertigen. Mittlerweile hat ja — wie jener WT-Artikel es so schön formuliert — das Licht wieder eine neue Stellung in bezug auf Gottes Wort eingenommen. Adams Erschaffung liegt jetzt doch wieder auf 4026.

In dem Jahrzehnt vor 1975 haben wir ein Beispiel dafür, daß das Licht auch eine Zeitlang gleich hell bleiben kann — bis die Gewalt der Ereignisse die WTG dazu zwingt, das »helle Licht« als Finsternis zu erkennen. Bemerkenswert ist, daß die Erwartung für 1975 auch in der für das breitere Publikum bestimmten Zeitschrift *Erwachet!* propagiert wurde — man kann also nicht sagen, daß diese Erwartung lediglich unter ZJ besprochen wurde und kein Bestandteil der damaligen öffentlichen Verkündigung war. Wenn der damalige ZJ *Erwachet!*-Hefte an Interessierte weitergab, gab er damit gleichzeitig auch die 1975er-Erwartung weiter — selbst wenn er persönlich darüber schwieg.

7. Im Jahr 1969

Oben hatten wir bereits einen Artikel aus *Erwachet!* von 1967 besprochen, betrachten wir nun noch einen vom 8.April 1969: *Was werden die 1970er Jahre bringen?* Der Inhalt dieses Artikels muß also im Rahmen der durch die Überschrift vorgegebenen Frage gesehen werden. Es beginnt:

»Die Tatsache, daß mehr als vierundfünfzig Jahre der Zeitspanne, die als die 'letzten Tage' bezeichnet wird, verflossen sind, ist hoch bedeutsam: im Höchstfall dauert es nur noch wenige Jahre, bis Gott das verderbte System der Dinge, das jetzt die Erde beherrscht, vernichten wird. Wieso können wir dessen so sicher sein?« (S.13)

Ich fasse meinen Kommentar kurz, der Leser ist ja schon geübt in der Lektüre der 1975er-Artikel. Frage: 'Was bringen die 1970er Jahre?' Antwort: 'Gott vernichtet das System', und 'Wir können dessen sicher sein'.

Es geht weiter mit Sicherem: »Die Tatsache, daß wir in den letzten paar Jahren dieser 'Zeit des Endes' leben, kann noch auf eine andere Weise nachgewiesen werden. (Dan. 12:9) Die Bibel zeigt, daß 6000 Jahre Menschheitsgeschichte bald abgelaufen sind.« (S.14)

Nicht als sicher wird es hingestellt, aber immerhin als angebracht für Gott: »Wie angebracht ist es doch, daß Gott diesem Muster entsprechend der sechstausendjährigen Mißwirtschaft durch den Menschen die Tausendjahrherrschaft seines herrlichen Königreiches folgen läßt!« (Gott hat sich, müssen wir rückblickend auf 1975 sagen, also nicht so verhalten, wie es für ihn eigentlich angebracht gewesen wäre!)

Die hier angedeutete (und bereits im Buch *Ewiges Leben* dargelegte) Vorstellung, das Millennium als jenen 7.Tag, als jenen Sabbat zu sehen, über den Jesus der Herr ist, kam auch in der 1969 veröffentlichten Broschüre *Tausend Jahre Frieden nahen!* vor:

»Das siebente Millennium nach Adams Erschaffung durch Jehova Gott würde somit in weniger als zehn Jahren beginnen. ... Der Herr Jesus Christus kann nur 'Herr über den Sabbat' sein, wenn die tausend Jahre seiner Herrschaft die siebente Periode einer Reihe von Tausendjahrperioden oder Millennien ist. (Matthäus 12:8) Dann ist seine Herrschaft nämlich eine Sabbatherrschaft.« (S.25f)

Zurück zum Artikel *Was werden die 1970er Jahre bringen?*. Auch der kurze Zwischenraum Adam-Eva wird wieder vorausgesetzt: »Nach der zuverlässigen biblischen Chronologie wurden Adam und Eva im Jahre 4026 v.u.Z. erschaffen.«

Und schließlich noch die obligate Unsicherheitsklausel: diesmal von einer Stärke, daß sie — einmal ernstgenommen — vieles vom WTG-Lehrgebäude wegfegen würde: »Kann man aus dieser Zeitrechnung mit Bestimmtheit schließen, daß im Jahre 1975 das endgültige Ende dieses Systems der Dinge kommen wird? Da die Bibel das nicht ausdrücklich erklärt, kann kein Mensch sagen, daß dem so sei.«

Zu beachten ist, daß sich die Unsicherheitsklausel eigentlich nur auf die Frage »1975?« bezieht. Der Leser könnte also denken: Daß es gerade 1975 kommt, ist nicht sicher, aber daß es in den 1970er Jahren kommt, *ist* sicher.

Zu beachten ist auch die Bibelauslegungs-Regel, die hier präsentiert wird — zum ersten und zum letzten Mal in der Geschichte der WTG: »Da die Bibel das nicht ausdrücklich erklärt ...« Wann jemals hat sich die WTG an das gebunden gefühlt, was die Bibel *ausdrücklich* erklärt?

Der Leser nehme irgendeinen Artikel oder ein Kapitel zur Hand und streiche alle Vermutungen, Analogien, Kombinationen usw. weg, so daß nur noch das übrig bleibt, was die Bibel *ausdrücklich* erklärt. Der Umfang wird auf einen Bruchteil zusammenschmelzen!

8. Im Jahr 1972

Das *Erwachet!* vom 22.April 1972 beginnt mit einer aufregenden Verheißung: »Wir haben indessen guten Grund zu glauben, daß wir zu unseren Lebzeiten, *wahrscheinlich noch im jetzigen Jahrzehnt,* von diesem Druck für immer befreit werden!« (S.3)

In diesem Heft war auch eine Abbildung zu sehen, wo sieben Jahrtausende nebeneinander hingestellt werden (S.27). Beginnend mit der »Erschaffung des Menschen«. Das 7. Jahrtausend wird bezeichnet als »Tausendjahrherrschaft Christi Jesu!«. Diese beginnt also, wenn 6 Jahrtausende seit der Erschaffung des Menschen vorbei sind (hier wird somit nicht differenziert zwischen der Erschaffung Adams und Evas, das scheint als praktisch gleichzeitig gesehen zu werden). Unter der Abbildung steht:

»Da wir uns Mitte der 1970er Jahre dem Zeitpunkt nähern, da 6000 Jahre der Menschheitsgeschichte enden, besteht die herrliche Hoffnung, bald von dem gegenwärtigen Druck befreit zu werden.«

9. Heutige Vorhersagen, gestützt auf »diese Generation ...«

Auch gegenwärtig bringt die WTG eine Vorhersage über die Zukunft. Es wird kein genauer Termin genannt, aber doch ein Zeitrahmen. Die Annahme, daß es bis zum Ende — vom heutigen Tag an gerechnet — vielleicht noch 70 Jahre dauern könnte, würde jeder ZJ zurückweisen. Er würde sich zwar nicht auf ein bestimmtes Jahr festlegen, auch nicht sagen, daß es nur noch ein oder zwei Jahrzehnte dauern kann, aber doch in etwa von dieser Erwartung ausgehen. Warum?

Ein Argument, das bereits beim Hinarbeiten auf 1975

eine unterstützende Funktion hatte, ging von einem Wort Jesu aus:

»Wahrlich, ich sage euch, daß diese Generation auf keinen Fall vergehen wird, bis alle diese Dinge geschehen.« (Matth. 24,34)

Mit »dieser Generation« sind — laut WTG — jene gemeint, die 1914 (also den Beginn der »letzten Tage«) miterlebt hatten. Nicht einfach miterlebt, sondern »mit Verständnis verfolgt«:

»Wenn wir annehmen, daß fünfzehnjährige Jugendliche genügend Verständnis hatten, um die Bedeutung dessen zu begreifen, was 1914 geschah, wären die Jüngsten 'dieser Generation' heute ungefähr siebzig Jahre alt.« (*Erwachet!* 8.April 1969, S.13)

Das Zitat stammt aus dem Artikel *Was werden die 1970er Jahre bringen?* Die Funktion dieses Zitates ist klar: Die meisten »dieser Generation« sind bereits tot, es kann also nicht mehr lange dauern. In einem anderen Artikel wird erklärt, was man (maximal) unter »einer Generation« zu verstehen hat:

»Jesus gebrauchte den Ausdruck 'diese Generation' aber, um eine sehr begrenzte Zeit zu kennzeichnen, nämlich die Lebensspanne einer Generation von Menschen, die zu einer Zeit leben würden, in der gewisse weltbewegende Dinge geschehen sollten. Gemäß Psalm 90:10 kann diese Lebensspanne siebzig oder auch achtzig Jahre betragen.« (WT 1968, S.143)

Wenn man diese beiden Zitate kombiniert, ist es klar: im Laufe der 1970er Jahre muß — spätestens — das Ende kommen. Eine zusätzliche Bestätigung für die 1975er-Erwartung.

Am Beginn von 1975 kam wieder die übliche Verunsicherung. Diesmal in indirekter Form, verpackt im Geschichtsbericht über die ZJ-Bewegung in den USA (*Jahrbuch 1975*, S.145). Dabei wird auch auf das Jahr 1925 zurückgeblickt: »Das Jahr 1925 war für viele Brüder ein trauriges Jahr. Einige strauchelten; ... Statt dies als eine 'Wahrscheinlichkeit' anzusehen, lasen sie hinein, daß dies mit 'Sicherheit' kommen würde ...«

Nachdem aus 1975 nichts geworden war, ging die WTG daran, den Generations-Begriff schrittweise auszudehnen. Nicht zu schnell natürlich, sondern nur soweit, wie es jeweils nötig war, um die Erwartung für die unmittelbare Zukunft aufrechtzuerhalten.

Der WT vom 1.Jan.1979 beantwortete eine Leserfrage. Die von Jesus gemeinte »Generation« bezieht sich nicht auf während des Ersten Weltkrieges geborene Kleinkinder, sondern auf Menschen, die diesen Krieg beobachten konnten. Einige von diesen werden noch leben, wenn das Ende kommt. »Jesus regte seine Nachfolger nicht zu dem Versuch an, die genaue Länge dieser 'Generation' auszurechnen (Ps. 90:10). Christen sollten nicht herauszufinden suchen, wie viele Jahre bis zum Ende höchstens noch verbleiben mögen, ... Statt uns auf Spekulationen über ein Datum einzulassen, das wir nicht wissen können, ...« (S.31)

Die Aussage ist also: Das Ende muß demnächst kommen, denn »diese Generation« läuft bald ab, aber auf ein bestimmtes Datum sollten wir uns nicht festlegen.[7]

Dann gab es den WT vom 15.Jan.1981. Darin wird eine amerikanische Zeitschrift zitiert: »'Angenommen, daß das Alter von zehn Jahren das Alter ist, in dem man anfängt, Ereignisse im Gedächtnis zu bewahren' — so hieß es in einem Artikel ..., dann leben heute noch mehr als 13 Millionen Amerikaner, die sich 'an den Ersten Weltkrieg erinnern können'.« (S.31) Durch die Senkung des Mindestalters auf 10 (gegenüber 12 bis 14) werden immerhin einige Jahre gewonnen. Hier läßt sich gut das zweierlei Bemühen erkennen: Einerseits vorbeugen im Hinblick auf die fortschreitende Zeit, wodurch die ursprüngliche Deutung des Jesuswortes immer unwahrscheinlicher wird ('selbst wenn es noch Jahrzehnte dauert, leben ja noch immer ein paar Menschen, die 1914 miterlebt hatten'), andererseits die Naherwartung und somit auch die Motivation für höchste Aktivität aufrechthalten ('es könnte zwar noch länger dauern, aber das ist unwahrscheinlich'). Diese Grundhaltung beobachten wir schon die ganze Zeit über: 'Stellt euch darauf ein, daß das Ende in den nächsten Jahren kommt, aber falls es doch nicht kommt, dann behauptet nicht, daß wir diesbezüglich irgendetwas gesagt haben . . .'

Der WT vom 1.Jan.1984 verweist auf eine südafrikanische Volkszählung: Etwa 2 Promille der Bevölkerung des Jahres 1980 waren im Jahr 1900 oder noch früher geboren. Fazit: Die WTG-Deutung von »diese Generation« kann also durchaus noch aufrechterhalten werden, denn es sind immer noch viele am Leben. Aber: »Natürlich nimmt ihre Zahl ständig ab, und daher können wir zuversichtlich erwarten, daß irgendwann in naher Zukunft 'das Ende' kommt, ...« (S.19)

Auch der Generations-Begriff — einst auf 70 oder 80 Jahre begrenzt — wird aufgelöst. So lesen wir in *Erwachet!* 22.Okt.1984: »Jesus sagte, 'daß diese Generation auf keinen Fall vergehen wird, bis alle diese Dinge geschehen' (Matthäus 24:34). Aber was ist mit dem Wort 'Generation' gemeint? Der Geschichtsprofessor Robert Wohl gab in seinem Buch *The Generation of 1914* folgende ungewöhnliche Definition: 'Eine historische Generation wird nicht durch ihre chronologischen Grenzpunkte oder -linien definiert. Sie ist kein datierter Zeitabschnitt ...'« Eine solche Definition kommt der WTG nun, im Jahre 1984, sehr gelegen. Warum?

»Wenn Jesus den Begriff 'Generation' in diesem Sinn gebrauchte und wir ihn auf das Jahr 1914 anwenden, dann sind diejenigen, die damals Babys waren, heute 70 Jahre oder älter. Viele andere, die 1914 am Leben waren, sind nun über 80 Jahre alt, und so mancher hat sogar 100 Jahre erreicht.« (S.5)

Die Zeit läuft also ab, denn einst hatte die WTG die Zeitspanne einer Generation mit Hilfe von *Psalm 90,10* auf 70 oder 80 Jahre definiert (damals schien es ja auch gut mit der Erwartung für 1975 zusammenzupassen!). Professor Wohl verhalf nun zu einer neuen Erkenntnis, so daß die WTG nun schreiben kann:

»Einige deuten eine 'Generation' als eine Zeitspanne von 30, 40, 70 oder sogar 120 Jahren. Die Bezeichnung Generation bezieht sich jedoch auf Menschen und Ereignisse, nicht auf eine bestimmte Zahl von Jahren.«

(Noch vor wenigen Jahren hatte ja die WTG selbst zu diesen »einigen« gehört, aber hier scheint sie lieber in der Anonymität zu bleiben!)

Jedenfalls sehen wir, daß die WTG bis zur Gegenwart nicht aufgehört hat damit, Zeit-Vorhersagen zu machen. Dieses Mal nicht auf ein ganz bestimmtes Jahr bezogen, aber doch zumindest auf einen ungefähren zeitlichen Rahmen. Der Behauptung, es könnte noch 50 Jahre bis zum Ende dauern, würde der ZJ widersprechen: So lange kann es nicht dauern, denn jene Menschen, die 1914 bewußt miterlebten, werden auch (zumindest zum Teil) das Ende miterleben. Also ist anzunehmen, daß das Ende in den nächsten Jahr(zehnt)en kommt, jedenfalls sich kein halbes Jahrhundert mehr verzögern wird. Somit ist ein ungefährer zeitlicher Rahmen gegeben, der sich — im Rückblick gesehen — auch als falsch herausstellen könnte.

Könnte das wirklich falsch sein? Ein ZJ würde auch aufgrund der gegenwärtigen Weltsituation argumentieren, daß es nun nicht mehr lange dauern kann: Überbevölkerung, Umweltverschmutzung ... Es stimmt, daß verschiedene Zeiterscheinungen sehr bedrohlich wirken. Dennoch berechtigt uns das nicht, im Namen Gottes konkrete zeitliche

Vorhersagen zu machen. Erinnern wir uns, daß auch schon vor mehreren Jahrzehnten das Gefühl da war, nun könne es nicht mehr lange dauern. So gab es etwa zur Zeit Russells das Empfinden, daß die Zeitumstände sogar für ein noch vor 1914 liegendes Ende sprechen. So der WT 1894:

»Now, in view of recent labor troubles and threatened anarchy, our readers are writing to know if there may not be a mistake in the 1914 date. They say that they do not see how present conditions can hold out so long under the strain.«[8]

Und im 1897 erschienenen Band 4 der *Schriftstudien*: »Aber wir leben in einer Zeit, in der die Geschichte mit Riesenschritten fortschreitet, und dann auch sind die Verhältnisse heute schon derart, daß die Bewegung jeden Monat ihren Anfang nehmen könnte, wäre das Ende nicht nach Gottes Plan erst auf 1914 bestimmt.«[9]

Und auch zur Zeit Rutherfords gab es ein ähnliches Empfinden (1923): »Bei einem Gesamtüberblick der sich über ganz Europa erstreckenden jetzigen Situation kann man sich nur wundern, wie es möglich sein kann, die Explosion noch viel länger zurückzuhalten, und ob nicht etwa sogar noch vor 1925 die große Krisis erreicht und möglicherweise vorüber sein mag.«[10]

Das auf die Beobachtung der Zeitumstände gegründete Empfinden, daß es nun nicht mehr lange dauern könne, ist also auch schon zumindest ein Jahrhundert alt — so alt wie die Bewegung der ZJ.

Wir beobachten somit die paradoxe Situation, daß jene Gruppe, die den Rekord darin hält, daß sie am häufigsten im Namen Gottes falsch vorhergesagt hat, bis zur Gegenwart nicht aufgehört hat damit, und wohl erst aufhören wird, wenn Gott es nicht mehr zuläßt. Wehe aber dann denen, die diese Vorhersagen verbreitet und somit aktiv mitgewirkt haben an diesem permanenten Mißbrauch der Bibel!

1) Raymond FRANZ dazu: »Wenn ein unvollkommener Mensch sagt, was für den allmächtigen Gott passend ist und was nicht, so muß vorausgesetzt werden, daß er sich seiner Sache sehr sicher ist und daß es sich nicht nur um seine persönliche Ansicht handelt.« (S.193)

2) »All diese Aussagen beabsichtigen sehr deutlich, Hoffnung und Spannung zu wecken und zu schüren. ... daß die Organisation nicht unerfahren auf diesem Gebiet war. ... Die Verantwortlichen in der Organisation hätten nun wirklich sehen müssen, welche Gefahr ihr Vorgehen barg, hätten wissen müssen, wie empfänglich Menschen nun einmal dafür sind, sich in großartige Hoffnungen hineinzusteigern.« (ebd. S.197)

3) Laut dem WT-Artikel sagte Frederick FRANZ: »Satan bis zum Jahre 1975 gebunden«, aber das muß ein Versehen sein, deshalb habe ich es ausgebessert.

4) Im *Bruderdienst* hieß es dazu: »Was er sagte, ist doch *eindeutig zweideutig*.« Und: »In dieser Rede ist tatsächlich nur eins eindeutig, ihre Zweideutigkeit.« (Nr.11/12, S.8)

5) Oder noch früher, wenn man annimmt, daß das Verfassen des Buches in den Jahren davor erfolgte.

6) Es heißt dann: »Adam brauchte nicht sehr viel Zeit, um die Tiere zu benennen und um festzustellen, daß für ihn keine Ergänzung da war.« Das wird noch näher erläutert (S.692) — aber das kennen wir ja schon vom vorigen Artikel her.

7) Was der Hinweis auf *Psalm 90,10* — »siebzig oder achtzig Jahre« — soll, weiß ich nicht. Soll damit gesagt werden: In den nächsten Jahren muß es soweit sein, denn dann sind die Beobachter des Ersten Weltkriegs tot, oder soll davor gewarnt werden, diesen Vers als Berechnungsgrundlage zu verwenden?

8) *Watch Tower* vom Juli 1894, Artikel »CAN IT BE DELAYED UNTIL 1914?« (zitiert nach Franz 347f; eine deutsche Übersetzung davon Franz 157)

9) S.443 in der *Tagesanbruch-Ausgabe* (Studie 11, die auf S.427 beginnt)

10) WT vom Januar 1923, S.15

Kapitel 10

Die Vorhersagen für 1975 aus der Sicht der heutigen WTG

»Jemand, der bereut, bagatellisiert oder rechtfertigt seine schlechte Handlungsweise nicht. Er ist sich des von ihm begangenen Unrechts bewußt und bedauert von Herzen, daß er gegen Gott gesündigt hat ...« (WT vom 1.Dez.1981, S.25)

Was für 1975 vorhergesagt wurde, habe ich im vorigen Kapitel dargestellt: *1975 oder kurz danach sollte Harmagedon vorüber sein und das 1000jährige Reich beginnen.*

Es geschah nichts, und das hatte Konsequenzen für die Bewegung. Viele gingen weg.

Wie versuchte die WTG mit diesen Fehlschlägen umzugehen? Wie versuchte sie, ihre Anhänger zu halten, und wie versuchte sie den treu Gebliebenen zu helfen, mit dieser Störung im Image der WTG umzugehen?

Wenn wir die verschiedenen Wege des Umgangs mit diesen falschen Vorhersagen betrachten, beobachten wir manches, was wir bereits im Hinblick auf die 1914er-Vorhersagen beschrieben haben: Vor allem *Abwälzen*, aber auch *Abschwächen* und das Hinweisen auf *Übereifer* als relativ positive Ursache; daneben aber auch *Stillschweigen* (letzteres hatten wir im Zusammenhang mit 1914 nicht erwähnt, aber es gilt eigentlich auch dort).

1. Abwälzen

Die eigentliche Schuld wird von der WTG, die diese Vorhersagen propagierte, abgewälzt auf die Leser dieser Publikationen, die eben zuviel hineinlasen. Diejenigen, die den Fehler gemacht hatten, die WTG-Publikationen zu ernst zu nehmen, stehen dann als die Dummen da, während der Urheber und Verkünder der falschen Vorhersagen, dem die Anhänger naiv glaubten, seine Hände in Unschuld zu waschen scheint.

Als der *Wachtturm* sein 100jähriges Jubiläum feierte, blickte er auf seine bisherige Geschichte zurück; daß der WT eine wesentliche Rolle bei der Verbreitung falscher Vorhersagen gehabt hat, wird dabei verschwiegen. Der Leser des WT vom 1.Juli 1979 erfährt lediglich, was »einige« taten (S.29):

»Haben jedoch einige Diener Jehovas während dieser 'letzten Tage' irrige Ansichten in bezug auf das Ende oder *telos* (griechisch) des Systems der Dinge vertreten? Ja, das ist der Fall. Einige dieser Ansichten betreffen die Länge der Zeit, die bis zum Ende vergehen wird.«

Hier finden wir eine vorsichtige Umschreibung dafür, daß »einige« für bestimmte Jahre das Ende vorhergesagt haben. Es geht weiter mit einem Hinweis auf das positive Motiv:

»Aus Eifer und Begeisterung für die Rechtfertigung des Namens, des Wortes und der Vorsätze Jehovas und aus dem Wunsch nach dem neuen System sind einige seiner Diener manchmal voreilig in ihren Erwartungen gewesen. Das erinnert uns an die Ansicht, die die Jünger über die unmittelbare Aufrichtung des Königreiches Gottes in ihrer Zeit hatten (Apg. 1:6).«

Mich erinnert das nicht an *Apg 1,6*, denn dort wird lediglich berichtet, wie die Jünger eine Frage gestellt haben. Mich erinnert das Ganze an einen Versuch, das weltweite Propagieren einer Falschvorhersage zu verharmlosen und abschwächend darzustellen.

Als 1975 vorüber war, konnte man gespannt darauf sein,

wie die WTG nun mit ihrer eigenen Vorhersage umgehen würde. Antwort: Belehrend und abschiebend. Im WT vom 15.Okt.1976 erschien der Artikel *An einer ausgeglichenen Ansicht über die Zeit festhalten*. Wobei das Wort »festhalten« überrascht — müßte die WTG nicht zunächst darum bemüht sein, sich zu einer solchen Ansicht erst einmal *durchzuringen*?

In diesem Artikel wird der Leser seitens der WTG darüber belehrt, daß man dort keine Zeitpunkte angeben soll, wo Gott diese nicht mitgeteilt hat:

»Wenn also Jehova Gott für ein Ereignis, das mit der Verwirklichung seines Vorsatzes in Verbindung steht, einen bestimmten Zeitpunkt bekanntgibt, können sich seine treuen Diener darauf verlassen, daß dieses Ereignis genau zu der angekündigten Zeit eintreten wird. Hat er dies aber nicht getan, dann ist es ihnen nicht möglich, die Zeit dafür zu ermitteln. So verhält es sich zum Beispiel mit dem Zeitpunkt für den Ausbruch der von Gottes Sohn vorhergesagten 'großen Drangsal', der Zeit des göttlichen Gerichts, das dem Beginn der Tausendjahrherrschaft seines Königreiches vorausgeht,« (S.625f).

Nun weiß es also auch die WTG wieder, was skeptische Beobachter auch die Jahre zuvor gewußt haben, während die WTG das nicht wahrhaben wollte — setzte sie doch großes Vertrauen auf die Ergebnisse ihres »unabhängigen Bibelstudiums«. — Dann erinnert die WTG ihre Leser noch an *Apg 1,7*: »Es ist nicht eure Sache, …« Bibelverse, die im vorangegangenen Jahrzehnt vergessen schienen, werden nun plötzlich wieder neu lebendig!

Die WTG wußte jetzt auf einmal, daß der ominöse Zeitraum zwischen Erschaffung Adams und Evas doch lange gewesen sein dürfte (S.629) — damit war sie wieder beim Erkenntnisstand von 1955 angelangt.

Die WTG bleibt aber nicht dabei stehen, ihre Leser mit allgemeinen Belehrungen zu bedenken, sie erteilt auch Korrektur wo nötig: »Es kann sein, daß sich einige Diener Gottes bei ihren Planungen von einer verkehrten Ansicht darüber leiten ließen, was an einem gewissen Datum oder in einem bestimmten Jahr geschehen würde.« (S.632) Ein »gewisses Datum«, ein »bestimmtes Jahr« — allmählich, ganz zaghaft, tastet die WTG sich an das »gewisse Datum« — im Klartext: 1975 — heran. Dem zitierten Satz ist zuzustimmen: *Es kann tatsächlich sein ...* Hier könnte noch ergänzt werden, wer es war, der diesen »einigen« Dienern Gottes zu der verkehrten Ansicht verhalf: Es war die WTG vermittels ihrer Bücher, Broschüren und Zeitschriften.

Doch auf diese Ergänzung warten wir vergeblich, vielmehr kommt nun endlich die Ermahnung an jene Leser, die falsch dachten und nun enttäuscht sind. Wohlgemerkt, eine *Ermahnung*, keinesfalls eine Entschuldigung! »Es ist aber nicht ratsam, unser Augenmerk auf ein bestimmtes Datum zu richten ...« (S.633) — wie es die WTG im größten Teil ihrer Geschichte getan hat! Die Ermahnung geht weiter: »Falls jemand enttäuscht worden ist, weil er nicht diese Einstellung hatte, sollte er sich jetzt bemühen, seine Ansicht zu ändern, und sollte erkennen, daß nicht das Wort Gottes versagt oder ihn betrogen und enttäuscht hat, sondern daß sein eigenes Verständnis auf falschen Voraussetzungen beruhte.«

Nicht das Wort Gottes also hat ihn betrogen! Das ist immerhin eine wichtige Feststellung. Wer es dann war, der ihn betrogen hat, wird nicht direkt gesagt, aber die Zitate in Kap.9 zeigen wohl deutlich, wer es war. Denn wenn hier gesagt wird, »daß sein eigenes Verständnis auf falschen Voraussetzungen beruhte«, so stimmt das zwar, aber man sollte doch noch hinzufügen, wer es war, der ihm zu diesem Verständnis verhalf: Die WTG war es, deren Aussagen noch unterstrichen werden durch ein Auftreten, das es dem Anhänger schon sehr schwer macht, in Einzelfällen auch einmal anderer Ansicht zu sein als die WTG. Wird ihm doch immer wieder eingeschärft, daß er dem Mitteilungskanal Gottes zu gehorchen hat und keinesfalls seinen eigenen, unabhängigen geistigen Phantasien trauen soll.[1]

Jene ZJ, die enttäuscht waren, weil 1975 das Ende nicht kam, und die den Mut hatten, der Wahrheit ins Auge zu schauen, waren jetzt neuerlich enttäuscht. Anstelle einer klaren Entschuldigung wurden nun jene Anhänger, die dumm genug waren, der WTG zu vertrauen, als jene hingestellt, die dringend eine Änderung ihrer Ansicht nötig haben. Viele haben damals auch tatsächlich eine »Änderung ihrer Ansicht« vollzogen, aber in anderer Richtung als von der WTG gewünscht: Sie verließen nämlich die Bewegung, deren Ansprüche sich als zu hoch herausgestellt hatten.

Auf diesen Artikel kam der WT beinahe 4 Jahre später noch einmal zurück — ein Hinweis darauf, daß dieser Artikel wirklich Staub aufgewirbelt hat! Hier wurde dann endlich die Mitschuld der WTG zugegeben. Allerdings wird die Vorhersage möglichst abgeschwächt, und es wird das positive Motiv hervorgehoben:

»In der Neuzeit hat ein solcher Eifer, der an und für sich lobenswert ist, dazu geführt, daß man versucht hat, für die ersehnte Befreiung von den Leiden und Problemen, die die Menschen überall auf Erden plagen, ein Datum festzusetzen. Als das Buch *Ewiges Leben — in der Freiheit der Söhne Gottes* erschien und man darin lesen konnte, es sei sehr passend, wenn die Tausendjahrherrschaft Christi mit dem siebenten Millennium der Existenz des Menschen parallel liefe, wurden erhebliche Erwartungen bezüglich des Jahres 1975 geweckt. Es wurde damals und auch später erklärt, dies sei lediglich eine Möglichkeit. Unglücklicherweise wurden jedoch zusammmen mit diesen vorsichtigen Äußerungen auch andere Erklärungen veröffentlicht, die durchblicken ließen, daß die Erfüllung solcher Hoffnungen in jenem Jahr eher wahrscheinlich als nur möglich sei.

Es ist zu bedauern, daß diese späteren Erklärungen offensichtlich die vorsichtigen überschatteten und dazu beitrugen, daß die bereits geweckten Erwartungen noch gesteigert wurden.« (WT 15.Juni 1980, S.17f)

Dann wurde auf den WT von 1976 verwiesen, dabei auch der Satz »Falls jemand enttäuscht worden ist ...« zitiert und nun folgendermaßen interpretiert: »Wenn *Der Wachtturm* hier 'jemand' sagte, so meinte er damit alle enttäuschten Zeugen Jehovas, also auch *diejenigen, die an der Veröffentlichung von Informationen beteiligt waren,* die dazu beitrugen, daß in bezug auf dieses Datum Hoffnungen geweckt wurden.«

Zu dieser Interpretation ist festzustellen: Erstens, daß kein Leser des WT von 1976 auf die Idee gekommen wäre, darin ein Eingeständnis eigener Schuld seitens der WTG zu erblicken. Zweitens, daß es lange gedauert hat, bis es zu diesem Mitverursachereingeständnis kam (beinahe ein halbes Jahrzehnt). Und drittens, daß auch dieser WT nicht mit einer grundsätzlichen Umkehr einherging, denn die WTG hält weiterhin an ihrer Vorhersage fest, daß es höchstens noch einige Jahrzehnte dauern kann. D.h. das Prinzip des zeitlichen Vorhersagens bleibt bestehen, wenn diese Vorhersage auch nicht mehr so exakt gehalten ist.

2. Stillschweigen

Das stillschweigende Übergehen der eigenen Falschvorhersage wirkt dann besonders merkwürdig, wenn sie einhergeht mit Ermahnungen an die Leser, doch nur ja nicht sich irgendwie auf einen bestimmten Zeitpunkt festzulegen. (Paulus in Röm 2,21: »Du aber, der du einen anderen lehrst, lehrst dich selbst nicht?«)

Als 1975 vorübergegangen war, wußte die WTG plötzlich wieder, was sie schon in den Fünfzigerjahren gewußt hatte, am Ende der Sechzigerjahre aber aus den Augen verloren hatte: Die Länge des Zeitraums zwischen Erschaffung Adams und Evas ist unbekannt:

»Der Bericht läßt erkennen, daß zwischen der Erschaffung Adams und der Erschaffung Evas, seiner Frau, Zeit verstrich. Während dieser Zeit ließ Gott Adam den Tieren Namen geben. Ob dabei Wochen, Monate oder Jahre vergingen, wissen wir nicht. Daher wissen wir auch nicht genau, wann Jehovas großer 'Ruhetag' begonnen hat und wann er enden wird. Dasselbe gilt für den Beginn der Tausendjahrherrschaft Christi. Die Bibel gibt uns keinen Anhaltspunkt für die Berechnung des Datums, und wir sollten daher keine Vermutungen darüber anstellen ...« (WT 1976, S.3)

In abgeklärter Weisheit belehrt der WT seine Leser: »Das Ende kommt nicht, nur weil wir denken mögen, daß es jetzt kommen müßte, ...« (WT 1977, S.113) Wie wahr! Die WTG konnte das wirklich sagen, sie verfügte diesbezüglich schon über einen reichen Erfahrungs-Schatz. Diese Erfahrungen kommen kurz danach auch zur Sprache, aber ohne genauere Information darüber, daß die WTG falsch vorhergesagt hat:

»Was wäre gewesen, wenn Jehovas Zeugen im Jahre 1914, im Jahre 1925, im Jahre 1975 oder in irgendeinem anderen Jahr in Erwartung der 'großen Drangsal' nachgelassen hätten, nicht mehr wachsam geblieben wären und keine Pläne mehr für die Zukunft gemacht hätten?«

Hier sind auch die *Lebensbeschreibungen* langgedienter ZJ-Mitarbeiter zu erwähnen. In vielen Fällen werden dort die Fehlvorhersagen nicht erwähnt, selbst wenn die betreffenden Mitarbeiter schon vor 1914 dazustießen und somit eine Menge zu erzählen hätten: Wie die Vorhersage lautete, wie massiv sie propagiert wurde, wie viele nach dem Fehlschlag weggingen, wie der Fehlschlag im nachhinein gerechtfertigt wurde usw. Das waren doch Ereignisse, die

ins Leben eines ZJ tief eingriffen, insbesondere wenn er
das mehrmals mitmachte.[2)] Insofern ist das totale Verschweigen doch auffallend; insbesondere wenn man bedenkt, daß solche Lebensbeschreibungen auch neben-
sächliche Details genau angeben, etwa in welchem Jahr der
Mitarbeiter an welchem Ort war.

Eine Ausnahme stellt der Bericht eines türkischen Ar-
meniers dar, dessen Familie in die USA ausgewandert war:
Immer auf das Ende gefaßt lautet die vielsagende Überschrift.[3)] Darin werden die einzelnen Jahre erwähnt, wobei wir uns aber an manches zuvor Gelernte erinnern
müssen.

»Jene beiden Generationen der Familie Toutjian, meine Eltern und meine Großeltern, setzten große Erwartungen in das Jahr 1914.« Und nicht nur sie! Doch lesen wir
weiter:

»Würde 1914 das Ende der Herrschaft Satans und die
lange erwartete Tausendjahrherrschaft Jesu Christi
bringen?

Während dieses Jahr näher rückte, wurde deutlich, daß
menschliche Erwartungen nicht immer mit dem Zeitplan
Jehovas übereinstimmen. In der englischen Ausgabe des
WT vom 1.Januar 1914 (deutsch: März 1914) war zu le-
sen: 'Es geht über unser Fassungsvermögen hinaus, uns eine
Vorstellung davon zu machen, wie in einem Jahre alles zur
Vollendung gelangen kann, was nach der Schrift als dem
Anfang der Friedensherrschaft vorausgehend erwartet
werden kann.'«

Das war also jener Verunsicherungs-WT vom Beginn
1914, wo Russell bereits klar war: All das von ihm Vorhergesagte (»was nach der Schrift ... erwartet werden
kann«) wird sich bis Herbst 1914 nicht mehr erfüllen.

»Bald erkannte man, daß das Jahr durch die Erfüllung
biblischer Prophezeiungen bestätigt worden war. Nation
hatte sich gegen Nation erhoben, ...«

Na also! Hat die WTG doch recht gehabt? Man könnte es meinen, denn wenn es Enttäuschung gab, so waren die Betreffenden selbst schuld:

»Dennoch wurden die Beweggründe und die Ergebenheit vieler geprüft. Einige hatten zuviel erwartet, und das zu bald.«

Überspringen wir das weitere. »... schließlich entstand die Frage: Was werden die 70er Jahre bringen? ... Gemäß unserer Erkenntnis sollten im Jahre 1975 6000 Jahre der Existenz des Menschen ablaufen. Würde dieses Jahr den Beginn der Tausendjahrherrschaft Christi bringen? Wir waren von dieser Möglichkeit fasziniert.

Heute können wir auf dieses Jahr zurückblicken und verstehen, daß uns Jesu Worte aus Matthäus 24:36 nicht erlauben, ein Datum für das Ende festzusetzen.«

Wenn die zahlreichen falschen Vorhersagen mit anschließender Enttäuschung die wahre Bedeutung dieses Jesuswortes verstehen lehrten, dann waren diese Erfahrungen immerhin nicht ganz umsonst. Aber war dieses Wort wirklich so schwer zu verstehen?

Auch bei der Erwähnung von 1975 bleibt die Rolle der WTG unklar. Schließlich kommt neuerlich der unpassende Vergleich mit der Frage der Jünger:

»Jehova hat bei seinen heutigen Dienern wie bei den Christen im ersten Jahrhundert zweifellos zugelassen, daß sie bestimmte Hoffnungen und Erwartungen hegten. Dadurch wurden unsere wahren Beweggründe sowie die Tiefe unserer Hingabe offenbar. Unsere Familie mußte sich fragen: Dienen wir Jehova nur für kurze Zeit, ...«

Hier sehen wir, daß die falschen Vorhersagen letztlich doch *positive Auswirkungen* hatten: Eine Prüfung der Gläubigen, zugelassen von Gott. Die Aufmerksamkeit wird hier einerseits auf Gott — der also letztlich verantwortlich ist — und andererseits auf die Gläubigen — die Prüfung nötig haben — gelenkt. Derjenige, der die falschen Vorhersagen produzierte und Anhänger bedrängte, darauf ihr Vertrauen zu setzen, zieht es dabei vor, im dunkeln zu bleiben: Nämlich die WTG. Über sie bleibt nur eines zu sagen, nämlich, daß wir ihr weiterhin gehorchen müssen:

»Ich weiß, daß wir heute mit der Klasse des 'treuen Sklaven' Jehovas Schritt halten müssen.«

Mit anderen Worten: *Egal, was geschieht — alles, was die WTG tut, ist gut und von Gott, und selbst wenn es falsch ist, so hat doch Gott es zugelassen und es dient zu unserer Prüfung.* — Wie soll ein Mensch mit dieser Einstellung jemals daraufkommen, daß an seinem System etwas nicht stimmt?

---

1) Vgl. Kap.4 *Sah sich Russell selbst als Prophet?* und Kap.12/1 *Was wäre die Bibel ohne WTG?*

2) Die meisten heutigen ZJ kennen das ja höchstens vom Hörensagen, bloß 1975 hat ein Teil schon selbst miterlebt.

3) WT vom 15.Mai 1984, S.21-26

Kapitel 11

Wie geht die WTG mit ihrer eigenen Geschichte um?

»Diejenigen, die in der Wahrheit sind, sind an die Golde-
ne Regel gebunden und müssen in ihren Darlegungen ab-
solut fair sein, wohingegen ihre Gegner keinerlei Ein-
schränkungen oder Hemmungen zu haben scheinen.«
(Charles T. Russell[1)])

Wie stellt die WTG ihre eigene Geschichte dar? Ist sie
darum bemüht, die Vergangenheit wahrheitsgetreu darzustellen, oder geht es ihr mehr um eine möglichst positive
Selbstdarstellung? Die Antwort auf diese Frage hat zwei-
fache Bedeutung:

Erstens in religiöser Hinsicht: wenn bei ihren historischen
Darstellungen grobe Verzerrungen und Unwahrheiten vorkommen, ist auch auf anderen Gebieten mit Irreführung
zu rechnen.

Zweitens in historischer Hinsicht: inwieweit kann sich
ein Historiker auf diesbezügliche Angaben der WTG verlassen?

Einige Beispiele für den Umgang der ZJ mit ihrer eigenen Geschichte haben wir bereits in den vorangegangenen
Kapiteln betrachtet: In Kap.7 den Umgang mit den Vorhersagen für 1914, in Kap.10 den Umgang mit den Vorhersagen für 1975. Dabei haben wir sehr unterschiedliche
Verhaltensweisen erlebt; teilweise werden Fehler zugestan-
den, aber mitunter wird sogar versucht, das Gegenteil daraus zu machen. In Kap.3/6b haben wir die phantastische
Zahl von Russells Buchseiten untersucht.

1. Mit 11 Jahren Geschäftsteilhaber?

In den biographischen Notizen von Bd. 7 der *Schriftstudien* lesen wir Erstaunliches: »im Alter von elf Jahren begründete Charles eine geschäftliche Teilhaberschaft mit seinem Vater, indem er selbst die einzelnen Punkte des Übereinkommens, das der Teilhaberschaft zugrunde lag, aufsetzte.«[2] Ein frühreifes Genie?

Doch andere WTG-Veröffentlichungen geben es billiger. Nach dem Bericht über ein Ereignis mit Russell als 12jährigem lesen wir: »Mit fünfzehn Jahren half Russell seinem Vater als Teilhaber in dessen Geschäft,«[3] — mit *15* Jahren erst?[4]

2. Datierung seiner ersten Flugschrift

Die Flugschrift *The Object and Manner of the Lord's Return* wird von der WTG-Literatur immer wieder genannt, mit der (einheitlichen) Angabe der Auflagenzahl 50 000.

Russell vertrat in dieser Flugschrift die Ansicht, daß Jesu Wiederkunft (= Gegenwart) unsichtbar sein werde. Da es viele *Second Adventists* gab, die für 1873/74 Jesu *sichtbare* Wiederkunft erwarteten, und da Russell um jene Zeit der adventistischen Bewegung zumindest nahestand, ist das Publikationsjahr wichtig — im Hinblick auf die Frage: Hat Russell diese Flugschrift herausgebracht, *bevor* deutlich wurde, daß Jesus auch 1874 nicht sichtbar wiedergekommen war? Hat er also schon vorher die Überzeugung von der unsichtbaren Wiederkunft Jesu gehabt, so daß er also jene Adventisten kritisieren konnte, die die Erwartung der *sichtbaren* Wiederkunft Jesu hegten? Oder kam er zu seiner Überzeugung erst, *nachdem* deutlich geworden war, daß auch die auf 1873/74 gesetzten Erwartungen unerfüllt blieben? Und hat er womöglich auch selbst diese Erwartungen geteilt? War seine Überzeugung von der unsichtbaren Wiederkunft Jesu also ein erster Schritt dazu, die Vorhersage für 1874 im nachhinein umdeuten und doch als erfüllt hinstellen zu können?

In den *Schriftstudien* Bd. 7 wird wohl eindeutig 1878 als das Publikationsjahr bezeichnet: »eine Gnade, die schon im Jahre 1878 zu weichen begonnen hatte, jenem Jahre, in dem die Geistlichen als Vertreter des göttlichen Wortes verworfen wurden und Pastor Russell sein Werk begann, indem er 50 000 Exemplare von: 'Zweck und Art und Weise der Wiederkunft des Herrn' verbreitete. Im Jahre 1878 wurde ... der Beruf des Lehrens der biblischen Wahrheiten, von der Geistlichkeit ... genommen und Pastor Russell gegeben.«[5]

In diesem Band wird auch der Eindruck vermittelt, daß andere zuerst auf den Gedanken einer unsichtbaren Wiederkunft kamen, und Russell diesen Gedanken lediglich übernahm. Denn es wird dort ein ausführlicher Bericht Russells zitiert, in dem beschrieben wird, wie ein Leser des *Herald of the Morning* »nicht lange nach der Enttäuschung von 1874« entdeckte, daß das griechische Wort *parusía* statt mit »Wiederkunft« auch mit »Gegenwart« wiedergegeben werden kann. Russell: »Dies war ein Anhaltspunkt für Bibelforscher nach einer neuen Richtung hin, und indem sie denselben weiter verfolgten, ...«[6] Der ausführliche Hinweis auf diese Entdeckung ist eigentlich nur dann sinnvoll, wenn Russells Flugschrift damals noch nicht existierte.

In *Vorhaben* jedoch wirkt es so, daß Russell diese Überzeugung schon *vorher* hatte, indem folgender Bericht Russells zitiert wird: »Wir fühlten eine große Betrübnis über den Irrtum der Adventisten [Second Adventists], die Christum im Fleische erwarteten und lehrten, daß die Welt und alles, was darin ist, die Adventisten ausgenommen, um das Jahr 1873 oder 1874 verbrannt werden würden. ... Diese so allgemein angenommenen falschen Ansichten sowohl über den Zweck als auch über die Art und Weise der Wiederkunft [des zweiten Advents] Christi veranlaßten mich, eine Flugschrift zu verfassen,«[7].

Hier klingt es so, daß Russell, während Adventisten im Hinblick auf 1873/74 bestimmte Erwartungen hatten, schon anders dachte, und deshalb auch diese Flugschrift herausbrachte. Wenn aber Russell diese Flugschrift erst 1878 herausbrachte, dann ist sein Bericht über seine »Betrübnis« über den Irrtum der auf 1873/74 wartenden Adventisten zumindest irreführend.[8]

Im *Jahrbuch 1975* wurde Russells Bericht (»... Betrübnis ...«) zitiert und im Anschluß daran indirekt 1873 (oder Anfang 1874) als Publikationsdatum angegeben: »schrieb und veröffentlichte der einundzwanzigjährige C.T. Russell ...« (S.33). Wo kommt diese präzise Information auf einmal her? Oder handelt es sich bloß um eine Vermutung, abgeleitet aus Russells Bericht?

3. Photo-Drama produziert trotz 1914

Was war das sog. »Photo-Drama der Schöpfung«? Hören wir den Bericht in *Vorhaben*: »Das ganze Projekt bestand aus Filmen und Lichtbildern, die mit Musikplatten und Phonographsprechplatten synchronisiert wurden.« (S.51) »In der Hoffnung, es früh genug fertigstellen zu können, um es in diesem großen Feldzug vor 1914 zu gebrauchen, wurde im Jahre 1912 damit begonnen.« Jedoch: »Die Aufgabe war weit größer, als Russell gedacht hatte, und statt daß das 'Photo-Drama' bis Ende 1912 vollendet war, dauerte es noch zwei weitere volle Jahre, ehe es zum erstenmal vorgeführt werden konnte, und es kostete die Gesellschaft 300 000 Dollar.« Russell dazu im Jahre 1914: »Die Arbeit ist mühevoller gewesen, als wir erwarteten.« Und: »In seiner Güte verschloß uns Gott die Augen in bezug auf die Mühe und Arbeit, die das DRAMA mit sich brachte. Hätten wir gewußt, wieviel Zeit und Geld es kosten würde und wieviel Geduld nötig wäre, um damit beginnen zu können, hätten wir nie damit begonnen.« (S.57)[9]

Die Aussagen dieses Berichtes sind klar: Das Photo-Drama hätte noch 1912 fertigwerden sollen; hätte die WTG gewußt, wie aufwendig es sein würde, hätte sie erst gar nicht damit begonnen. Doch die Klarheit verliert sich, wenn man andere WTG-Geschichtsberichte heranzieht. Dort wird die so lange dauernde Produktion des Photo-Dramas als Beleg dafür präsentiert, daß die WTG durchaus nicht damit gerechnet hat, daß das Ende 1914 da ist.[10] Einen solchen Bericht finden wir etwa in *Predigtdienst*:

»Als Beweis dafür, daß die Zeugen nicht erwarteten, daß das prophetische Jahr 1914 all ihrer Tätigkeit in bezug auf diese Erde ein Ende setzen werde, gab die Watch Tower Society vom Jahre 1912 bis Anfang des Jahres 1914 über $ 300 000 aus, um das 'Photo-Drama der Schöpfung' vorzubereiten, wodurch, beginnend mit dem Jahre 1914, unter den breiten Volksmassen biblische Erkenntnis verbreitet werden sollte.« (S.309)[11]

Hier klingt es so, als ob der Beginn des Photo-Drama-Einsatzes für 1914 geplant war. Verschwiegen wird, daß Russell ursprünglich plante, noch 1912 damit fertig zu sein! So daß die Produktion dieses Photo-Dramas selbst dann sinnvoll erschien, wenn im Oktober 1914 (oder 1915) das Ende gekommen wäre. Somit hätte es dann doch etwa zwei Jahre eingesetzt werden können. Ob sich dafür der hohe finanzielle Aufwand lohnte? Auch dieser wurde ja ursprünglich stark unterschätzt; doch abgesehen davon: Im Hinblick darauf, daß es ja höchst ungewiß ist, ob diese amerikanischen Dollars nach Harmagedon und Anbruch des Millenniums noch einen Wert haben, mag es besser geschienen haben, das Geld jetzt noch zur Verkündigung einzusetzen, statt bloße Zahlen auf (nach 1914) wertlosen Bankkonti stehen zu haben.

Die Produktion dieses Dramas ist also durchaus kein

Hinweis darauf, daß Russell nicht mit dem Ende 1914 rechnete. Doch wenn es um die Verteidigung der WTG geht, scheint mitunter jedes Mittel recht zu sein!

4. Russells Tod

In *Vorhaben* lesen wir über die letzten Tage Russells: »Seine letzte Ansprache, die er an eine Versammlung richtete, fand am 29.Oktober 1916 in Los Angeles, Kalifornien, statt. Bis zu diesem Zeitpunkt war er so schwach geworden, daß er seinen Vortrag sitzend halten mußte. Da er einsah, daß sein Zustand es ihm nicht erlaubte, weiterzureisen, *beschloß er, seine übrigen Verabredungen abzusagen und so schnell wie möglich ins Bethelheim nach New York zurückzukehren.* Er starb auf der Reise am Dienstag, dem 31.Oktober, in Pampa, Texas.« (S.61)[12]

Durch Kursivdruck hervorgehoben habe ich: Russell sagte die weiteren Veranstaltungen ab und wollte zurück nach New York. In dem posthum erschienenen Bd.7 der *Schriftstudien* wird es anders dargestellt:

»obgleich er sich seit einigen Tagen offenbar in sterbendem Zustande befand, an einer Blasenentzündung leidend, (verursacht durch übermäßig vieles Reisen und Reden), wollte er doch nichts davon wissen, irgendwelche bereits angekündigte Reden abzusagen, und so verschied er am 31.Oktober 1916 in der Eisenbahn, die ihn den verabredeten Versammlungen in Kansas zuführen sollte.«[13]

Nun kann es sich der Leser aussuchen, was er glauben will! Hat Russell abgesagt und war er auf der Heimreise, oder hat er nicht abgesagt und war er auf der Reise zum nächsten Veranstaltungsort?

5. Biographie über Russell

In *Vorhaben* wird behauptet, daß die WTG nie eine Biographie über Russell herausgebracht habe. Zuerst wird ein außerhalb der WTG erschienenes Buch zitiert:

»Pastor Russell ... das Verlagshaus, das er gegründet hatte, hat niemals eine Biographie von Pastor Russell herausgegeben.« (S.63)

Daraufhin wird der Dialog fortgesetzt, und es wird die Frage gestellt: »Doch ist es wahr, daß Ihr niemals eine Biographie von Pastor Russell veröffentlicht habt?«

Diese Frage wird kurz beantwortet: »Das stimmt.« Diese Antwort ist aber falsch, denn 1917 brachte die WTG das Buch *Pastor C.T. Russell. Sein Leben und sein Wirken* heraus. In der deutschen Übersetzung hat das Buch 135 Seiten; die durchlaufende Seitenüberschrift der jeweils linken Seite lautet: »Biographie von Pastor Russell«.[14]

Daran wäre zu denken, wenn man unter »Biographie« ein gesondert herausgegebenes Buch versteht. Doch abgesehen davon; in andere Publikationen eingebaute biographische Darstellungen von Leben und Wirken Russells — auch größeren Umfanges — hat die WTG wiederholt gegeben (siehe die Literatur-Angaben in Kap.2 Ende): Im WT 1955 über 6 Artikel hinweg, in *Vorhaben* und im *Jahrbuch 1975* über jeweils ca. 50 Seiten hinweg.

6. Nahmen die ZJ am 1. Weltkrieg teil?

Um allen Mißverständnissen vorzubeugen: In diesem Abschnitt geht es darum, *wie die WTG* das Verhalten der ZJ zur Zeit des 1. Weltkrieges *darstellt*. Darauf bezieht sich auch etwaige Kritik. Es geht *nicht* darum, ob das Verhalten der damaligen ZJ gut oder schlecht war. Angenommen, die ZJ haben am Krieg teilgenommen, und die WTG sagt heute, sie hätten nicht teilgenommen, so richtet sich die Kritik hier nicht auf die damaligen ZJ, sondern auf die heutige WTG.

Wie dachte Russell über Kriegsteilnahme? Im Band 6 seiner *Schriftstudien*, genannt *Die Neue Schöpfung* (= der wiedergeborene, neugeborene Christ), hat er sich darüber ausgesprochen:

»Sollte aber eine Neue Schöpfung zum Dienst in der Linie beordert werden, so hätte sie dem Befehl zu gehorchen und anzunehmen, daß der Herr, der dies zugelassen, dadurch irgend etwas Gutes für den Ausgehobenen oder für andere wirken will. Gelingt es in diesem Falle nicht, sich zu den Sanitätstruppen versetzen zu lassen, indem man seine Grundsätze dem zuständigen Beamten kurz mitteilt, so bleibe man in der Linie, aber erinnere sich, daß dem Befehl, einen Nebenmenschen niederzuschießen, Gehorsam nicht geschuldet ist.«

Der Band 6 erschien im Original im Jahr 1904 und wurde — so wie die anderen Bände — bis in die 1920er Jahre unverändert nachgedruckt.[15]

Die Tendenz Russells geht also in folgende Richtung: nicht hindrängen zum Wehrdienst, aber bereit sein zum Gehorsam, wobei eine Versetzung zur Sanität anzustreben ist.

Diese Tendenz unterscheidet sich wesentlich vom heutigen Neutralitätsverständnis der ZJ, wonach bereits die Übernahme eines Wehrersatzdienstes ein schweres Vergehen ist. Der heutige ZJ soll sich in keiner Form beteiligen.

Es genügt nicht, den Dienst mit der Waffe zu vermeiden. (Ein ZJ mit Russells Einstellung würde daher in heutigen ZJ-Versammlungen nicht geduldet werden.)[16]

Als Beweis dafür, daß eine Teilnahme am Krieg zur Zeit Russells tatsächlich als unproblematisch angesehen wurde, verweise ich auf die deutschen WT-Ausgaben jener Zeit. Diese hatten regelmäßig einen Abschnitt »Briefliches von unserer Brüderschaft im Felde.« Mit dem »Feld« war hier aber nicht der Verkündiger-Felddienst gemeint, sondern das Schlachtfeld. In diesem Abschnitt wurden Briefe von ZJ, die als Soldaten an der Front waren, abgedruckt. Diese Briefe geben einen anschaulichen Einblick in die damalige Einstellung:

Ein ZJ verteilte französische Ausgaben des 'Bibelfor-scher'. »Zuerst waren die Leute sehr erstaunt, daß ein preu-ßischer Soldat ihnen die Blätter darreichte.« (WT 1915, S.110) Ein anderer lag verwundet in Charlottenburg bei Berlin: »Ich schrieb Euch schon vor einiger Zeit, wie ich die Liebe und Gnade meines himmlischen Vaters erfahren durfte, als ich mich in den vordersten Reihen befand. Wie-viel darf ich jetzt seine Gnade rühmen, wo ich schon bald 4 Monate seit meiner Verwundung im Lazarett bin.« (S.111) Ein anderer schrieb »aus dem Felde« an die »ge-liebten Geschwister im Bibelhause«: »Schon die Tatsache, nach fast 10monatiger Kriegszeit noch gesund und wohl-behalten zu sein, berechtigt zu großem Danke … Durch das Teilnehmen an diesem schrecklichen Kriege, welchen wir uns wohl etwas anders dachten …« (S.111) Ein ande-rer: »Durch die Gnade unseres lieben himmlischen Vaters gelangte ich gestern Abend im Schützengraben in den Be-sitz Eures lieben Briefes. Ich danke Euch recht herzlich da-für. Auch heißen Dank für die Juni-Nummer des Wachtturm, den ich ja immer bei Monatsschluß mit Heiß-hunger erwarte. Dem lieben himmlischen Vater hat es wohl-gefallen, einige seiner Kinder mit unter das Getöse der Kriegswirren zu stellen, was ich auch von mir sagen muß. Ich bin dem himmlischen Vater aber dankbar, daß er meine Wege so geleitet hat. … An dem lieben Pfingstfeste wollte der Herr, daß ich die Stunden im Schützengraben zubräch-te. …, daß ich mich ganz dem Herrn hingegeben hatte. … Stets will ich mir zurufen: 'Du darfst dein Kreuz nicht schleppen lassen, du mußt es tragen und zwar mit Ge-duld!'« (S.111)

Umgekehrt schrieben auch leitende Männer »an die Brüder im Felde«: »Die vielen Briefe, die ich von Euch gelesen, be-zeugten mir so recht, wie der Herr sich herrlich erweisen kann an den Herzen derer, die sich ihm weihen. … Da ich nun sel-ber seit Ostern hier bei den Pionieren bin …« (S.111f)

Der Befund ist recht eindeutig: Viele ZJ leisteten Wehrdienst an der Front (daneben waren vermutlich auch viele ZJ als Sanitäter tätig — was heutige ZJ ja gleichfalls ablehnen würden). Dieser Wehrdienst wurde auch von der Leitung nicht negativ gesehen, und an der vollen Hingabe (an Gott) dieser Wehrdiener zweifelte niemand.

Nebenbei bemerkt: Der Nachfolger Russells als WTG-Präsident, Joseph F. Rutherford, war gerade in Europa, als der Krieg ausbrach: »hielt Rutherford einige Tage vor Ausbruch des ersten Weltkrieges in Deutschland biblische Vorträge. Er war auf einem Schiff von Hamburg nach England unterwegs, als Großbritannien Deutschland den Krieg erklärte; somit war Rutherford ein Augenzeuge der Unruhen, die in jenem Jahre ausbrachen. Er kehrte nicht sogleich nach den Vereinigten Staaten zurück, sondern blieb bis September des Jahres 1914 in England, um den Dingen näher zu sein und zu sehen, was am Ende der Zeiten der Nationen geschehen würde.«[17]

Unter Rutherford vollzogen die ZJ ja später eine Änderung in der Wehrdienstfrage.[18] Hätte die WTG diese Änderung damals schon vollzogen gehabt, so hätte doch wohl Rutherford die ZJ in Europa (auch in Deutschland) davon informiert.

Soweit also der Befund: die ZJ nahmen — in Übereinstimmung mit der WTG-Weisung — am 1. Weltkrieg teil. Um so überraschter ist man, wenn man in *Vorhaben* lesen muß:

»Thomas: Welchen Standpunkt vertraten Jehovas Zeugen gegenüber dem Krieg?
Johannes: Sie lehnten es ab, daran teilzunehmen.« (S. 55)

Diese Bemerkung bezieht sich nicht etwa auf den 2. Weltkrieg, sondern auf den ersten!

Einige Jahre zuvor war ja der kurze Geschichtsbericht in *Predigtdienst* erschienen. Dort wird bezüglich der Kriegsteilnahme der ZJ überhaupt nichts gesagt. Dieses Nichterwähnen könnte auch durch die Kürze bedingt sein (der gesamte Geschichtsbericht umfaßt nur 50 Seiten). Anders ist es bei der 1955/56 im WT erschienenen ausführlichen Artikelserie *Neuzeitliche Geschichte der Zeugen Jehovas*. Auch dort wird bezüglich Teilnahme der ZJ am 1.Weltkrieg nichts gesagt. Das ist auffällig, wenn man erstens bedenkt, wie wichtig die Wehrdienstverweigerung heute von den ZJ genommen wird (und auch schon vor Jahrzehnten genommen wurde), und zweitens, wie ausführlich diese Artikelserie auf die Wehrdienstverweigerung der ZJ im 2.Weltkrieg eingeht (auf etwa 15 Seiten).[19)] Hier kann man sich des Eindrucks nicht erwehren, daß eine für heutige ZJ unangenehme Stelle ihrer Geschichte möglichst verschwiegen werden soll, während positive Stellen um so deutlicher hervorgestrichen werden. Auch *Vorhaben* geht — in mehreren Kapiteln — auf die Situation und das Verhalten der ZJ während des 2.Weltkrieges ein. Demgegenüber wirkt das auf den 1.Weltkrieg bezogene schlichte »Sie lehnten es ab, daran teilzunehmen.« doch sehr knapp. Jedenfalls entspricht es nicht der Wahrheit.

Der WT vom 1.Juni 1979 zitiert eine »soziologische Studie«, worin ausgesagt wird, daß ZJ am 1.Weltkrieg nicht teilnahmen (zumindest nicht militärisch, der Leser könnte den Eindruck haben, auch nicht zivil):

»Seit der Jahrhundertwende haben Jehovas Zeugen in zwei großen Weltkriegen und in den während der Ära des 'kalten Krieges' folgenden militärischen Auseinandersetzungen ihre Stellung der gewaltlosen 'christlichen Neutralität' bewahrt. Da sie konstant gegen jede Form eines nationalen Dienstes sind, ob militärisch oder zivil, und es ablehnen, Staatssymbole zu verehren, sind sie in vielen Ländern der Welt, u.a. in den Vereinigten Staaten, in Kanada und in Deutschland, verfolgt, eingesperrt und durch Pöbelaktionen belästigt worden.« (S.19)

Die Angaben bezüglich dieser Studie sind so knapp gehalten (nicht einmal der Autor wird angegeben), daß sie schwer aufzufinden ist. War der Autor vielleicht selbst ZJ? Übernahm er Behauptungen von ZJ (sei es durch WTG-Literatur, sei es mündlich)? Wie dem auch sei: In bezug auf den 1. Weltkrieg ist seine Behauptung falsch, und es stellt sich die Frage, ob die WT-Verantwortlichen das wirklich nicht gewußt haben, und somit unwissend/leichtfertig eine falsche Angabe übernommen haben.

In anderen WTG-Publikationen wird es nicht so kategorisch gesagt, sondern mehr differenziert. Doch auch dort ist zu fragen, ob der dem Leser vermittelte Eindruck dem entspricht, wie es wirklich im 1. Weltkrieg war. In *Rettung aus der Weltbedrängnis steht bevor!* (1975) wird über friedliches Verhalten gesprochen (mit dem »geistigen Israel« sind 144000 ZJ gemeint):

»Den Bewohnern des geistigen Paradieses ist es möglich, friedlich zusammen zu leben ... Im Ersten Weltkrieg (1914 bis 1918) leisteten Glieder des Überrestes des geistigen Israel in der Armee ihres Landes waffenlosen Dienst und machten sich so an dem im Krieg vergossenen Blut mitschuldig. Doch im Jahre 1939 ...« (S.183)

Hier fällt einerseits der strenge Standpunkt auf — sogar durch *waffenlosen Dienst* macht man sich an vergossenem Blut mitschuldig. Andererseits ist es nicht verständlich, warum ausgerechnet jene ZJ, die waffenlosen Dienst gemacht hatten, hier besonders herausgegriffen werden — haben sich etwa die ZJ, die Dienst *mit* der Waffe geleistet haben, nicht mitschuldig gemacht (von dieser strengen ZJ-Warte aus beurteilt)? Oder sollen die ZJ-Soldaten des 1. Weltkrieges verschwiegen werden, soll der Leser den Eindruck bekommen, daß zwar einige ZJ Dienst *ohne* Waffe taten, aber kein ZJ *mit* der Waffe?

In dem Offenbarungs-Kommentar *Dann ist das Geheimnis Gottes vollendet* (1970) lesen wir über einen Kongreß, der 1918 in den USA stattfand:

»... unterbrachen ... die Staatsbeamten den biblischen Vortrag ... sie verriegelten die Türen und verlangten dann, daß alle jungen Männer ihre Wehrpässe vorzeigten. Nach jener groben Störung setzte der Redner den biblischen Vortrag fort.« (S.324)

Zumindest indirekt scheint hier doch hervorzugehen, daß diese jungen Männer Wehrpässe hatten — sonst wäre die Störung nicht so rasch beendet gewesen. Danach heißt es:

»In den kriegführenden Nationen wurden viele Brüder zum Militärdienst gezwungen.« (S.325)

Sie wurden gezwungen — gingen sie also nicht freiwillig? Die Anweisung Russells (und somit der WTG) war doch so, daß sie einem Einberufungsbefehl Folge leisten sollten. Handelten sie also nicht entsprechend dieser Anweisung? Mußten sie etwa gewaltsam abgeholt, in Uniformen gesteckt und an die Front geschoben werden? Auf solche Vorstellungen würde man doch kommen, wenn man von »zum Militärdienst gezwungen« hört. Aber vielleicht sollte man solchen Formulierungen nicht zuviel Bedeutung beimessen, sondern dahinter eher die Schwierigkeit der WTG sehen, unangenehme Tatsachen der eigenen Geschichte der heutigen Anhängerschaft nahezubringen. Daß jene ZJ nicht am 1.Weltkrieg teilnahmen, kann die WTG nicht sagen, denn das wäre eine Lüge,[20] also versucht sie das Faktum von deren Teilnahme dadurch zumindest abzuschwächen, daß sie diese Teilnahme als möglichst unfreiwillig hinstellt.

Das *Jahrbuch 1974* enthält auch den Geschichtsbericht über Deutschland. Die Teilnahme der ZJ am 1.Weltkrieg wird darin in einem mit »Neutralität« überschriebenen Abschnitt geschildert (S.83). Eine eigenartige Überschrift, denn das heutige ZJ-Ideal der Neutralität — keine Kriegsteilnahme, weder mit noch ohne Waffe — gab es damals ja noch gar nicht. (Man erinnere sich an die damalige Weisung der WTG.)

Der Abschnitt beginnt: »Der Ausbruch des Ersten Weltkrieges bot dem Teufel eine Gelegenheit, in der Neutrali-
tätsfrage unter den Brüdern Unsicherheit zu erwecken ...
Aufgrund der Unsicherheit, die unter ihnen vorherrschte,
folgten nicht alle Brüder einem Lauf strenger christlicher
Neutralität gegenüber den Angelegenheiten der Nationen.«

Zwischenfrage: Warum hätten sie auch sollen? Wenn die
WTG selbst ihnen die Anweisung gegeben hatte, einem Einberufungsbefehl Folge zu leisten? Ist mit dem »Teufel« etwa die WTG gemeint? Denn ihre Anweisung war es ja, die
zu dem führte, was vom Neutralitäts-Standpunkt der heutigen ZJ wie »Unsicherheit« ausieht. — Der Text geht
weiter:

«Eine beträchtliche Anzahl der Brüder leistete Militärdienst und kämpfte an der Front. Andere weigerten sich,
Militärdienst mit der Waffe zu leisten, aber waren bereit,
Sanitätsdienst zu leisten. Einige nahmen jedoch einen festen Standpunkt ein, weigerten sich, sich in irgendeiner Hinsicht am Krieg zu beteiligen, und wurden zu Gefängnisstra-
fen verurteilt.«

Es fällt auf, daß hier ausgerechnet jene besonders ge-
lobt werden (»nahmen einen festen Standpunkt ein«), die
der Weisung der WTG ungehorsam waren! Ob die WTG
jene ZJ, die heute die Weisungen der WTG ignorieren,
ebenso lobt?

Doch immerhin wird hier zugegeben, daß »eine beträchtliche Anzahl der Brüder« Militärdienst leistete, und »andere« Sanitätsdienst leisteten. Das ist ein Ehrlichkeits-
Fortschritt gegenüber *Vorhaben*, wonach die ZJ rundweg
jede Teilnahme abgelehnt hätten.

Wenn man die verschiedenen Stellungnahmen seitens der
WTG zur Kriegsteilnahme der ZJ durchsieht, ist man ver-
wirrt. Haben sie überhaupt nicht teilgenommen? Haben
sie teilgenommen, aber nur gezwungen? Haben sie zum Teil
teilgenommen, weil auf örtlicher Ebene (Deutschland) Ver-

wirrung herrschte? Haben sie teilgenommen, aber nur am waffenlosen Ersatzdienst? In den verschiedenen Stellungnahmen kommt praktisch alles vor.[21] Dieses Chaos an Auskünften kann man auch mündlich erleben, wenn man heute ZJ fragt, ob ZJ am Ersten Weltkrieg teilgenommen hätten (darauf habe ich am Schluß des Vorworts hingewiesen).

Es stellt sich hier natürlich zwangsläufig die Frage nach der Ehrlichkeit und Wahrheitsliebe der WTG-Verantwortlichen. Doch unabhängig davon, ob man solche Widersprüchlichkeiten auf absichtliche Irreführung oder auf unabsichtliche Versehen zurückführt: Für den Leser bleibt das Resultat bestehen, daß er sich praktisch auf nichts verlassen kann. Wenn er damit rechnen muß, daß die WTG über Themen, die sie aus eigener Initiative wählt (niemand zwingt sie, so ausführlich über die eigene Geschichte zu schreiben!), entweder selbst so schlecht informiert ist oder zwar selbst gut informiert ist, aber andere falsch informieren will, bleiben bei jeder Lektüre Fragezeichen zurück. Sollten wir uns nicht lieber solchen Informationsquellen zuwenden, die zumindest einigermaßen verläßlich sind?

7. Quantität vor Qualität

Eine wesentliche Ursache für diesen bedauerlichen Zustand (Informations-Chaos innerhalb der WTG-Literatur) dürfte darin liegen, daß die WTG es als ihre besondere Aufgabe ansieht, möglichst viel Literatur zu produzieren. Als ob Quantität und Wachstumsziffern in Gottes Augen besonderen Wert hätten! Im WT vom 1.Okt.1987 wird *Maleachi 3,10* zitiert:

»'Stellt mich bitte darin auf die Probe', hat Jehova der Heerscharen gesprochen, 'ob ich euch nicht die Schleusen der Himmel öffnen und tatsächlich Segen über euch ausschütten werde, bis kein Bedarf mehr ist'«.

Daneben finden wir eine Abbildung: aus dem Himmel ragen zwei Hände heraus, die Gebäude der WTG-Zentrale in Brooklyn haltend. Von dort aus ergießt sich ein Strom an Büchern und Zeitschriften. (S.10) Der so reichlich ausgeschüttete »Segen Gottes« besteht demnach in der Fülle der WTG-Publikationen!

So wird der Vers aus Maleachi interpretiert: »Jehova hat sein Versprechen ihnen gegenüber eingehalten und hat 'die Schleusen der Himmel geöffnet und Segen über sie ausgeschüttet, bis kein Bedarf mehr ist[22]' — ein wahrhaftes Festmahl an geistiger Speise!« (S.11)

Nicht sehr bescheiden fügt die WTG hier noch einen Hinweis auf *Jesaja 25,6* ein: ein Festmahl mit den feinsten Speisen, ein Gelage mit erlesenen Weinen ... Wohl nur sehr selbstbewußte Schriftsteller wagen es, ihre eigenen Werke derart zu preisen![23]

Hören wir die weiteren Ausführungen: »Der 'treue und verständige Sklave', den Jesus für unsere Tage vorausgesagt hat, ist emsig damit beschäftigt, geistige Speise in Fülle zu liefern«.

Möge Gott es schenken, daß jener 'Sklave' trotz seiner emsigen Beschäftigung zur Besinnung kommt und vor dem Schreiben nachfragt, was wirklich stimmt, anstatt Widersprüchlichkeiten »in Fülle zu liefern«!

---

1) zit. nach *Jahrbuch 1975*, S.53

2) In der Ausgabe von 1925 auf S.65f, ähnlich in jener von 1917 auf S.58; dort heißt es sogar: »im 11. Jahr gründete er zusammen mit seinem Vater eine Handelsgesellschaft,«

3) *Vorhaben* 17

4) ähnlich auch im WT 1955, S.103. — Ein Verteidiger der WTG-Literatur könnte hier behaupten: 'Die Angaben widersprechen einander nicht; mit 11 Jahren *wurde* Russell Teilhaber, mit 15 Jahren *war* er es.' Doch warum wird dann gerade das Alter von 15 Jahren hervorgehoben, wenn er auch in den Jahren davor und danach Teilhaber war? Im *Jahrbuch 1975* werden beide Angaben übernommen und nebeneinander hingestellt (S.32).

5) In der Ausgabe von 1917 auf S.33, ähnlich in jener von 1925 auf S.528 (zu *Hes 3,16*)

6) In der Ausgabe von 1925 auf S.67, in jener von 1917 auf S.59f (zu *Offb 3,14*)

7) *Vorhaben* 15; der gleiche Text wird auch im WT 1955, S.103, zitiert, dort allerdings unter Hinweis auf WT 1894. Im WT 1955 wird übrigens von mehreren Gruppen berichtet, die ab etwa 1870 eine

unsichtbare Wiederkunft Jesu verkündigten: George STORRS, H.B. RICE (S.102).

8) Von ZJ-Kritikern wird für diese Flugschrift *1874* als Veröffentlichungsjahr angegeben, ausgehend von Hellmund (Kapitel VI: Die Bibliographie, §A4). Allerdings hat Hellmund diese Flugschrift selbst nicht gesehen. Gleiches gilt für Neidhart (S.190).

9) Dieses Russell-Zitat wird auch im *Jahrbuch 1975* (S.57) wiedergegeben.

10) Daß Russell im Jahr 1912 nicht mehr damit rechnete, daß 1914 tatsächlich schon das Ende kommen würde, stimmt allerdings; das ist auch naheliegend angesichts dessen, was er ursprünglich für die Zeit bis 1914 an Ereignissen vorhergesagt hatte.

11) ähnlich im WT 1955: »Um weiter zu zeigen, daß diese vereinten Erforscher der Bibel und diese Arbeiter nicht glaubten, daß das prophetische Jahr 1914 all ihre Tätigkeit mit Bezug auf diese Erde beenden werde, veräußgabte die Watch Tower Society vom Jahre 1912 an bis zu Anfang des Jahres 1914 ein Vermögen (über Doll. 300000) dafür, das Photo-Drama der Schöpfung vorzubereiten ...« (S.271)

12) ähnlich im *Jahrbuch 1975*, S.76

13) *Schriftstudien* Bd.7 (1925), S.73; in der Ausgabe von 1917 auf S.64 sinngemäß, wenn auch nicht ganz so deutlich (zu *Offb 3,14*)

14) Auch bei Hellmund in der Bibliographie erwähnt, und zwar unter »Literatur der ZJ, III«, oder bei Hans Jonak von FREYENWALD: *Die Zeugen Jehovas. Pioniere für ein jüdisches Weltreich.* Berlin 1936, S.98

15) Das Zitat findet sich in der Ausgabe von 1922 auf S.552 (in Studie 14, die dort auf S.525 beginnt). Ich erinnere kurz daran, daß die *Schriftstudien* damals das maßgebliche Werk der WTG waren (siehe Kap.3/1). Im WT erschienen ähnliche Äußerungen: »Notice that there is no command in the Scriptures against military service. ... You need not be a good marksman. ... it would be quite right to shoot, not to kill.« (*Watch Tower* 1898, Sp.231) Und später: »There could be nothing against our consciences in going into the army. Wherever we would go we could take the Lord with us,« (15.April 1903, S.120; beides zit. nach Duane MAGNANI/Arthur BARRETT: *The Watch-Tower Files: Dialogue with a Jehovah's Witness.* Minneapolis 1985, S.289 und 287.)

16) Hat der Nachfolger Russells als Präsident der WTG, Rutherford, sofort eine neue Linie eingeführt? Karl F. KLEIN, Mitglied der Leitenden Körperschaft, hat die damalige Zeit in den USA miterlebt; er verweist darauf, daß Rutherford und weitere Verantwortliche eine Zeitlang im Gefängnis waren: »Der Erste Weltkrieg wütete, und obgleich die Brüder, die an der Spitze standen, wegen der Kriegsfrage zu Unrecht inhaftiert worden waren, erkannten diejenigen, die damals die Führung innehatten, die Notwendigkeit der christlichen Neutralität nicht völlig. Einige, in deren Augen der Fall klar war, nahmen Anstoß daran, trennten sich von den Bibelforschern und nannten sich die 'Feststehenden'.« (WT vom 15.Dez.1984, S.23) Dieser Bericht zeigt jedenfalls soviel, daß auch die Leitung in den USA nicht einheitlich auf der Linie der Wehrdienstverweigerung lag.

17) *Vorhaben 56*

18) Das Verhalten der ZJ während des *Zweiten* Weltkrieges (und dessen Darstellung seitens der WTG) behandle ich in meiner Rutherford-Biographie

19) Vier der insg. 31 Teile der Artikelserie befassen sich damit, und zwar die Teile 17 bis 20.

20) Wie man aber in *Vorhaben 55* sehen kann, ist die WTG sogar dazu imstande.

21) Man könnte auch noch solche Äußerungen erwähnen, wo pauschal behauptet wird, daß die ZJ an keinem Krieg teilgenommen haben. »Welche Gruppe hat sich während der vergangenen 100 Jahre in Kriegszeiten geweigert, Glaubensbrüder, die einer anderen Nation angehörten, hinzuschlachten ...« (WT vom 1.Juli 1979, S.24) Gemeint sind hier natürlich die ZJ. (Vgl. WT 1.2.1990, S.22.)

22) »bis kein Bedarf mehr ist« — dieser Nebensatz erregt meine besondere Aufmerksamkeit. Die WTG versäumt es jedoch, diesen Nebensatz zu interpretieren. Liegt darin die Vorhersage, daß eine Zeit kommen wird, wo alle Menschen genug haben davon?

23) Das Selbstlob geht weiter: »So werden auch Jehovas geistige Vorkehrungen zubereitet — nicht in einem trockenen, lexikonartigen Stil, sondern auf schmackhafte Weise zur Erfrischung des Sinnes und zur Belebung des Herzens.«

Kapitel 12

Die WTG fordert Vertrauen und Gehorsam

»Die führenden protestantischen Religionsorganisationen kamen in ihrem Lauf zu einem geistigen Stillstand. Ihre Geistlichkeit suchte ihre Macht über die Laienschaft zu festigen. Diese Annahme größerer Autorität über die Herden durch die Geistlichen bedeutete für die Massen der Namenchristen einen Schritt rückwärts von der Freiheit christlichen Denkens und christlicher Anbetung.« (WT 1955, S.101)

1. Was wäre die Bibel ohne WTG?

»Wenn man mit Interessierten ein lehrreiches Heimbibelstudium durchführt, ... Man könnte zum Beispiel, wenn ein Problem entsteht und man in einer christlichen Publikation die schriftgemäße Lösung gefunden hat, den Studierenden fragen: 'Könnten wir wissen, wie wir in einem solchen Fall handeln müßten, um Gott zu gefallen, wenn uns Jehovas Organisation nicht helfen würde, das, was die Bibel darüber sagt, zu verstehen?' Solche anregenden Fragen können sehr wirkungsvoll sein.« (WT 1973, S.598)

a) Verhältnis der Bibel-Lektüre zur WT-Lektüre = 1:10

Im Kap.4 über Russell als Prophet waren wir damit konfrontiert, für wie wichtig Russell das Studium seiner *Schriftstudien* ansah. Und im Kap.3/6 über Russells Hauptwerk haben wir uns mit der Frage beschäftigt, wie groß der Gesamtumfang von Russells Schrifttum ist. Und selbst wenn man die diesbezüglichen Angaben der WTG für übertrieben hält, so muß man doch mit einem Vielfachen des Umfangs der Bibel rechnen. So daß der damalige »Bibelforscher« eigentlich in erster Linie »Russellforscher« war.

Und heute? Die ZJ machen eine Art Bibelleseprogramm durch. Für 1989 war vorgesehen: *Hesekiel 38 bis Lukas 1*. Wenn wir die WTG-Bibelübersetzung (die sog. *Neue-Welt-Übersetzung*) betrachten, so umfaßt dieses Jahresprogramm also die Seiten 1113 bis 1286, das sind 174 Seiten. Die ganze Bibel erstreckt sich über 1542 Seiten. Bei einem gleichbleibenden Jahrespensum lesen die ZJ also in rund 9 Jahren (exakt: 8,86 Jahren) die ganze Bibel durch. Zum Vergleich: Im evangelischen Bereich kursieren Bibellesepläne, die den gesamten Stoff auf ein Jahr aufteilen (*In 365 Tagen durch die Bibel*); neuerdings gibt es sogar eine eigene Bibelausgabe mit einer solchen Aufteilung (*Die Jahresbibel*).[1]

Wenn wir die 174 jährlichen Bibel-Seiten der ZJ auf die 52 Wochen aufteilen, kommen wir auf knapp dreieinhalb (exakt: 3,34) Seiten pro Woche. Jede Woche[2] erscheint aber auch ein neues Heft (abwechselnd *Wachtturm* und *Erwachet!*) mit ca. 30 Seiten Inhalt, was vom ZJ — zum Teil sogar mehrmals — gelesen werden soll. Daneben hat jeder ZJ aber auch zumindest ein Buch jährlich zu lesen, mitunter auch mehrere Bücher (oder dazu noch Broschüren; auch das *Jahrbuch* sollte er lesen). Teilt man den Inhalt dieser Bücher auf die Wochen auf, so ergibt sich, daß der ZJ, während er eine Bibel-Seite liest, mehr als 10 WTG-Seiten liest.

Nun kommt sicher der Einwand, daß die WTG-Schriften ja auf die Bibel verweisen, so daß der ZJ während des Studiums dieser Schriften gleichzeitig auch die Bibel liest. Das stimmt, aber es gilt genauso auch das Umgekehrte: Daß der ZJ ein Kapitel in der Bibel liest und parallel dazu — insbesondere wenn er einen Bibelvers nicht versteht — in WTG-Publikationen nachschlägt. Das könnte sich in et-

wa ausgleichen, so daß das Verhältnis von 1:10 bestehen-
bleibt.

Es sei auch keineswegs bestritten, daß die WTG-
Publikationen sich intensiv mit biblischen Inhalten ausein-
andersetzen. Aber es bleibt eben doch der entscheidende
Unterschied bestehen, ob jemand den Bibeltext fortlaufend
liest — ohne gleichzeitig schon eine bestimmte Erklärung
dazugeliefert zu bekommen, oder ob jemand die Sichtweise
einer bestimmten Gruppe liest und darin eingestreut auch
einzelne Bibelverse mitliest.

Im Hinblick auf diese von der WTG empfohlene Lektüre muß man feststellen: Offenbar ergibt sich das System
nicht sehr direkt aus der Bibel selbst, wenn eine derart intensive Begleitung durch eine ganz bestimmte Lektüre nötig ist. (Russell hatte das seinerzeit ja expressis verbis
eingestanden — siehe Kap.4.) Halten wir also fest: *ZJ kön-*
nen nicht beanspruchen, daß ihr System sich sehr deutlich
aus der Bibel ergibt.

Hier wird der ZJ einwenden: Die Bibel ist nun einmal
nicht leicht verständlich, auch der äthiopische Eunuch
brauchte die Erklärung des Philippus (Apg 8,26-39). Das
ist richtig. Gib also dem Anfänger eine Starthilfe! Allmählich aber sollte er soweit kommen, daß er dann selbstän-
dig die Bibel verstehen kann. Es ist auch nichts dagegen
zu sagen, wenn er gelegentlich in einem Kommentar oder
in einem Lexikon nachschlägt. Wenn es allerdings nötig
ist, daß man parallel zu 1 Seite Bibel mehr als 10 Seiten
Deutung durch eine bestimmte Religionsgemeinschaft lesen muß (und das lebenslang!), dann ergibt sich diese Deutung offenbar nicht sehr deutlich aus der Bibel.

b) Die »Neue-Welt-Übersetzung« (NWÜ)

Es kommt ein weiterer Gesichtspunkt dazu. Der ZJ liest
die Bibel in der Übersetzung der WTG. Diese Übersetzung
ist sehr umstritten, so daß ihr mitunter sogar der Status

einer »Übersetzung« abgesprochen wird. Ohne jetzt auf diesen Streit näher eingehen zu wollen, so ist jedenfalls eindeutig, daß die Deutung der WTG sehr stark in die Übersetzung miteinfließt. Dazu drei Beispiele:

In *Johannes 8,58* heißt es wörtlich: »Ehe Abraham wurde, bin ich.« Möglicherweise störte das auf zeitloses Sein hindeutende »ich bin« die WTG, jedenfalls gibt sie wieder: »bin ich gewesen« — das entspricht aber durchaus nicht mehr dem griechischen Text.

In *Johannes 15* lesen wir vom »in-Jesus-Sein«, z.B. 15,4: »Bleibt in mir und ich in euch.« Es kann natürlich sein, daß manche Leser sich unter dieser Weisung Jesu nichts vorstellen können, aber das berechtigt sie doch nicht, den Text abzuschwächen und das Ergebnis als »Übersetzung« auszugeben: »Bleibt in Gemeinschaft mit mir und ich in Gemeinschaft mit euch.«

In *1.Johannes 5,20* heißt es: »seinen Sohn Jesus Christus. Dieser ist der wahre Gott ...« Dieser Text legt sehr nahe, daß Jesus der wahre Gott ist. Im Griechischen steht »dieser« in männlichem Geschlecht; die Neue-Welt-Übersetzung schreibt stattdessen sächlich »dies«.[3]

Soweit also einige Beispiele, die zeigen, daß die NWÜ an manchen Stellen nicht primär eine wörtliche Übersetzung angestrebt hat, sondern eine Anpassung an ihre Lehren. Insofern ist man überrascht, wenn die WTG dennoch behauptet: »die *Neue-Welt-Übersetzung der Heiligen Schrift* ... gibt den hebräischen und den griechischen Text nicht nur genau wieder, sondern sie ist auch in dem Deutsch abgefaßt, das heute gesprochen wird, und ist deshalb leicht verständlich.«[4]

»Was erwartest du von einer Bibelübersetzung? Im wesentlichen gibt es zwei Arten: die wörtliche Wiedergabe und die Paraphrase oder freie Übertragung. Die erstere hält sich so eng wie möglich an den Urtext, soweit es die Spracheigentümlichkeiten und die Wortwahl zulassen. Im Gegen-

satz dazu ist die Paraphrase eine 'freie' Übersetzung, bei
der sich der Übersetzer bemüht, die ursprünglichen Gedanken des Schreibers so auszudrücken, wie er sie versteht,
statt mit genau den Worten, die im Urtext gebraucht werden.« (Artikel *Spielt es eine Rolle, was für eine Bibelübersetzung man benutzt?* im WT vom 15.Nov. 1979, S.25)
Nach dieser Definition ist die NWÜ eine »freie Übertragung«, und es gilt auch: »Freie Übersetzungen sind oft lebendig und leicht zu lesen. Doch man muß bei ihrer
Verwendung immer vorsichtig sein.« (S.26) Halten wir also fest: Man muß bei der Verwendung der NWÜ immer
vorsichtig sein.[5)]

Die WTG berichtet: »Im Vorwort der ersten Auflage der
Christlichen Griechischen Schriften (1950) heißt es: 'Wir
bieten keine freie Wiedergabe der Heiligen Schrift. Wir sind
durchweg bemüht gewesen, so wörtlich wie möglich zu
übersetzen, soweit es die heutige englische Sprache zuläßt
und eine wörtliche Wiedergabe durch Schwerfälligkeit den
Gedanken nicht verdunkelt. ...' Angesichts dieser Wieder-
gabetreue kann sich der Erforscher der Bibel vertrauens-
voll dieser Übersetzung bedienen und den Sinn der
ursprünglichen inspirierten Schriften erkennen.« (S.27)

Die WTG beansprucht, möglichst genau zu übersetzen,
dieser Anspruch ist aber — wie oben anhand dreier Beispiele gezeigt — falsch. Sollte also — nun bloß als Möglichkeit hingestellt — die Auslegung der WTG falsch sein,
so ist es für den einzelnen ZJ sehr schwer, solche Fehler
zu erkennen. Denn er liest die Bibel im Vergleich zu den
Schriften der WTG nur in verschwindend kleinen Mengen,
noch dazu in einer Übersetzung, in der die speziellen WTG-
Anschauungen stark enthalten sind.

Angesichts dieser Ungenauigkeiten der NWÜ wirkt es
merkwürdig, daß der erwähnte WT-Artikel bei anderen
Übersetzungen Ungenauigkeiten kritisiert, bei der eigenen
solche Ungenauigkeiten jedoch verschweigt. Im Hinblick

auf bestimmte, den ZJ wichtige Lehren werden verschiedene Übersetzungen betrachtet, dabei werden ungenaue Wiedergaben bei anderen Übersetzungen kritisiert, und anschließend Stellen präsentiert, wo die NWÜ feine Differenzierungen wiedergibt (z.B. die verschiedenen griechischen Wörter für »Liebe«). Verschwiegen werden jedoch andere Stellen, wo die NWÜ sehr frei ist.

c) Nicht jeder kann alles beurteilen

Dazu kommt ein weiterer Gesichtspunkt: Viele »biblische« Fragen können der Großteil der ZJ und ihrer Gesprächspartner kaum beurteilen. Dazu zwei Beispiele:

Gehört das Wort »Jehova« auch ins NT? (In den griechischen NT-Handschriften fehlt es.) Würde man dieses Wort aus der Neuen-Welt-Übersetzung wieder streichen, so hätte das enorme Konsequenzen für die ZJ-Lehren. Die Beurteilung dieser Frage erfordert einige Kenntnis der Textgeschichte, wie sie aber nur wenige Menschen haben.

War das Holz, auf dem Jesus starb, ein Kreuz oder ein Pfahl? (Anders gefragt: Hatte der Pfahl einen Querbalken oder nicht?) Die Beurteilung dieser Frage erfordert eine Vertrautheit mit den Quellen der Zeit vor und nach Jesu, in denen von dieser Todesart gesprochen wird.

Demgegenüber sind die ZJ-Geschichts-Fragen noch einfacher, etwa: Haben die ZJ richtig vorhergesagt? Stellt die WTG ihre eigene Vergangenheit wahrheitsgetreu dar? — Das wäre also ein weiteres Argument für das Schwergewicht dieses Buches.

d) Die eigene Position prüfen!

Angesichts dessen, daß für die ZJ eine Bibel-Lektüre nur in homöopathischer Dosierung vorgesehen ist, während WTG-Schriften viel umfangreicher gelesen werden sollen, klingen gelegentliche Aufforderungen zum Prüfen seltsam. So wird in dem Artikel »Ist deine Religion die richtige?« (WT 1958, S.389) geraten:

»Du solltest dich nicht auf religiöse Führer oder Religionssysteme stützen, sondern auf Gottes Wort, die Bibel.«

Was dabei jedoch verschwiegen wird: Stützen zwar auf die Bibel, aber so, wie sie gerade von der WTG ausgelegt wird. Doch man versteht diesen Artikel sowieso falsch, wenn man meint, damit werde dem ZJ nahegelegt, auch durchaus einmal seine eigene Überzeugung zu prüfen. Er glaubt ja an die WTG, er hat daher nichts mehr zu prüfen, sondern bloß weiterhin der WTG zu glauben. Prüfen sollen die Anhänger der anderen Religionen:

»Die Frage entsteht nun aber: Bist du bereit, deine Religion einer solchen Prüfung zu unterziehen? Du brauchst nichts zu befürchten, denn wenn du die richtige Religion hast, wirst du durch eine solche Untersuchung in deinem Glauben nur noch bestärkt werden. Und wenn das, was du glaubst, mit der Bibel nicht übereinstimmt, dann solltest du die Wahrheit freudig annehmen, denn sie führt zum Licht und zum Leben.«

Diese Frage (»Bist du bereit ...«) an einen ZJ gerichtet wird sehr eindeutig beantwortet: Nein, der ZJ ist *nicht* bereit, seine Religion einer Prüfung zu unterziehen. Selbst wenn er anfangs auf eine solche Prüfung einzusteigen scheint, so wird er doch spätestens ab dem Moment damit aufhören, wo seine Position ins Wanken kommt. 'Haben sich ZJ mehrmals als falsche Propheten erwiesen?' 'Betreibt die WTG durch ihre Darstellungsweise bewußte Irreführung?' Solche Fragen, von einem Kenner der Materie dargelegt, führen rasch dazu, daß der ZJ an der Weiterführung des Gesprächs uninteressiert ist.[6]

Was würde ein ZJ sagen, wenn ihm ein Katholik antwortete: 'Überprüfen Sie als ZJ Ihren Glauben, ich als Katholik brauche das nicht, denn ich habe ja die Wahrheit!'? Würde der ZJ das nicht — zu Recht — als engstirnig ansehen? Doch der ZJ tut genau das gleiche. Weil es ihm von der WTG so angeraten wird! Konfrontiert mit Kritik an

ZJ, ist die Anweisung der WTG völlig eindeutig. Dem wollen wir uns nun zuwenden.

2. Nur ja keine Kritik an ZJ lesen!

a) Kritische Schriften

Was tut eine Kirche, die Angst hat vor der Kritik durch andere? Ganz einfach: Sie verbietet ihren Mitgliedern, diese Kritik zu lesen. War es nicht so zur Zeit Russells?

»Pastor Russell ... trat den neuzeitlichen Reformationsfeinden mit Millionen von Büchern und Schriften gegenüber, und seine Gegner waren nicht imstande, gegen ihre überzeugende Macht und Wirkung anzukämpfen. ... Kein Argument, kein Kampfmittel konnte ersonnen werden, um die Flut der Wahrheit aufzuhalten — nur ein Bann auf das Lesen der Bücher. An zahllosen Orten ließ Priesterbetrug Pastor Russells Bücher öffentlich verbrennen.«[7]

Dieses Leseverbot kritischer Schriften wird hier von der WTG kritisiert. Doch genau das, was sie hier kritisierte, tat sie später selbst. Man wird den Eindruck nicht los, daß die WTG ihre Anhänger zwar selbst sehr stark beeinflussen möchte, sie aber gegen jeden anderen Einfluß abschirmen will. So wird in dem Artikel *Warum deinen Geist vergiften?* folgende Anweisung gegeben:

»Wenn einem Christen Schriften in die Hände kommen, deren Inhalt und Geist verraten, daß sie von Personen stammen, die 'ihre Mitsklaven schlagen', läßt er sich nicht von seiner Neugierde dazu verleiten, sie sorgfältig zu prüfen.« (*Erwachet!* 8.April 1961, S.8)

Zur Erläuterung: die Formel »ihre Mitsklaven schlagen«, entnommen aus *Mt 24,48-51*, ist »geistig« gemeint; also im Sinne von: »die ZJ kritisieren«. Genau genommen findet sich solches »die Mitsklaven schlagen« auch in den Publikationen der WTG, denn auch dort werden gelegentlich ZJ kritisiert. Demnach dürfte ein ZJ nicht einmal die WTG-Publikationen lesen.

Diese Konsequenz wird jedoch nicht gezogen. Vielmehr gilt: Während das, was von der WTG kommt, nicht geprüft, sondern zur Gänze akzeptiert werden soll, wird bei ZJ-kritischen Schriften sogar schon von einer Prüfung abgeraten. Dabei gäbe es gute Gründe, sich auch — durchaus nicht ständig, aber zwischendurch — einmal mit einer solchen kritischen Darlegung zu beschäftigen: Der ZJ kann dadurch in Ruhe über Argumente nachdenken, die ihm auch im Predigtdienst begegnen können; oder es kann sein, daß ein an den ZJ interessierter Mensch ein solches kritisches Buch gelesen hat und nun doch manches davon bei ihm hängengeblieben ist. Hier wird der ZJ — will er ihm wirklich weiterhelfen — kaum darum umhinkommen, sich das Buch selbst anzusehen, um dann dem Interessenten erklären zu können, was daran falsch ist. Wenn die WTG dennoch so kategorisch vor einem solchen »sorgfältig prüfen« warnt, dann wird sie dafür schon ihre Gründe haben! Das Zitat geht weiter:

»Wenn er für sich die Fragen, wessen sich Jehova bediene, wer die echten christlichen Früchte hervorbringe und die Prophezeiungen der Bibel erfülle, entschieden hat, liest er solche Schriften nicht durch und verschwendet damit nicht seine kostbare Zeit und riskiert nicht, daß seine Loyalität getrübt wird.«

Ist das Risiko, durch eine solche Lektüre eine getrübte Loyalität zur WTG zu bekommen, wirklich so groß? Was ist das eigentlich für eine »Wahrheit«, die der ZJ hat, daß er fürchten muß, daß sie so schnell einstürzt — wie eine Seifenblase, die man nicht berühren darf, weil sie sonst zerplatzt! Welche Aussagen könnte eine solche Schrift denn enthalten, daß sie so gefährlich sein könnte? Daß die WTG in der Vergangenheit Fehler gemacht hat, weiß jeder ZJ, das gibt ja auch die WTG selbst zu. (Und schließlich gilt Gleiches für jede Religionsgemeinschaft, das bedeutet durchaus kein Minus gerade für die WTG!) Sind etwa die

Fehler, auf die ein solches »schlagendes« Buch hinweisen könnte, derart gravierend, daß ein ZJ — der sich wöchentlich ca. 10 Stunden (durch Lesen und Hören) dem Einfluß der WTG aussetzt — ins Wanken kommen könnte?

»Da er seinen Glauben auf eine Erkenntnis des Wortes Gottes gegründet hat, weiß er, daß es keine Tatsachen gibt, durch die sein Standpunkt widerlegt werden kann, und daß, was in diesen Schriften vorgebracht wird, daher Verleumdungen sein müssen.«

Das ist eine starke Unterstellung, so pauschal zu sagen, daß jene Bücher, die die WTG kritisieren, Verleumdungen bringen. Und, der ZJ muß das einfach so glauben, ohne auch nur eine Überprüfung »riskieren« zu dürfen! Die Immunisierung ist damit perfekt.

Diese Einstellung erinnert sehr stark an das Vorgehen autoritärer Regierungen. So war den Deutschen während des Zweiten Weltkrieges das Hören ausländischer Sender verboten. Auf einem NS-Propagandaflugblatt[8] wird dieses Verbot in poetische Sprache eingekleidet:

»Gerüchte läßt der Feind verbreiten,
Um uns zum Mißmut zu verleiten.«

Soweit die Überschrift. Und dann:
»Hier hört ein hartgesottener Tor
den Auslandfunk und ist ganz Ohr...
Die Lügen, die herüberschallten,
kann man nicht gut für sich behalten...«

Die Lage ist völlig einfach und klar: Was der Auslandfunk berichtet, sind samt und sonders Lügen. Und wo erfährt der Deutsche die Wahrheit?
»Denn jeder weiß: die Wahrheit spricht
allein der OKW[9]-Bericht!«
Jedenfalls sehen wir bei der WTG, daß sie ausschließliches Gehör fordert. Sollte nun gerade bei dieser Organi-

sation der Verdacht auf Unwahrhaftigkeit auftauchen, so ist dieser Verdacht um so ernster zu nehmen!

b) Kontakt mit ehemaligen ZJ

Diese Warnung vor Kritikern der WTG betrifft insbesondere ehemalige ZJ. Dem ZJ, der ja »eine genaue Erkenntnis des heiligen Geheimnisses Gottes« erlangt hat, wird eingeschärft, »geistig rein zu bleiben«:

»Der Apostel Paulus warnte aber vor einer noch größeren tödlichen Gefahr, nämlich vor Abtrünnigen, die 'den Glauben einiger untergraben' (2.Timotheus 2:16-18). Solche Personen gibt es immer noch (2.Petrus 2:1-3).«[10]

Es lohnt sich, die beiden zitierten Bibelstellen näher anzusehen. Die Timotheus-Stelle spricht von solchen, die sagen, »die Auferstehung sei bereits geschehen«; die Petrus-Stelle spricht von »falschen Propheten«, von solchen, die »ihren Zügellosigkeiten folgen« und »aus Habsucht ausbeuten«. Was sollen diese Hinweise? Will die WTG pauschal unterstellen, daß alle von ihr Weggegangenen so einzustufen sind?

Das wäre um so auffallender, als der WT nicht lange vorher mahnte: »Hüte dich davor, anderen falsche Beweggründe zu unterstellen«[11]. In diesem Artikel heißt es u.a.: »Unbegründetes Mißtrauen ist Gott nicht wohlgefällig.«, »Bestimmt möchten gottergebene Personen Satan niemals darin nachahmen, anderen falsche Beweggründe zu unterstellen.«, oder »Christen sind weise, wenn sie in Zweifelsfällen zu jemandes Gunsten entscheiden«.

Und was sagt die WTG weiter über die Ehemaligen? »Viele Abtrünnige appellieren an das Ego und behaupten, man habe uns unserer Freiheiten beraubt, auch der Freiheit, die Bibel selbst auszulegen. (Vergleiche 1.Mose 3:1-5.)«

Was soll der Hinweis auf diese Stelle? Diese Stelle berichtet, wie die Schlange versuchte, bei Eva Zweifel zu säen an dem, was Gott gesagt hat. Ist also ein Zweifel an dem, was die WTG sagt, sofort gleichzusetzen mit einem Zweifel am Wort Gottes?

Jedenfalls soll den Äußerungen Abtrünniger keinerlei Aufmerksamkeit geschenkt werden. Dann folgt noch der Hinweis auf *Joh 6,68*, als ob für die WTG das gleiche gelten würde wie für Jesus.[12)]

Um nur ja kein Risiko durch schlechte Beeinflussung einzugehen, wird dem ZJ eingeschärft, daß er mit »ehemaligen ZJ« jeden Kontakt meiden soll. »Auch solche Personen zu meiden, die von sich aus die Gemeinschaft verlassen haben, ist für Christen ein Schutz vor möglicherweise kritischen oder verständnislosen Äußerungen oder vor irgendwelchen Ansichten Abtrünniger« (WT 15.April 1988, S.27). — Armes Glaubenssystem, das solche Angst vor »möglicherweise kritischen Äußerungen« haben muß!

Was könnte denn der Inhalt solcher Äußerungen sein? Ein Mitglied der *Leitenden Körperschaft* informiert uns über die Begründung mancher Weggegangener: »Wenn Fehler gemacht werden, benutzen einige, die nicht von ganzem Herzen loyal sind, dies als Entschuldigung dafür, die Gemeinschaft zu verlassen.«[13)]

Bei diesen Weggegangenen könnte es sein, daß sie auf Fehler hinweisen, die sie beobachtet haben. Na und? Welch große Gefahr! Welcher ZJ weiß *nicht*, daß von ZJ und auch von der WTG Fehler gemacht werden?

Eine »Gefahr« könnte lediglich dann vorliegen, wenn solche Weggegangenen auf schwerwiegende Fehler hinweisen, die den meisten ZJ entweder nicht bekannt sind oder deren sie sich zumindest nicht voll bewußt sind. In diesem Fall ist dem ZJ aber zu raten, diese Hinweise ernst zu nehmen: Das heißt weder, sie blind zu glauben (das wird er ohnehin nicht tun), noch sie von vornherein zu ignorieren. Denn wenn derart schwerwiegende Fehler vorliegen, daß es für einen aufrichtigen Christen unmöglich wird, weiter mitzumachen, dann wird das Weggehen wohl eine unvermeidliche Konsequenz sein — wenn es ihm wirklich in erster Linie um Gott und nicht um ein fanatisches Festhalten (»loyal sein«) an einer liebgewonnenen Gemeinschaft geht.

Dieses Meiden Ehemaliger wird auch mit Bibelversen begründet. Etwa mit *2.Joh 9-11*, wo es heißt, daß jemand, der »die Lehre des Christus« nicht hat, nicht einmal gegrüßt werden soll. Wobei unter der »Lehre des Christus« der jeweils gültige Lehrstand der WTG zu verstehen ist. Was konsequenterweise bedeuten würde: Jemand, der genauso denkt wie Charles T. Russell, hätte dann ebenfalls »die Lehre des Christus« nicht. (Andererseits wird die unter Russell verkündete Lehre heute seitens der WTG als »die Wahrheit« bezeichnet.)

Der WT vom 15.Dez. 1981 (S.19-25) zeigt uns »Die rechte Ansicht über den Gemeinschaftsentzug«.[14] Daran ist folgendes wichtig. Ob jemand gegen Gottes Gebote verstößt, oder ob er mit einer WTG-Lehre nicht einverstanden ist — in beiden Fällen hat er »den Weg der Wahrheit verlassen«. Und ob er freiwillig ausscheidet, oder ob ihm formell »die Gemeinschaft entzogen wurde«: der ZJ hat Kontakt mit ihm zu meiden. Hält er sich nicht daran, wird er selbst ausgeschlossen.

»Personen, die den Glauben und die Glaubenslehren der Zeugen Jehovas vorsätzlich verwerfen und dadurch selbst zeigen, daß sie 'nicht von unserer Art' sind, sollten passenderweise so betrachtet und behandelt werden wie jemand, dem wegen eines Unrechts die Gemeinschaft entzogen worden ist. ... Christen ... wünschen ... keine Gemeinschaft mit einem ausgeschlossenen Sünder (oder einer Person, die den Glauben und die Glaubensansichten der Zeugen Jehovas aufgegeben und die Gemeinschaft verlassen hat).« (S.22f)

Es gab allerdings auch eine Zeit, in der die WTG andere Ratschläge gab. Es gab nur wenig Zuwachs, und das beunruhigte sie. In dieser Zeit entdeckte sie ihr Herz für die Ehemaligen wieder, und versuchte ihnen nachzugehen. *Warst* DU *einst ein Königreichsverkündiger?* hieß der Artikel im WT 1967 (S.342ff) — übrigens um dieselbe Zeit, als auch die 1975er-Vorhersage herausgebracht wurde! Ein Zufall?

In diesem Artikel — dieses WT-Heft sollte den Ehemaligen durch ZJ hingebracht werden — heißt es:

»Vielleicht bist du schon von Brüdern der Ortsversammlung besucht worden. Die Brüder kommen zu dir, weil sie dich lieben und weil sie möchten, daß du wieder in die Versammlung zurückkehrst.« (S.343)

Es wird dann auch ein positives Beispiel berichtet: »Eine Schwester, die abgefallen war und in fünf Jahren nur einige Brüder gesehen hatte, schrieb vor kurzem:

'... Meine Kinder schienen von Tag zu Tag selbstsüchtiger zu werden, ... Ich bat ihn um etwas Mut, damit ich in den Königreichssaal zurückfinde, und am 26.Juli gingen meine Söhne und ich schließlich hin. Die Brüder waren wunderbar. Wir wurden von ihnen aufs herzlichste willkommen geheißen. ...'

Du kannst sicher sein, daß du ähnlich willkommen geheißen wirst, wenn du zu den Zusammenkünften der Versammlung zurückkehrst.« (S.345f)

Heute kann ein — wie die erwähnte 'Schwester' — Abgefallener durchaus nicht sicher sein, willkommen geheißen zu werden. Die Zeiten haben sich geändert. Die ZJ haben ein beachtliches Wachstum, sie sind auf die Ehemaligen nicht angewiesen, und diese bedeuten letztlich doch eine Gefahr. Der Ehemalige dürfte zwar zur Versammlung kommen und zuhören, würde dort aber — wenn die ZJ wissen, daß er ein 'Abgefallener' ist — nicht begrüßt werden. Im Vergleich dazu ist der Rückblick auf 1967 aufschlußreich, weil wir hier sehen, daß es auch anders geht. Daß also der 'Mitteilungskanal Gottes' auch schon ganz andere Verhaltensregeln gegenüber Ehemaligen herausbrachte. Womit sich die Frage stellt, ob die derzeitigen Verhaltensregeln sich wirklich nur aufgrund bestimmter Bibelstellen (die ja damals auch schon existierten und doch wohl auch bekannt waren) ergeben.

1981 wird davon abgeraten, einen Ehemaligen zu grüßen — unter Hinweis auf *2.Joh 9-11*.[15)] Im Jahr 1974 hatte es dagegen noch geheißen:

»Einen reuelosen Sünder wie 'einen Menschen von den Nationen und wie einen Steuereinnehmer' zu behandeln bedeutet demnach, mit ihm keine Freundschaft zu pflegen. Wie das Beispiel Jesu indes zeigt, bedeutet es nicht, daß man den Betreffenden als einen Feind betrachten müßte oder ihm nicht einmal die allgemein übliche Höflichkeit und Rücksichtnahme erweisen dürfte.«[16)]

Daraufhin folgt ein Abschnitt »Den Sinn von 2.Johannes 9-11 erfassen« — wobei dieser Sinn damals anders erfaßt wurde als dann mehrere Jahre später. Wenn man sieht, wie bei Vorliegen derselben Bibelstellen die Auslegung verschieden aussieht, kommen einem Zweifel, ob das wirklich immer an einem »Zunehmen der Erkenntnis« liegt — ob dahinter nicht oft einfach taktische Gründe bzw. individuelles Ermessen der jeweiligen Machthaber in der *Leitenden Körperschaft* steht. Und man fragt sich auch, ob es wirklich die Aufgabe einer menschlichen Organisation sei, die Bedeutung der verschiedenen Bibelstellen so weitgehend und so exakt festzulegen — wenn eine solche Vorgangsweise zur Folge hat, daß sich die Anhänger dann alle paar Jahre auf veränderte Verhaltensrichtlinien einstellen müssen.

Der Artikel *Ausgeschlossenen gegenüber einen ausgeglichenen Standpunkt einnehmen* (1974) spricht von zwei Gefahren: »Die Gefahr besteht, in dieser Hinsicht zu lax zu sein ... Es besteht aber noch eine weitere Gefahr. Welche? Die Gefahr, ins andere Extrem zu fallen, das heißt zu streng und zu hart zu sein.« Die geforderte Distanz zu Ausgeschlossenen kann insbesondere gegenüber Verwandten zu inneren Konflikten führen. Eine diesbezügliche Anweisung dieses Artikels lautet:

»Wenn daher ein Vater, dem die Gemeinschaft entzogen worden ist, einen Sohn, eine Tochter oder seine Enkelkinder besucht und von seinen christlichen Angehörigen aufgenommen wird, sollten sich die Ältesten deswegen keine Gedanken machen. Der Vater hat ein natürliches Recht, seine nächsten Verwandten und seine Kinder zu besuchen.«[17]

Die in diesem Artikel angesprochene »Gefahr, ins andere Extrem zu fallen, das heißt zu streng und zu hart zu sein«, wurde mehrere Jahre später Wirklichkeit. Nunmehr heißt es:

»Anders verhält es sich, wenn einem Verwandten, der außerhalb des engsten Familienkreises lebt, das heißt nicht in derselben Wohnung, die Gemeinschaft entzogen worden ist oder er die Gemeinschaft verlassen hat. Höchstwahrscheinlich ist es möglich, so gut wie gar keinen Kontakt mit diesem Verwandten zu haben.«[18]

Der Höhepunkt an Gefühllosigkeit war vermutlich schon unter Rutherford erreicht. Wenn es nach ihm ginge, sollte ein Christ, dessen Verwandter sich von Gott abwendet, deswegen nicht einmal enttäuscht sein (und auch nicht weinen deswegen)!

»Niemand, der dem Herrn ergeben ist, wird darüber weinen oder enttäuscht sein, wenn sich jemand, der ihm durch die Bande des Fleisches verbunden war und ihm nahegestanden hat, vom Herrn wegwendet. Das größte Vorrecht, das je einem Geschöpf gewährt wurde, ist, Jehova zu dienen; und wer diese Tatsache nicht wertschätzt und abfällt, ist es nicht wert, daß man sich weiter um ihn müht.«[19]

Man vergleiche damit Jesu Haltung, wie sie in den Gleichnissen vom verlorenen Sohn, vom verlorenen Schaf oder von der verlorenen Geldmünze (Luk 15) zum Ausdruck kommt!

c) WTG vorbildlich?

Doch zurück zur Gefahr der »Vergiftung«. Um diese Gefahr zu meiden, sollte also ein ZJ überhaupt nichts lesen, was von einem ehemaligen ZJ geschrieben wurde. In diesem Zusammenhang ist interessant festzustellen, daß die WTG ihrerseits wesentlich weniger ängstlich ist und die Gefahr der Vergiftung sehr einseitig an Literatur gekoppelt sieht, in der die WTG kritisiert wird. Denn im übrigen greift sie sogar dankbar auf spiritistische Literatur zurück, ohne dabei zu fürchten, »vergiftet zu werden«.

Prinzipiell warnt die WTG vor dem »Spiritismus«: »Wenn jedoch der Apostel Johannes sagt: 'Prüfet die Geister', so meint er nicht, daß wir uns mittels Geistermedien, Ouija-Brettern, Planchetten oder anderen spiritistischem Zubehör auf Spiritismus einlassen und in Berührung gelangen sollten mit den Geistern, um festzustellen, welches ein guter und welches ein schlechter Geist ist.« (WT 1956, S.271) In diesem Artikel kommt die WTG auch auf die Übersetzung des Neuen Testaments durch Johannes GREBER zu sprechen :

»In der Einführung zu seiner Übersetzung des Neuen Testamentes, Verlagsrecht 1937, sagt Johannes Greber: '... Da kam der Tag, an dem ich ungewollt den ersten Schritt auf dem Weg zur Verbindung mit der Geisterwelt tat. ... Meine Erlebnisse legte ich in einem Buch nieder, das in deutscher und englischer Sprache erschienen ist und den Titel trägt: *Der Verkehr mit der Geisterwelt, seine Gesetze und sein Zweck.*' ... Im Vorwort ... sagt der Ex-Priester Greber: 'Die Bibel ist das bedeutendste spiritistische Buch.' Unter diesem Eindruck sucht Greber seiner Übersetzung des Neuen Testaments eine ganz spiritistische Note zu geben. ... Ganz offenbar halfen jene Geister, an die Ex-

Priester Greber glaubt, ihm bei seiner Überzeugung.«
(S.270f)

Und weiter: »Wir brauchen nicht im Spiritismus herum-
zuplanschen, um herauszufinden, ob die Geister, mit denen diese Religion in Verkehr tritt, gute oder schlechte
Geister sind. Es sind alles schlechte Geister, denn sie handeln alle nach einer Lüge, ...«

Die WTG ist also recht gut informiert über Greber und
dessen spiritistische Praxis. Man könnte darüber diskutieren, ob es gut ist, dessen Bücher überhaupt anzusehen —
man erinnere sich: Bücher von ehemaligen ZJ, auch wenn
diesen keine Kontakte mit der »Geisterwelt« unterstellt werden, sondern diese lediglich ihre Erlebnisse, ihre historischen Nachforschungen und ihre Ansichten zu bestimmten
Bibelstellen darlegen, soll der ZJ keinesfalls lesen. Was die
Bücher von Greber betrifft, so hat sie offenbar ein WTG-
Verantwortlicher wenn auch nicht unbedingt ganz gelesen,
so doch zumindest ein bißchen angesehen. Hierin mag eine gewisse Gefahr gesehen werden, andererseits war er dadurch nun in der Lage, vor dem Spiritisten Greber (und
ähnlichem) konkret zu warnen.

Die WTG warnte also vor ihm — im Jahr 1956. Damit
sollte die Sache eigentlich erledigt sein, denn ein Christ wird
doch kaum diese Übersetzung »mit spiritistischer Note«
verwenden wollen. Nicht so die WTG! Sie verweist im Zusammenhang mit zwei Bibelstellen wiederholt auf Grebers
Übersetzung, was zeigt, daß sie diese Übersetzung intensiv studiert hat — sonst wäre ihr ja auch gar nicht aufge-
fallen, daß diese Übersetzung an zwei Stellen zu einem
Ergebnis kommt, das sich mit ihrer eigenen Auffassung
deckt. (Wobei ich die Frage, ob die 1937 erschienene
Greber-Übersetzung an diesen beiden Bibelstellen vielleicht
sogar die Anregung gab zu der speziellen Übersetzung, wie
sie die ab 1950 erschienene Neue-Welt-Übersetzung bevor-
zugte, jetzt ganz ausklammere.)

Die eine Bibelstelle ist *Johannes 1,1.* — Zitiert in der Broschüre »'Das Wort' — von wem spricht Johannes?« (1962) S.4f. Dort wird Greber lediglich als »ehemals römisch-katholischer Priester« beschrieben; außerdem wird gesagt: »in den vorderen Deckel dieser gebundenen Übersetzung ist ein goldenes Kreuz eingeprägt« — soll damit das »Römisch-Katholische« dieser Übersetzung noch unterstrichen werden? Die wesentlich wichtigere Information, daß Greber Spiritist war, wird hier jedoch weggelassen! — In *Vergewissert euch aller Dinge; haltet an dem fest, was vortrefflich ist* (1965)[20] wird ebenfalls auf die Greber-Übersetzung verwiesen. — Und auch im »Aid«-Buch (1971)[21] wird auf diese Übersetzung verwiesen, mit der Hinzufügung, daß Greber ein früherer römisch-katholischer Priester war (wieder wird sein Spiritist-Sein verschwiegen).

Die andere Bibelstelle ist *Matthäus 27,52f.* — Im 'Aid'-Buch wird Grebers Übersetzung zitiert.[22]

Die Tatsache, daß die WTG das Buch eines Spiritisten intensiv studiert und dann bei Gelegenheit auch zitiert, während sie auf der anderen Seite derart scharf davor warnt, in das Buch eines ehemaligen ZJ auch nur hineinzublicken, vermittelt ein widersprüchliches Bild. (Nun abgesehen von der Frage, ob es korrekt ist, Greber wiederholt als ehemaligen röm.-kath. Priester hinzustellen, dabei aber zu verschweigen, daß er diese Übersetzung als Spiritist angefertigt hat — was diese Übersetzung ja viel stärker geprägt hat als seine kath. Vergangenheit.)

Doch die Geschichte geht noch weiter. Im WT vom 1.Juli 1983 wird eine *Leserfrage* gestellt (S.31): »Warum ist in den letzten Jahren im 'Wachtturm' nicht mehr aus der Übersetzung des ehemaligen katholischen Priesters Johannes Greber zitiert worden?« Antwort: »Diese Übersetzung wurde gelegentlich zitiert, um die Wiedergabe von Matthäus 27:52,53 und Johannes 1:1 in der 'Neuen-Welt-Übersetzung' und in anderen maßgeblichen Bibelübersetzungen zu stützen. Aber wie aus einem Vorwort zu der 1980 erschienenen Ausgabe des 'Neuen Testaments' von Johannes Greber hervorgeht, verließ sich dieser Übersetzer bei der Klärung schwieriger Stellen auf die 'Geisterwelt Gottes'.«

Kann man — als Christ — eine solche Übersetzung wirklich verwenden, um eine bestimmte Wiedergabe »*zu stützen*«? Im übrigen konnte Grebers Spiritismus bereits dem Vorwort zur Ausgabe von 1937 entnommen werden (diese Ausgabe wurde dann von der WTG wiederholt zitiert), und die WTG zeigte sich auch 1956 sehr wohl informiert darüber. Soll das hier so dargestellt werden (»... Vorwort ... 1980«), als hätte die WTG erst 1980 von Grebers Spiritismus erfahren?[23]

---

1) Sicherlich macht nur ein Bruchteil der evangelikalen Christen Gebrauch davon, aber es ist doch aufschlußreich im Hinblick auf anerkannte Ideale. — Das Programm der *Jahresbibel* lautet: »Nur 15 Minuten täglich«; demnach benötigt ein ZJ für sein Bibel-Tagespensum nicht einmal *2 Minuten!* (Sind sie wirklich »Bibelforscher«, oder ist dieser Anspruch zu hoch gegriffen?)

2) Genau genommen, *fast* jede Woche: die WT-Hefte erscheinen jeweils am 1. und 15. des Monats, die *Erwachet!*-Hefte am 8. und 22. d.M. Im Jahr sind also nur 48 Hefte (während 52 Wochen).

3) Weitere Beispiele präsentiert Neidhart 158-165.

4) WT vom 1.Sept.1979, S.32

5) Eine andere Frage ist, ob sie »lebendig und leicht zu lesen« ist. Dieser Frage möchte ich hier nicht nachgehen, bei ihrer Beantwortung spielt ja auch der persönliche Geschmack des Lesers mit.

6) Auf die eigene Bereitschaft zum Infragestellen der eigenen Position angesprochen, antwortet ein ZJ: Er hat bereits geprüft, damals, als er »in die Wahrheit« (= in das jeweilige WTG-System) kam. Also braucht er es jetzt nicht noch einmal zu überprüfen. Der Haken dabei ist aber: Fast alle ZJ hatten damals, als sie dazustießen, kaum Bibelkenntnis, sie waren damals also nicht wirklich imstande zu einer echten Überprüfung. (Einem Menschen, der kaum die Bibel kennt, kann man verschiedenste Lehren, untermauert durch einzelne Bibelverse, als »biblisch« einreden.) Jetzt kennt er die Bibel zwar besser, aber sein Wachstum an Bibelkenntnis geschah parallel zu dem Aneignen der spezifischen WTG-Lehren, die sein Denken nun so stark prägen, daß er kaum noch imstande ist, die Bibel auch anders zu sehen. Und auch gegenwärtig steht er in einem Programm, wo er die WTG-Lehren ständig wiederholt. Eine »Selbst-Überprüfung« des ZJ müßte daher bei den im Text genannten, die Vertrauenswürdigkeit des »Mitteilungskanals« prüfenden Fragen ansetzen, und dazu sind nur wenige ZJ bereit.

7) WTG: *Schriftstudien* Bd.7 (1925) S.522; ähnlich in der Ausgabe von 1917 auf S.27 (zu *Hes 3,8*)

8) Abgebildet in: *Widerstand und Verfolgung in Wien. 1934-1945. Eine Dokumentation.* Bd. 3, Wien 1975 (letzte Abbildung)

9) OKW = Oberkommando der Wehrmacht

10) WT vom 1.Nov. 1987, S.19

11) WT vom 1.Juli 1980, S.12-15. Der Artikel denkt dabei vor allem an die Haltung von ZJ untereinander, die biblische Begründung für eine solche Haltung ist aber allgemeiner Art, somit auch allgemein

auf zwischenmenschliche Beziehungen anwendbar.

12) Ebd. S.20

13) Karl F. KLEIN im WT vom 15.Dez.1984, S.23

14) ähnlich auch WT vom 15.Okt. 1986, S.31; WTG: *Organisiert, unseren Dienst durchzuführen* (1983) S.146-150

15) WT vom 15.Dez. 1981, S.23f

16) WT 1974, S.656

17) Zwei Gefahren: ebd. S.658; Verwandte: ebd. S.663

18) WT vom 15. April 1988, S.28

19) *Jahrbuch 1932*, S.24. — Vielleicht hat Rutherford recht, und man sollte wirklich nicht weinen um jemanden, der sich — in Rutherfords Worten — »vom Herrn wegwendet« = der aufhört damit, alle Ansichten Rutherfords zu übernehmen und dessen Bücher zu verbreiten. — Ob Rutherford nicht auch die heutigen ZJ so einschätzen würde, daß sie sich »vom Herrn weggewendet« haben?

20) In dt. Übersetzung 1974 erschienen (S.119); engl. 1965

21) WTG: *Aid to Bible Understanding* (1971), S.1669. In der — an manchen Stellen gekürzten — deutschen Übersetzung fehlt dieser Absatz.

22) WTG: *Hilfe zum Verständnis der Bibel*. 3.Bd. 1982, S.465

23) Meine Rutherford-Biographie enthält ein zu diesem Kapitel paralleles, mit der gleichen Überschrift; es enthält folgende Abschnitte:
Alles, was seitens der WTG getan wird, ist von Gott
Die WTG ist »nicht inspiriert«
Glaubensgehorsam nötig der Einheit wegen
Die Zugehörigkeit zu den ZJ ist »notwendig zur Rettung«
Die WTG sieht sich an der Stelle Jesu
Was die WTG verbreitet, gilt als »Wahrheit«, selbst wenn es falsch ist

Kapitel 13

Zweierlei Maß

»Wenn ein Vater seinen Sohn anhand der Bibel lehrt, nicht zu stehlen, selbst aber Steuern hinterzieht, so bringt er Schmach auf Gottes Namen. ... Sowohl echte Liebe zu Gottes Namen als auch wirkungsvolles Lehren erfordern, daß ein Christ auch nach dem handelt, was er predigt. Tust du das?« (WT 1973, S.452)

1. Rückblick

In den Kapiteln dieses Buches sind wir immer wieder damit konfrontiert worden, daß die WTG zweierlei Maß anwendet. Daß sie an andere Gruppen strenge Maßstäbe anlegt, die aber für sie selbst nicht zu gelten scheinen. (Eigentlich ist es nicht immer treffend, von »zweierlei Maß« zu sprechen. Denn die WTG legt nicht bloß *strengere* Maßstäbe an andere an als an sich selbst, sondern mitunter wendet sie diese Maßstäbe an sich selbst *überhaupt nicht* an.)

a) Geschichte wichtig?
Während der 2.Weltkrieg für die WTG sehr wichtig ist — kann sie dabei doch darauf hinweisen, wie viele ZJ standhaft den Wehrdienst verweigert haben, ist für sie der 1.Weltkrieg weit weniger wichtig — an diesem haben auch die ZJ teilgenommen. Gleichartige historische Ereignisse haben demnach äußerst unterschiedliche Wichtigkeit — je nachdem, ob sie für das Image der WTG günstig sind oder nicht (siehe Vorwort, Kap.11/6).

Während die WTG andere Kirchen häufig kritisiert, weil ihre Mitglieder am 2.Weltkrieg teilgenommen haben, kritisiert sie doch kaum jemals die ZJ, die am 1.Weltkrieg teilgenommen haben. Was die WTG also an anderen kritisiert, kritisiert sie doch an sich selbst (fast) nicht.

Überhaupt wird die Wichtigkeit der Geschichte äußerst verschieden eingestuft. In den Publikationen der WTG wird sie intensiv herangezogen — die Vorbildhaftigkeit der ZJ-Bewegung scheint sich dadurch gut illustrieren zu lassen. In dem Augenblick, wo ein Gesprächspartner die ZJ-Geschichte aber gut kennt und auf Bedenkliches hinweist, wird die Geschichte schlagartig unwichtig (Kap.1/1).

b) Biblische Aussagen nicht verändern

Die WTG kritisiert verschiedene Bibel-Übersetzungen, weil diese an manchen Stellen nicht genau übersetzten. Ihre eigene Übersetzung ist aber — an anderen Stellen — gleichfalls nicht genau, was die WTG verschweigt (Kap.12/1b).

Die WTG warnt davor, den biblischen Aussagen etwas hinzuzufügen. Sie ermahnt: »Vermeide unnütze Streitfragen!« Wobei sie präzisiert, was zu solchen Streitfragen gehört; etwa die Frage, wann Harmagedon komme. Einige Jahre später meint sie genau diese Frage beantworten zu können. Die Ermahnung, sich auf biblisch eindeutige Sachverhalte zu beschränken, scheint somit bloß an *die anderen* gerichtet zu sein, nicht an sich selbst (Kap.9/4).

Russell wußte um die Gefahr, aufgrund vorgefaßter Meinungen unfähig zu sein, den von Gott gemeinten Sinn der biblischen Aussagen zu erfassen. Er riet daher, »zu dem großen Arzt zu gehen, und sich Augensalbe der Demut zu holen«. Obwohl seine Vorhersagen nicht eintrafen, war er dennoch nicht fähig dazu, seine Überzeugung, die biblischen Aussagen (annähernd) richtig zu verstehen, in Frage zu stellen (Kap.8/2d).

c) Die eigene Religion prüfen?

Am Beginn von Kap.12 *Die WTG fordert Vertrauen und*

Gehorsam haben wir gelesen, wie die WTG kritisiert, daß andere Religionsführer zunehmend Autorität über ihre Anhänger erlangen möchten. Die WTG strebt aber genau das gleiche an.

Wiederholt fordert die WTG ihre Leser auf zu prüfen. Bei näherer Betrachtung merkt man aber: Das gilt lediglich für die Andersdenkenden. Die eigenen Anhänger sollen nicht ihre Position prüfen, diese sollen vielmehr sich von aller Literatur fernhalten, die ihre eigene Position in Zweifel zieht; um vorzubeugen, verbietet die WTG sogar jeden Kontakt mit ehemaligen ZJ (Kap.12/2ab). Also: die *anderen* sollen ihre eigene Position hinterfragen (und erkennen, daß die WTG recht hat), die eigenen Anhänger sollen das nicht tun (Vorwort, Kap.12/1d).

Die WTG kritisierte, daß seitens anderer Kirchen Verbote für die Lektüre der kirchenkritischen WTG-Schriften erlassen wurden. Sie selbst verbietet aber gleichfalls ihren Anhängern, WTG-kritische Schriften zu lesen (Kap.12/2a).

Während die WTG ihre Anhänger davor warnt, irgendetwas zu lesen, was ehemalige ZJ geschrieben haben — wegen der Gefahr, seinen Geist zu vergiften —, beschäftigt sie selbst sich intensiv sogar mit spiritistischer Literatur — sieht darin also wohl keine Gefahr, daß der eigene Geist vergiftet werden könnte (Kap.12/2c).

2. Wer sind die falschen Propheten?

Gottes Gericht an den falschen Propheten der Christenheit lautet die Überschrift eines — zweifellos mutigen — Artikels im WT. (1.Feb.1980, S.23) Denn was ist ein »falscher Prophet«? Diese Frage wird anhand von *Jer 28,9* zu beantworten gesucht:

»Was den Propheten betrifft, der von Frieden prophezeit, wenn das Wort des Propheten eintrifft, wird der Prophet, den Jehova in Wahrheit gesandt hat, erkannt werden.« (S.25)

Die WTG hat das Kommen von Frieden, nämlich das 1000jährige Friedensreich, mehrmals vorhergesagt — stets ohne Erfolg. Wenn es also um »Gottes Gericht an den falschen Propheten der Christenheit« geht, ist doch wohl ehrliche Selbstkritik zu erwarten. Weit gefehlt! Von den eigenen falschen Prophezeiungen ist in diesem Artikel überhaupt nichts zu finden, »die falschen Propheten der Christenheit« sind — wer sonst? — natürlich *die anderen*!

»Jehovas Zeugen ... können die von Jehova inspirierten Worte aufgreifen und sie auf die falschen Propheten, die Geistlichkeit, anwenden, ...« (S.26)

Wirklich? Nur auf die Geistlichkeit? Könnten Jehovas Zeugen *die von Jehova inspirierten Worte* nicht auch einmal auf sich selbst anwenden?

Schon in Kap.6/1 war es ja auffällig, daß die WTG vor 1975 zwar sehr klare Kriterien dafür entwickelte, wer als »falscher Prophet« anzusehen ist, dabei aber ihre eigenen falschen Vorhersagen der Vergangenheit mit keinem Wort erwähnte. Als dann 1975 vorbei war, brachte die WTG anstelle eines Schuld-Eingeständnisses Ermahnungen an jene, die zuviel erwartet hatten (Kap.10/1).

3. Ehrentitel verwenden?

Der WT vom 1.Juli 1955 befaßt sich mit einer wichtigen Frage: *Tragen Christen Ehrentitel?* (S.389-392) Die Antwort lautet kurzgefaßt: Nein! »Wahre Christen verwenden keinerlei Ehrentitel.« (S.392) Die Liste der beispielshalber genannten Ehrentitel ist lang, insgesamt habe ich 13 gezählt. Der Verfasser des Artikels scheint sich wirklich Mühe gegeben zu haben, möglichst viele konkrete Titel zu nennen: Pater, Dr.theol., Ehrwürden, Bischof, Diakon, Ältester ... Obwohl jedoch soviele Titel genannt werden, so fehlt doch einer; gerade in den USA vermutlich stärker gebraucht als alle anderen. Nämlich der Titel

»Pastor« (ein höherer Titel als Diakon oder Ältester!).
Handelt es sich hier um ein zufälliges Übersehen?

Der Gründer der WTG, Charles T. Russell, hatte selbst
den Titel 'Pastor' verwendet[1] und wurde auch von anderen immer wieder als »Pastor Russell« bezeichnet.[2] Die
WTG behauptet nun: »Der Gebrauch von Ehrentiteln ist
ein Zeichen falscher Religion.« (S.392)

Bei ihrem Kampf gegen den Gebrauch von Ehrentiteln
durch Christen hätte also die WTG gleich bei sich selbst
beginnen können — nämlich bei ihrem eigenen Gründer.
Da sie das jedoch nicht tut, vielmehr gerade den einen von
Russell benutzten Titel aus dem ganzen Titel-Arsenal aus-
klammert, entsteht der Eindruck, daß es gar nicht um die
Sache selbst geht, sondern bloß darum, einen Kritikpunkt
an anderen Kirchen vorbringen zu können. Dieser Eindruck
verstärkt sich, wenn man sieht, daß das Erscheinen dieses
Artikels keineswegs dazu führte, daß Russell in der WTG-
Geschichtsschreibung nicht mehr mit dem von ihm ge-
brauchten Ehrentitel »Pastor« erwähnt wurde.[3]

In bezug auf die Ehrentitel heißt es in jenem Artikel:
»Da sie Benennungen sind, die Auszeichnung und Würde
anzeigen, schaffen sie Klassenunterschiede. Dies ist es, was
heute unter den Namenschristen besteht: Klassenunterschiede zwischen Geistlichen und Laien. Die ersten Christen waren alle Brüder. Unter ihnen herrschten keine Klassenunterschiede, nicht die geringste Spur einer Hierarchie. Wenn
Klassenunterschiede aufkamen, wurden sie verurteilt und
ausgerottet.« (S.392)

Die WTG unterscheidet selbst mehrere Klassen unter den
ZJ: Die »Sklaven-Klasse« (= 144000) und die »Schafe«.
Aber auch innerhalb der »Sklaven-Klasse« gibt es Unterschiede: Es gibt die für die WTG-Publikationen Verantwortlichen (vor allem die *Leitende Körperschaft*, dann auch
die Schreib-Abteilung). Diese sind es, die geistige Speise
austeilen. Die anderen ZJ nehmen diese Speise auf, mög-

lichst ohne eigenständiges, unabhängiges Denken anzuwenden. Das ist doch ein bedeutender Klassenunterschied! Ob jemand Lehre entwickelt und austeilt, oder ob jemand diese Lehre vollinhaltlich übernimmt ...

Die WTG sagt, daß es unter den ersten Christen »nicht die geringste Spur einer Hierarchie« gegeben habe. Unter den ZJ gibt es sehr wohl eine Hierarchie, wenn auch unter einer anderen Bezeichnung: »Theokratie«. Von oben nach unten, von der Zentrale in Brooklyn über Zweigaufseher und Älteste gehen die Anweisungen zu den einzelnen ZJ. Auch wenn sich solche weisungsberechtigten Vorgesetzten nicht durch eine besondere äußere Anrede abheben, so bleiben die Unterschiede doch bestehen. Ganz ohne solche Struktur wird eine Organisation auch nicht auskommen. Der springende Punkt ist hier der, daß die WTG bei anderen kritisiert, was sie selbst tut.

Das alles will die WTG jedenfalls in jenem Artikel nicht wahrhaben. Oder meint sie wirklich, daß die ZJ die Religion »Pastor Russells« aufgeben sollen? »... der Gebrauch von Ehrentiteln ist ein Zeichen falscher Religion. Man gebe solch falsche Religion auf und übe wahre Religion aus, indem man sich mit der Neuen-Welt-Gesellschaft der Zeugen Jehovas verbindet. Es gibt keine Klassenunterschiede unter diesen wahren Christen; alle sind Brüder.« (S.392)

Dieser Artikel ist typisch. Klassenunterschiede anderswo werden kritisiert, in der eigenen Organisation werden sie geleugnet.

---

1) In *Predigtdienst* (S.306) wird berichtet, daß er selbst sich so nannte: »Man begann, Russell lächerlich zu machen, weil er sich der Bezeichnung 'Pastor' bediente,«. Das Buch WTG: *Pastor C.T.Russell. Sein Leben und sein Wirken*. 1917, S.5, beginnt: »Charles Taze Russell, in der ganzen Welt als Pastor Russell bekannt,« Das wäre gegen den ausdrücklichen Widerstand Russells doch kaum möglich gewesen!

2) Vgl. z.B. den Bd.7 der *Schriftstudien*. — Da dieser Titel in den USA mit dem Abschluß einer bestimmten akademischen Ausbildung verknüpft war, wurde Russell vorgeworfen, daß er diesen Titel trage, ohne die entsprechende Ausbildung zu haben. So berichtet der WT 1955 (S.234): »erhoben besonders Einspruch dagegen, daß man ihn 'Pastor' nannte,«

3) Siehe etwa *Vorhaben* 18f. — Allerdings wird zur Gegenwart hin immer häufiger von »Bruder Russell« gesprochen.

Kapitel 14

Was blieb von Russell?

1. Was Russell von anderen übernahm

a) Übernahme von Adventisten

Im geschichtlichen Rückblick auf die Zeit um 1900 heißt es: »Sie erkannten um diese Zeit, daß es keine 'Dreieinigkeit' gibt; ...«[1] Nun folgt eine längere Liste von damals erkannten Lehren, ich numeriere sie durch:

1) 'Dreieinigkeit' falsch

2) Mensch besitzt nicht eine 'unsterbliche Seele', er *ist* eine sterbliche Seele

3) Hölle = Tod, nicht ewige Qual

4) Taufe durch Untertauchen (nicht Besprengen)

5) hingegebene, geistgezeugte Christen müssen treu sein, um in das Königreich einzugehen

6) während des Millenniums wird die Erde zum Paradies

Abgesehen vom ersten Punkt waren alle hier genannten Punkte auch schon bei Adventisten vorhanden. Wenn man weiß, daß Russell in engstem Kontakt mit Adventisten stand (Wendell, Barbour), liegt die Annahme nahe, daß er diese Lehrpunkte von den Adventisten übernommen hat. Tatsächlich sah Russell in diesen Lehrpunkten auch nicht seine entscheidenden Entdeckungen — in den *Schriftstudien* widmet er ihnen nur sehr wenig Raum.[2]

Abgesehen von den angeführten Punkten könnte man noch weitere adventistische, von Russell übernommene Lehrpunkte nennen:[3]

a) Schriftprinzip (= die protestantisch umgrenzte Bibel ist die höchste Autorität)

b) die Bibel enthält einen erst in der Endzeit zutage tretenden Terminkalender (speziell auch: 1874 unsichtbare Wiederkunft Jesu; die auf diesen zweiten »Advent« Wartenden = Adventisten haben in der Heilsgeschichte einen besonderen Platz

c) Lehre vom Buß-Charakter des Millenniums, d.h. einer zweiten Bewährungszeit der in Sünden Verstorbenen (speziell von den *Age-to-Come-Adventisten* vertreten)

d) Wassertaufe als bewußter Schritt bereits gläubiger Menschen

e) äußerst negative Sicht besonders der röm.-kath. Kirche

f) Sabbath-Schule der Adventisten, *Dawn-Circles* der Bibelforscher am Freitagabend (zum Studium der *Schriftstudien* Russells)

Wenn man diese verschiedenen Punkte betrachtet, könnte man fragen, ob Russells Gruppe nicht als ein Teil bei der adventistischen Bewegung hätte bleiben können. War es wirklich nötig, sich derart exklusiv abzugrenzen?

Russell selbst erklärt, daß er den Adventisten manches zu verdanken habe: »Unter anderen Theorien kam ich auch mit der Lehre der Adventisten in Berührung. ... Somit bekenne ich mich sowohl den Adventisten wie auch anderen Bibelforschern gegenüber zu Dank verpflichtet.«[4]

Wie man es auch heute noch in vielen evangelikalen Gemeinden findet, hatten Russell und die mit ihm Verbundenen während der Woche einen Abend, an dem viel Raum für spontane Gestaltung war: Gebet, persönliche Berichte u.a.

»Mittwochs hielt man von 19.30 bis 21 Uhr Zusammenkünfte ab, die man 'Cottage Meetings' (Heimversammlungen) nannte. Diese wurden später auch 'Gebets-, Lobpreisungs- und Zeugnis-Versammlungen' genannt, weil Anwesende darin aufstanden, um ein Gebet zu sprechen oder ein persönliches Zeugnis über ihre eigene christliche Predigttätigkeit abzulegen und Erfahrungen zu erzählen, und weil Loblieder gesungen wurden.«[5]

Diese Versammlungen mit Raum für Spontaneität machten später einem minutiös durchgeplanten Schulungsprogramm Platz:

»Diese Mittwoch-Zusammenkunft war ein Vorläufer der Versammlung, die Jehovas Zeugen seither zu ihrer Dienstversammlung entwickelt haben.«

b) Endzeit-Daten

Die Lehre der *unsichtbaren* Wiederkunft war nichts für Russell Spezifisches. Im WT 1955 (S. 102) wird von mehreren Gruppen berichtet, die nach 1870 eine unsichtbare Wiederkunft Jesu lehrten: etwa die Gruppe von George STORRS, oder jene von H. B. RICE (N. H. BARBOUR lehrte sie ja erst nach 1874).

War die Vorhersage für 1914 etwas für Russell Spezifisches? Zuerst ist festzuhalten, daß er nicht — wie heutige ZJ — die unsichtbare Gegenwart Jesu auf 1914 datierte, sondern lebenslang daran festhielt, daß diese schon 1874 erfolgt sei.[6]

Übereinstimmung zwischen Russell und heutigen ZJ besteht in 1914 als dem »Ende der Zeiten der Nationen«. Wobei aber hinzuzufügen ist, daß Russell in seinen Vorhersagen durchgehend von solchen konkreten sichtbaren Ereignissen sprach, die 1914 *nicht* eintrafen; erst im nachhinein begann er dann mit der Umdeutung dieses Datums — die Formulierung bleibt aufrecht, der Inhalt wird ausgetauscht (siehe Kap. 5 und 7). War Russell selbst auf dieses Jahr gekommen? Die WTG berichtet, daß er bereits im Oktober 1876 in einer Zeitschrift geschrieben hat: »Die sieben Zeiten werden im Jahre 1914 n. Chr. enden.«[7] Das könnte er aber bereits von Barbour übernommen haben, denn am Beginn des Jahres 1876 hatte er ihn ja kennengelernt. Und Russell selbst erzählt, daß ihn ursprünglich *Zweck und Art* der Wiederkunft Jesu interessiert hatten, nicht der Zeitpunkt, Barbour dagegen der Zeitpunkt.[8] Man könnte noch hinzufügen, daß lange vorher John Aquila BROWN, ein Vorläufer des Adventismus, mit der gleichen Berechnungsweise (auch mit 2520 Jahren als 7 Zeiten) auf das Jahr 1917 gekommen war.[9]

c) Dreieinigkeit

Für die Ablehnung der Lehre von der Dreieinigkeit lassen sich in der gesamten Kirchengeschichte immer wieder Vertreter nennen, es ist also nichts Originelles. Russell und die heutigen ZJ sind sich in dieser Ablehnung einig. Es ist jedoch leicht, in der *Verneinung* einer Lehre übereinzustimmen — das besagt noch lange nicht, daß die Verneinenden genau dieselbe Ansicht haben. So sehen wir bedeutende Unterschiede zwischen Russell und heutigen ZJ. Ich nenne bloß einen Punkt, das Gebet betreffend. Während Russell empfahl, Jesus *anzubeten*, ist das für heutige ZJ Götzendienst.

Russell: »unser Herr Jesus ... Dieses erhabene, von Jehova so hoch erhöhte und geehrte Wesen ist es, das zu ehren und anzubeten und dem zu dienen wir uns glücklich schätzen, indem dasselbe eins ist mit dem Vater, in Wort und Tat, in Vorsatz und Gesinnung.«[10]

Auch nach Russells Tod wurde das noch beibehalten. In dem 1917 von der WTG herausgegebenen Bd. 7 der *Schriftstudien* werden die Worte »Fielen nieder vor dem Lamme« (Offb 5,8) folgendermaßen kommentiert: »Drückten gemeinschaftlich ihre Huldigung und Anbetung aus vor dem, der Sünde und Tod besiegt hatte.«[11]

Und die Worte »Fielen nieder und beteten Gott an, der auf dem Throne sitzt« (Offb 19,4) werden folgendermaßen kommentiert: »Der Gott, der Mächtige, der hier gemeint ist, ist der Herr Jesus.«[12]

Heute dagegen wird davor gewarnt, »daß man Jesus anstelle seines Vaters, Jehova Gott, anbetet. Das ist eine weitere Form des Götzendienstes, da der verherrlichte Herr

Jesus Christus 'der Anfang der Schöpfung Gottes' ist ...«[13]

2. Russells Selbstbild als eine Besonderheit

Eine Besonderheit, die er nicht von anderswoher übernommen hatte, war sicherlich Russells Selbstbild. Mit diesem haben wir uns in Kap.4 ausgiebig beschäftigt. Nach Russells Tod fühlte sich die WTG — im Unterschied zu den sich dann abspaltenden, möglichst in allem an Russell festhalten wollenden Gruppen — frei, verschiedene Stellen seines Lehrgebäudes zu verändern. Die besondere Stellung, die Russell als Individuum gehabt hatte, wurde nun auf die Leitung der WTG insgesamt übertragen.

3. Russells Lehre

Beim Erfassen der Anschauungen Russells kann folgendes Buch nützliche Dienste leisten:

WTG: Beröer Handbuch zum Bibelunterricht (engl. 1908, deutsch 1912)

Es stellt eine Art Register zu den sechs Bänden der *Schriftstudien* dar (der Großteil des Buches besteht in einem Bibelstellenregister).

Ein großer Teil meiner Rutherford-Biographie beschäftigt sich mit den Lehränderungen in der Geschichte der ZJ. In diesem Zusammenhang werden dann auch verschiedene Punkte des Lehrgebäudes Russells behandelt.[14]

---

1) WT 1955, S.198

2) Rogerson sagt in bezug auf die 6 Bände *Schriftstudien:* »weniger als sechzig der insgesamt 3000 Seiten befassen sich mit Fragen der Trinität, der Unsterblichkeit der Seele und des Höllenfeuers.« (Alan ROGERSON: *Viele von uns werden niemals sterben.* 1971, S.27)

3) nach Hellmund, bei Nr.64

4) Im WT 1916; zit. nach *Schriftstudien* Bd.7 (1925) S.66) (in der Ausgabe von 1917 auf S.59 mit ähnlichen Worten)

5) *Vorhaben* 24; besonders ausführlich beschrieben im *Jahrbuch 1975* S.41

6) *Vorhaben* 37

7) *Jahrbuch 1975*, S.34 oder WTG: *Gottes tausendjähriges Königreich hat sich genaht* (1973) S.186f

8) so im WT 1907, zit. bei Franz 144

9) Er brachte 1823 sein Buch *The Even-Tide* heraus, worin er aufgrund des Buches *Daniel* die Zeit von 604 v.Chr. bis 1917 n.Chr. als die Zeit der 4 tyrannischen Reiche ansah; danach kommt es zum messianischen Reich. Vgl. Neidhart 13 oder Franz 140f

10) *Schriftstudien* Bd.5, Ausgabe von 1922 (= *Tagesanbruch*-Ausgabe) S.80 (in der Studie 3, die auf S.79 beginnt)

11) In der Ausgabe von 1925 auf S.127

12) Ebd. S.388

13) WT vom 15.Dez. 1984, S.7. — In meiner Broschüre *JESUS — der Sohn Gottes* möchte ich ZJ Mut machen, zu Jesus zu beten (erschienen bei der HEROLD Schriftenmission, Postfach 1220, D-6334 Asslar).

14) Die beste deutschsprachige Auseinandersetzung mit der gegenwärtigen Lehre der ZJ aus evangelikaler Sicht bieten die Bücher von Hans-Jürgen TWISSELMANN: *Vom 'Zeugen Jehovas' zum Zeugen Jesu Christi* und *Die Wahrheit, die frei macht. Zum Thema 'Jehovas Zeugen': Anfragen — Antworten — Alternativen* (beide in vielen Auflagen im Brunnen Verlag erschienen).

Kapitel 15

Irreführung

»... Jesus sprach offensichtlich nicht von einer 'Sünde' im Sinne eines kleineren gegen einen anderen verübten Unrechts, ... Es scheint vielmehr, daß er Sünden wie Betrug oder Verleumdung meinte, schwerwiegende Sünden also, die dazu führen konnten, daß der Betreffende aus der Versammlung ausgeschlossen wurde.« (WT vom 15.Dez.1981, S.16)

Die WTG sieht *Verleumdung* als eine schwerwiegende Sünde an. Wie ist das zu beurteilen, wenn ein ZJ auf dieses Buch hingewiesen wird und sagt: 'Das stimmt alles nicht!'? Es wird dann an ihm liegen, diese Behauptung zu beweisen; andernfalls hat er sich einer Verleumdung schuldig gemacht.

Und auch *Betrug* gilt der WTG als schwerwiegende Sünde. Gibt es Betrug seitens der WTG? Ich versuche in diesem Kapitel zu rekapitulieren, beginnend mit Russell als Subjekt.

1. Irreführung durch Russell

Ich unterscheide hier (a) solche Fälle, wo Russells Urheberschaft feststeht, und (b) solche, wo es nicht eindeutig ist, ob er selbst oder erst seine Nachfolger verantwortlich sind.

a) Sichere Fälle
Als Russell beim Näherrücken von 1914 bereits ahnte, daß

es sich mit der Erfüllung seiner Vorhersagen nicht mehr
ausgehen werde, tat er so, als ob er ohnehin nichts vorhergesagt hätte, daß aber *andere* zu bestimmt klingenden
Vorhersagen neigen (siehe Kap.5/3). Dieses *Abwälzen* (»einige ...«) hat die WTG auch nach ihm praktiziert und darin
eine hohe Perfektion entwickelt (Kap.7/2e). Besonders raf-
finiert wirkt die Darstellung mit Russell als dem bedächti-
gen Warner, der Übereifrige vor privaten Spekulationen
warnt. Die Methode des Abwälzens wurde dann nach 1975
wieder aufgewärmt (Kap.10/1)

Nach Vorübergehen seines Termins (1.Okt.1914) versuchte Russell es so darzustellen, als ob er den Weltkrieg
vorausgesagt hätte — diesen Weg hat die WTG nach ihm
noch des öfteren begangen (Kap.7/2b).

b) Mögliche Fälle

Mir geht es hier keineswegs darum, Russell etwas in die
Schuhe zu schieben. Ob er es war oder nicht (hier lege ich
mich nicht fest) — in jedem Fall bleibt die WTG die für
diese Irreführungen verantwortliche Organisation. (Der ZJ
hat also nichts gewonnen dadurch, daß er den Verdacht
von Russell abzuwälzen sucht.)

Die Absatz-Ziffern der *Schriftstudien* wirken auf den Titelblättern und im letzten Vorwort Russells gegenüber den
späteren WTG-Geschichtsberichten als auf das Doppelte
hinaufgesetzt. Falls die Geschichtsberichte stimmen, hat
Russell in seinem Vorwort eine falsche Angabe gemacht
(Kap.3/2).

Die erfundene Vergrößerung der Pyramide — um die
als falsch erwiesene Vorhersage durch einen neuen Versuch
zu ersetzen — geht möglicherweise auf Russell selbst zurück (Kap.3/4c).

Die unterschiedlichen Angaben über den Beginn der Teilhaberschaft am Geschäft seines Vaters (mit 11 oder mit
15 Jahren) könnten auf Russell selbst zurückgehen

Kap.11/1). Seine Notizen über das Zustandekommen seiner ersten Flugschrift harmonieren schlecht miteinander und sind somit vermutlich die Ursache für die sich durch die weitere WTG-Literatur hindurchziehende Verwirrung (Kap.11/2).

2. Irreführung durch seine Nachfolger

Vgl. auch Abschnitt 1/a jene Wege, die bereits von Russell beschritten und von seinen Nachfolgern nur noch ausgebaut wurden, und 1/b jene Fälle, wo sich die Verantwortlichkeit nicht eindeutig zuordnen läßt.

a) Klare Irreführung

Die Angabe, daß Russell Bücher im Umfang von mehr als 50 000 Seiten geschrieben habe, ist sicher weit übertrieben (Kap.3/6b).

Falsch sind auch die Behauptungen,
— daß die Produktion des Photo-Dramas ein Hinweis darauf ist, daß nicht mit dem Ende für 1914 gerechnet wurde (Kap.11/3),
— daß die WTG nie eine Biographie über Russell herausgegeben hat (Kap.11/5),
— und daß die »Bibelforscher« nicht am 1.Weltkrieg teilnahmen (Kap.11/6).

b) An der Grenze zum Betrug

Hierher rechne ich generell alle Versuche, die für die WTG unangenehmen Fehlvorhersagen möglichst abzuschwächen, so daß sie dem Leser eher harmlos erscheinen (Kap.7/2d und 10/1).

Äußerst bedenklich sind auch die Versuche, durch Umschreibung der Vorhersage für 1914 dem Leser den Eindruck nahezulegen, daß der Ausbruch des 1.Weltkrieges vorausgesagt wurde (Kap.7/2c).

c) Andere vorschieben

In manchen Fällen stützt sich die WTG auf falsche Aussagen anderer und zitiert diese. Falls die WTG-Autoren *wissentlich* falsche Aussagen zitieren, um gegenüber besser informierten Lesern dann noch immer sagen zu können: 'Wir haben das ja gar nicht selbst behauptet, wir haben das nur wiedergegeben', so wäre das natürlich ein ganz raffinierter Betrug.

Die Leistungsbilanz Russells (samt der Behauptung, daß er Bücher im Umfang von 50 000 Seiten schrieb), wird in einem WT durch einen Hinweis auf eine Zeitung von Pittsburgh (des Jahres 1953) belegt; diese Zeitung kann diese Bilanz aber letztlich ihrerseits nur von der WTG übernommen haben (Kap.3/6, Anm.22).

Mitunter enthalten die nationalen Geschichtsberichte in den Jahrbüchern (die von den nationalen ZJ selbst geschrieben werden) und die im WT zitierten Erinnerungen einzelner ZJ falsche Aussagen. Werden diese von der Zentrale unüberprüft übernommen? Oder kommen sie der Zentrale sogar gelegen, kann sie sich doch dahinter verstecken für den Fall, daß ein besser informierter Leser die Falschheit einer Aussage erkennt? (Kap.7/2b)

Der Artikel der New Yorker Zeitung *The World* wird in WTG-Publikationen regelmäßig strapaziert; die darin enthaltenen journalistischen Übertreibungen werden gerne übernommen, könnte man ihnen gemäß doch glauben, daß Russell richtig vorhergesagt hätte (Kap.7/2b). Dabei ist schon an der um ein Vielfaches überhöhten Angabe der Absatz-Zahl von *Schriftstudien* Bd.2 erkennbar, wie mangelhaft informiert der Journalist war (Kap.3/2).

In diesem Zusammenhang wird auch die falsche Aussage von Cameron, daß vor 1914 kaum jemand an Krieg gedacht habe, übernommen (Kap.7/2b).

Ein WT übernimmt die falsche Behauptung in einer »soziologischen Studie«, daß die ZJ am 1.Weltkrieg nicht teilgenommen hätten (Kap.11/6).

Nach der mit gewissen Vorsichtsmaßnahmen präsentierten Vorhersage für 1975 wird die Äußerung eines Kongreßbesuchers zitiert: 'Das neue Buch zwingt uns, zu erkennen, daß Harmagedon tatsächlich wirklich sehr nahe ist'. Eine riskante Feststellung! Das Risiko verringert sich für die WTG, wenn sie nicht von ihr selbst getroffen wird — falls nichts passiert, hat sich eben jener anonyme Kongreßbesucher geirrt (Kap.9/3).

3. Fazit aus solchen Irreführungen

Vor zwei Jahren habe ich eine Biographie über *Charles Darwin* geschrieben. Ich stimme durchaus nicht mit allem überein, was Darwin sagte; dennoch stieß ich nie auf etwas, wo Darwin seine Leser vorsätzlich irreführt. Im Gegenteil, sein faires Bemühen um sachliches Darstellen fällt auf. Darwin sprach weit weniger von »Wahrheit«, als Russell und die ZJ es tun. Und Darwin war Agnostiker, fühlte sich also nicht Gott gegenüber verantwortlich, während Russell und die ZJ sich als Boten Gottes sehen. Um so erschütternder ist es, wenn man feststellen muß, daß ausgerechnet jene, die das Wort »Wahrheit« bis zum Überdruß gebrauchen und ständig auf unsere Verantwortung hinweisen, die wir vor Gott haben, es mit der Wahrheit eigentlich nicht sehr genau nehmen. Ja, daß zahlreiche Fälle von Irreführung nachweisbar sind, wo dahinterstehende Absicht nicht auszuschließen ist.

Die Unzuverlässigkeit der WTG-Literatur hat auch zur Folge, daß das, was man sich von einer Russell-Biographie eigentlich erwartet, nämlich eine in Einzelheiten gehende Darstellung seines Lebens, kaum möglich ist (siehe auch Vorwort, Anm.7). Das *Wesen* Russells, und dazu gehört vor allem sein prophetisches Selbstbewußtsein, sollte in diesem Buch aber sehr wohl deutlich werden. Und wenn es mir gelungen ist, den Charakter Russells so darzulegen, daß es auch für einen ZJ überzeugend ist, dann ist das immerhin ein Erfolg. Manche seiner Charakterzüge und Verhaltensweisen betreffen ja nicht nur Russell persönlich, sondern auch die weitere Entwicklung der von ihm gegründeten WTG.

In historischer Hinsicht erreicht das vorliegende Buch also oft nur das (notwendige!) Stadium der Quellenkritik. Mit dem wichtigen Ergebnis, daß eine noch grundsätzlichere Skepsis gegenüber allen WTG-Angaben erforderlich ist, als sie selbst bei ZJ-Kritikern üblich ist. (Soweit mir bekannt ist, hat noch kein anderes Buch so viele Irreführungen seitens der WTG unter ausschließlicher Zugrundelegung von WTG-Literatur nachgewiesen.)

In theologischer Hinsicht ist das Ergebnis ähnlich: auf Aussagen der WTG-Literatur kann man sich kaum verlassen, man muß fast überall mit der Gefahr der Irreführung rechnen. Das ist ein wichtiges Ergebnis für den Theologen, aber insbesondere auch für den Zeugen Jehovas!

Es ist bezeichnend für die geistige Abhängigkeit, in der ZJ stehen, daß sie diese Irreführung kaum bemerken, obwohl sie die WTG-Schriften eigentlich sehr sorgfältig studieren.

4. Beliebiger Umgang mit Bibel-Aussagen

Ein Bereich kam hier nur andeutungsweise zur Sprache (in meiner Rutherford-Biographie wird er noch wesentlich intensiver untersucht): Die Methode der WTG, Lehren in einer solchen Weise zu ändern, daß für den Leser das Gefühl zurückbleibt, daß man aus der Bibel alles Mögliche herausholen kann.

Als 1914 das Vorhergesagte nicht eintraf, versuchte die WTG unter möglichst weitgehender Beibehaltung des Textes der *Schriftstudien* einzelne Worte so auszutauschen, daß quasi ein neuer Vorhersage-Versuch daraus wurde — bis auch dieser sich als Fehlvorhersage entpuppte (Kap.3/4a und 8/2bd).

Der Zeitraum zwischen der Erschaffung Adams und der Erschaffung Evas — aus der Bibel ableitbar? — wurde zuerst lang (und unbestimmbar), sodann kurz und schließlich wieder lang angenommen (Kap.9/5.6 und 10/2).

Anhang

Umstrittene Punkte im Leben Russells

»Wahrlich, es kann gesagt werden, daß Pastor Russells Charakter ohne Flecken war und ist. Er war der fehlerfreieste, reinste und beste Mensch, den ich jemals gekannt habe.« (Joscph F. Rutherford[1])

In den verschiedenen Kapiteln haben wir gesehen, wie widersprüchlich die WTG-Literatur ist. So daß selbst der wohlwollendste Leser zum Ergebnis kommen muß, daß er sich bei dieser Literatur auf kaum irgend etwas verlassen kann. Abgesehen von Widersprüchen der WTG-Publikationen untereinander sind viele Aussagen auch einfach nichtssagend — das, worum es wirklich ging, erfährt der Leser nicht. Er bekommt einfach mit: 'Alles, was die WTG macht, ist gut, alles, was gegen die WTG ist, ist schlecht bzw. entspringt schlechten Motiven.' Ich zitiere jetzt bloß ein Beispiel für einen solchen nichtssagenden Bericht:

»Dann, in den frühen 1890er Jahren, wurde in der Organisation ein weiterer Same der Rebellion gepflanzt. Einige der prominenten Mitarbeiter widersetzten sich Pastor Russell und versuchten, die Macht über die Gesellschaft an sich zu reißen. Bald nach der Hauptversammlung in Chikago, Illinois, die im Jahre 1893 stattgefunden hatte, planten diese Verschwörer, eine Bombe zum Platzen zu bringen — wie sie es ansahen —, um der Beliebtheit Russells ein Ende zu machen und ihn als Präsidenten der Gesellschaft auszuschalten. Diese Schwierigkeiten brachten Pastor Russell viele Unruhen und Sorgen, aber als der ganze Tatbestand ans Licht kam, stand er gerechtfertigt da, und jene, die sich wider ihn verschworen hatten, verschwanden bald ganz von der Bildfläche, und das Dienstwerk ging ohne sie weiter.« (*Vorhaben* 45)

Macht, Verschwörung, Bombe ... — aber worum es konkret ging, erfährt der Leser nicht.

Manche Punkte aus dem Leben Russells werden von der WTG einerseits und von Kritikern andererseits unterschiedlich beurteilt. Ich stelle einige dieser Punkte hier zusammen, wobei ich die verschiedenen Standpunkte dazu angebe. Ich enthalte mich dabei eines eigenen Urteils, da ich weder die Behauptungen der Kritiker pauschal als Verleumdungen abtun kann, noch sie — gemäß meiner in diesem Buch praktizierten didaktischen Regel — unter Zugrundelegung der WTG-Literatur beweisen kann.

1. Russell als Bibelgelehrter

»*Wir hörten, daß wir zu den Füßen eines Mannes Gottes saßen, der zugleich der größte Bibel-Gelehrte seit den Tagen der Apostel war.*« (die WTG im Jahre 1917)[2]

a) Barbours Entwicklung

Nach Russells Darstellung hätte der Adventist Barbour, mit dem Russell einige Jahre zusammengearbeitet hat, schließlich Jesu Loskaufsopfer geleugnet:

»schrieb Mr. Barbour bald darauf einen Artikel für den *Herald*, in welchem er die Lehre von der Versöhnung leugnete — leugnete, daß der Tod Christi der Loskaufspreis für Adam und sein Geschlecht sei. Er sagte, daß unseres Herrn Tod nicht mehr nützen könnte zur Bezahlung der Strafe für die Sünden der Menschen, als das Durchstechen einer Fliege mit einer Nadel (wodurch sie leiden und sterben würde) von irdischen Eltern als eine gerechte Sühnung für Verfehlungen ihres Kindes betrachtet werden würde.«[3]

C.G. FALKNER vertritt aufgrund einer Untersuchung
der *Herald*-Ausgaben von 1875 bis 1883 die Ansicht, daß
Russell den Standpunkt Barbours stark verzeichnet habe.
»Barbour bekannte sich klar dazu, daß Christus um den
Preis seines Lebens das Recht erkaufte, die Menschheit wiederherzustellen. Er starb für die Welt; dieses *für* bedeutet
jedoch nach Barbour nicht *an Stelle von* im Sinne der von
Russell verteidigten Substitutionstheorie, sondern lediglich
zugunsten von. 'Christus starb *für* die ganze Welt, aber
nicht *an Stelle* der ganzen Welt.'«[4]

b) Kenntnis von Hebräisch/Griechisch?
1912 brachte J.J.ROSS eine Broschüre heraus: *Some Facts
About the Self-Styled 'Pastor' Charles T. Russell*. Darin
behauptet er unter anderem, Russell »is totally ignorant
of the dead languages«. Russell klagte (mit Rutherford als
Anwalt) und verlor. Gefragt, ob er das griechische Alphabet
kenne, bejahte er, war aber anschließend außerstande, ihm
vorgelegte griechische Buchstaben mit Namen zu benennen.[5]

Seitens der WTG wird dieses Ereignis eher umschrieben
als konkret angesprochen: Etwa durch die Behauptung,
»daß man überall Russell persönlich verleumdete und seine Stellung als Prediger herabzusetzen versuchte«,[6] oder:
»Man begann, Russell lächerlich zu machen, weil er sich
der Bezeichnung 'Pastor' bediente,«[7].

Ein konkretes Beispiel soll veranschaulichen, wie leicht
ein sowohl sprachunkundiger als auch überheblicher Bibelleser auf Irrwege geraten kann. Am Ende von 3.Mose
wird dem Volk Israel Segen bzw. Fluch angekündigt, je
nachdem, ob es auf die Gebote Gottes hören wird oder
nicht:

»Wenn ihr jedoch ... nicht auf mich hören werdet ...,
dann werde ich ... euch *siebenmal* für eure Sünden züch-
tigen müssen.« (3.Mose 26,27f)

In seiner englischen Bibel las Russell »seven times«, und verstand das nicht als »siebenmal«, sondern fälschlich als »sieben Zeiten« — dadurch entstand die Vorstellung der *sieben Zeiten der Nationen*. Der deutsche Übersetzer von *Schriftstudien* Bd.2 hatte damit seine Schwierigkeiten: In seiner eigenen Bibel las er »siebenmal«, bei Russell las er »sieben Zeiten«. Er schloß einen Kompromiß und gab beides wieder:

»Diese Drohung von 'siebenmal' (sieben Zeiten) mehr wird viermal genannt.«[8]

Und wie lange dauert »eine Zeit«? Nach Russell ein symbolisches Jahr, bestehend aus 12mal 30 Tagen, also 360 Tagen, wobei jeder symbolische Tag für ein wirkliches Jahr steht. Wir erhalten also 360 Jahre; diese eine Zeit mal 7 genommen ergibt 2520 Jahre, der Zeitraum von 606 v. bis 1914 n. (wenn man — wie Russell — nicht weiß, daß es kein Jahr 0 gab; heute wissen es die ZJ und verlegen daher — um 1914 beibehalten zu können — den Beginn, das Jahr der Eroberung Jerusalems, auf 607 v.).[9]

2. Heiliger oder Geschäftsmann?

Ein Interviewer beschrieb seinen Eindruck von Russell folgendermaßen:

»I sought a prophet and found a business man! Instead of a humble seeker after truth, I found the cleverest propagandist of the age — a man before whom John Alexander DOWIE, Mary Baker EDDY, Madame BLAVATSKY, Abbas EFFENDI, 'Elijah' SANFORD and Joseph SMITH pale into puerile ineffectiveness.«[10]

a) Organisationsinterne Kritik

Das *Jahrbuch 1975* berichtet von einer 1894 ausgebrochenen internen Verschwörung: »Die Beschwerden und falschen Anklagen drehten sich hauptsächlich darum, daß

C.T.Russell in seinem Geschäftsgebaren angeblich unehr-
lich gewesen sei. Tatsächlich waren einige Anklagen sehr
geringfügig, und sie verrieten die wahre Absicht der An-
kläger, nämlich C.T.Russell zu diffamieren. Unparteiische
Mitgläubige untersuchten die Angelegenheiten und fanden,
daß Russell im Recht war.« (S.63)

b) Zionistische Kritik
1911 kam Russell nach Wien, um dort über das Thema *Zionismus in der Prophezeiung* zu sprechen. Russell war ja
— im Unterschied zu heutigen ZJ, die von »geistigen Ju-
den« sprechen und damit sich selbst meinen — der Ansicht, daß dem Judentum eine (auch politisch) wichtige
endgeschichtliche Rolle zukomme. Darüber hätten die Ju-
den eigentlich erfreut sein können; um so überraschender
ist der jüdische Widerstand gegen Russell, von dem das
Jahrbuch 1989 berichtet:
»Von New York aus hatte bereits ein jüdischer Rabbi
eine ausführliche Falschdarstellung telegrafiert, um die Ju-
den vor den 'Ernsten Bibelforschern' zu warnen, wie man
Jehovas Zeugen damals nannte. Demzufolge stellte Bruder Russell, als er die Bühne betrat, bald fest, daß der Saal
zwar überfüllt war, aber etwa ein Drittel der Zuhörerschaft
entschlossen war, ihn am Sprechen zu hindern.« (S.68)
Und so kam es auch, Russell wurde durch Pfiffe, Schreie
und Rufe daran gehindert, sich verständlich zu machen,
und gab auf. Der Leser würde nun natürlich gerne wissen,
was eigentlich der Grund dieses so heftigen emotionalen
Widerstandes war. Doch darüber erfährt man in WTG-
Publikationen nichts, außer allgemeinen Schlagworten (z.B.
»Falschdarstellung«).
So sind wir froh, aus der Tageszeitung *Neues Wiener
Journal* wenigstens andeutungsweise etwas über den Grund
zu erfahren: »wird uns von zionistischer Seite mitgeteilt,
daß sich die Opposition hauptsächlich gegen das frühere

Vorgehen des Redners richtete. Pastor Russel wird von den Zionisten beschuldigt, die Herzlmarken des jüdischen Nationalfonds nachgebildet und auch durch sein sonstiges Vorgehen die zionistische Bewegung geschädigt zu haben. Die Demonstrationen im Vortragssaal waren lediglich ein Ausdruck dieser Erbitterung.« (24.März 1911, S.6)

c) »Wunderweizen«

Kritiker behaupten, daß Russell auf unseriöse Weise Geld gemacht habe, indem er schlechten Weizen als »Wunderweizen« im WT anbot und verkaufte. Der *Brooklyn Daily Eagle* karikierte Russell deswegen, woraufhin Russell klagte und verlor (Januar 1913).[11]

Die Verteidigung der WTG: Russell brachte im WT lediglich Berichte anderer über diesen Weizen und gab kein eigenes Urteil darüber ab. Da zwei WT-Leser eine Menge von diesem Weizen der WTG spendeten, mit dem Vorschlag, diese solle ihn verkaufen, wurde es so gemacht.[12]

d) Russells Predigten in 4000 Zeitungen

Im Hauptquartier der WTG bestand ein »internationaler Zeitungssyndikatsdienst«. Diesem schickte Russell wöchentlich eine Predigt, und von dort wurde sie dann an amerikanische und europäische Zeitungen telegrafiert. »Alles in allem haben wohl mehr als 4000 Zeitungen seine Predigten gebracht.«[13] Eine erstaunliche Zahl! Doch das Beste kommt noch. Frage:

»Hat die Gesellschaft die Veröffentlichung dieser Predigten bezahlen müssen, wie man den Platz für Inserate bezahlt, oder haben die Zeitungen Russell dafür entschädigt?«

Antwort: »Die Zeitungen haben die Predigten kostenlos veröffentlicht. Die Telegrammspesen wurden von der Gesellschaft getragen.«[14]

Daß die Zeitungen derart interessiert waren, Predigten

eines Mannes zu veröffentlichen, der keine akademische theologische Ausbildung hatte, und der stark mit Zeitberechnungen arbeitete, die von jeher (mit Recht!) von den meisten Zeitgenossen skeptisch aufgenommen wurden, wird von Außenstehenden bezweifelt.

GRUSS behauptet, »that much of the space was paid for at regular advertising rates«. (S.30) Als Beleg verweist er auf mehrere solcher publizierter Predigten, die begleitet waren von einem Hinweis des Zeitungssyndikatsdienstes, daß für die Veröffentlichung dieser Predigten Anzeigengebühren bezahlt wurden (»*paying therefor (at) advertising rates*«). So zu finden in Ausgaben der *Los Angeles Tribune* und der *New York Times*.[15]

Doch das ist nicht alles. Es wird sogar behauptet, daß manche dieser Predigten — insbesondere solche in fernen Ländern — niemals gehalten wurden, sondern lediglich mittels solcher Inserate vorgetäuscht wurden: »... Russell ... contracted for advertising space in many American newspapers to print his imaginary sermons«. So zu lesen im *Brooklyn Daily Eagle*, mit Bezug auf »Predigten« auf Hawaii und in Japan.[16]

Hier möchte ich noch eine eigene Beobachtung anschließen. Am Mittwoch, dem 22. März 1911, brachte das *Neue Wiener Journal* ein halbseitiges Referat über einen Vortrag Russells:

»*Der Zionismus in der Prophezeiung*. Pastor Russell (New York und London) erfreute sich gestern abend im großen Saal des Hotel Continental einer großen und intelligenten Zuhörerschaft. Er sprach im wesentlichen wie folgt ...«

(Dieser Vortrag hätte demnach am Dienstag stattgefunden.) Nach dieser Einleitung wird der Inhalt präsentiert, und das Ganze schließt mit dem Hinweis: »Ausführlicheres über die prophetischen Studien Pastor Russells versendet gratis der Volkskanzelverlag in Barmen, Deutschland.« (S.14)

Unterhalb des Vortrages stehen Anzeigen verschiedener Firmen. Einige Gesichtspunkte sprechen dafür, daß es sich bei diesem Referat um eine bezahlte Anzeige handelt. Zum ersten der zitierte Schlußsatz. Zum zweiten, daß Russell den Vortrag am Dienstag gar nicht gehalten hat — der Zeitung muß der ganze Text also schon vorgelegen haben. Am Tag darauf brachte dieselbe Zeitung einen Bericht über zwei Vorträge, vom Dienstag und vom Mittwoch: Für Dienstag war zwar Russell angekündigt, doch hatte sein Zug Verspätung, so daß lediglich dessen Dolmetscher versuchte, einiges über Russell zu sagen. Es gelang ihm aber kaum, da die Zionisten laut schrieen und ihn übertönten. Am Mittwoch erschien dann Russell persönlich, aber ihm erging es genauso (siehe oben Abschnitt b) *Zionistische Kritik*). Dieser Bericht erstreckt sich etwa über ein Zehntel der Seite, mitten unter anderen Kurznachrichten stehend (S. 8). Hätte das *Neue Wiener Journal* tatsächlich Russell und dessen Vortrag über den Zionismus derart wichtig gefunden, daß es ihm eine halbe Seite widmen wollte — warum wird dann der zionistische Widerstand gegen Russell und der tatsächliche Verlauf des Abends derart kurz abgefertigt? Auch die am folgenden Tag gebrachte Ergänzung darüber, wie der Widerstand zionistischerseits gerechtfertigt wurde, ist äußerst knapp gehalten. All das läßt vermuten, daß die Bibelforscher eine halbe Seite Anzeigenplatz kauften, und daß die Zeitung diese Anzeige (ohne Kennzeichnung als solche) brachte, obwohl der Abend ganz anders abgelaufen war.

3. Russells Scheidung

Innerhalb der WTG-Literatur wird die Ursache dafür verschieden dargestellt (übereinstimmend ist aber, daß Charles T. Russell daran unschuldig war). Gemäß *Vorhaben* suchte seine Frau, die im Direktorium und in der WT-

Redaktion war, noch mehr Einfluß. »Als Frau Russell erkannte, daß keiner ihrer Artikel zur Veröffentlichung angenommen wurde, wenn er nicht den biblischen Ansichten,
die im *Watch tower* erscheinen, entsprach, wurde sie sehr
beunruhigt, und ihr wachsender Verdruß führte sie schließlich dazu, ihre Beziehungen zur Gesellschaft und auch zu
ihrem Manne zu lösen.« (S.45)

Hiernach lag also die Ursache darin, daß seine Frau solche Artikel im WT veröffentlichen wollte, die er — vielleicht auch andere Redaktionsmitglieder — als unbiblisch
ansah.

Nach einem weiteren Bericht ging es zwar auch darum,
daß seine Frau mehr Einfluß wollte, aber der eigentliche
Streitpunkt waren dabei nicht ihre Artikel, sondern *seine*
Artikel. Er erzählt:

»Allmählich schien sie zu der Schlußfolgerung gekommen zu sein, daß nichts mehr ganz recht sei für den *Wacht-
Turm,* außer was sie geschrieben hatte, und ich wurde beständig mit Vorschlägen von Abänderungen in meinen Artikeln belästigt.«[17]

Nach einem anderen Bericht klingt es so, als ob es nicht
um den *Inhalt* der von Maria eingereichten Artikel ging,
sondern um eine *formale* Frage: Darf eine Frau überhaupt
lehren?

»im Jahre 1897, entstanden Meinungsverschiedenheiten
zwischen Russell und seiner Frau in bezug auf die Leitung
der Zeitschrift *Zion's Watch Tower*, und dies zufolge eines Einspruchs von seiten der Mitglieder der Watch Tower Society, daß ein Weib in Widerspruch zu 1.Timotheus
2:12 lehre und ein Direktionsmitglied sei. Seine Frau trennte
sich darauf aus freien Stücken von ihm,«[18].

Soweit also die verschiedenen WTG-Versionen. Kritiker,
die sich auf Gerichtsakten stützen, nennen (noch) andere
Gründe. Etwa »Egotismus« — er sah sich im Mittelpunkt
von allem, nur seine Meinung zählte. Erinnern wir uns an

das starke Sendungsbewußtsein Russells. Im Hinblick darauf ist es verständlich, daß er ihre Abänderungsvorschläge bei seinen WT-Artikeln als »Belästigung« empfand — wer könnte es wagen, des großen Propheten Darlegungen zu korrigieren? Eine Woche nachdem sie ihn verlassen hatte, schrieb er ihr von seiner Sorge, »daß Du gefallen bist, meine Geliebte, daß Du für ewig verloren bist, soweit ich es sehen kann«[19] (weil sie mit ihm Schwierigkeiten hatte?).

Ein anderer Anklagepunkt war Russells Verhalten anderen Frauen gegenüber. Die Kritiker berufen sich dabei auf die Schrift von Ross (1912), deretwegen Russell geklagt hatte, aber verlor. In dieser Schrift hieß es:

»In 1879, he married Miss Marie F. Ackley, who divorced him a few years ago on the ground of cruelty and of having wrong relations with other women.«[20]

Wobei es nicht um Ehebruch ging, sondern um engen körperlichen Kontakt zu seiner Pflegetochter.[21] Die WTG in ihrer Verteidigung betont vor allem, daß *kein Ehebruch* behauptet wurde.[22] Außerdem legt sie Wert auf die Feststellung, daß es zu keiner *Scheidung* kam, sondern bloß zu einer *gesetzlichen Trennung*.[23] Wann kam es dazu? Nach *Vorhaben* 1906:

»Einige Jahre später, nämlich im Jahre 1906, wurde ihre Trennung in aller Form in einer Gerichtsverhandlung als rechtsgültig erklärt, und das Gericht sprach ihr, zu Lasten Russells, mehrere tausend Dollar zu.« (S.45)

Nach dem *Jahrbuch 1975* dagegen erst 1908: »Im Juni 1903 strengte Mrs. Russell einen Prozeß ... an, um sich gesetzlich trennen zu lassen. Im April 1906 kam der Fall ... zur Verhandlung. Fast zwei Jahre später, am 4.März 1908), wurde das Urteil gefällt,« (S.65)

---

1) In WTG: *Pastor C.T.Russell. Sein Leben und sein Wirken.* 1917, S.102. — Zu einigen der umstrittenen Punkte hat auch Rutherford Stellung genommen: J.F. Rutherford: *A Great Battle in the Ecclesiastical Heavens* (1915)

2) WTG: *Russell* (wie Anm.1) 71f

3) Im WT 1916; zitiert in *Vorhaben* 20, ähnlich zitiert auch im *Jahrbuch 1975*, S.34f

4) So wird Falkner bei Neidhart (S.18, Anm.3) referiert. Es handelt sich um: C.G.FALKNER: *A Review, God's Wisdom Versus Man's Wisdom. Ransom not Substitution.* Dayton (Ohio) 1968, S.15-51

5) Walter MARTIN/Norman KLANN: *Jehovah of the Watchtower.* Minneapolis 1974, S.20-23; vgl. auch Edmond Charles GRUSS: *Apostles of Denial.* 1970, S.46-49; oder Alan ROGERSON: *Viele von uns werden niemals sterben.* 1971, S.38f

6) *Vorhaben* 36

7) *Predigtdienst* 306. — Russells Erläuterung seines Umgangs mit den Originalsprachen der Bibel im Jahr 1914 könnte eine Reaktion auf diesen Fall sein (zitiert in *Schriftstudien* Bd.7, 1925, S.69; in der Ausgabe von 1917 auf S.61f)

8) Ausgabe von 1923 S.89 (Studie 4, die auf S.75 beginnt)

9) Bei Russell erschien das Ganze — abgesehen davon, daß es auf 3.Mose gestützt war — noch in sich sinnvoll: Bis 606 existierte ein selbständiges jüdisches Königreich; aufgrund ihrer Sünden verhängte Gott über sie 7 Zeiten (= 2520 Jahre), wo die Nationen (= Heiden) über Jerusalem regierten; ab 1914 sollte es in Jerusalem wieder ein jüdisches Königreich geben. — Für heutige ZJ wird das Ganze komplizierter: Erstens wissen sie, daß die Juda betreffende Vorhersage für 1914 nicht in Erfüllung ging, und zweitens wissen sie, daß die »sieben Zeiten« nicht in 3.Mose 26 zu finden sind — sie weichen daher auf Daniel 4,16-32 aus. Dort werden über den babylonischen König Nebukadnezar 7 Zeiten verhängt, wo ihm die Regierung weggenommen wird. Diese 7 Zeiten werden seitens der ZJ als die »Zeiten der Heiden« angesehen. Das macht die ganze Deutung schon sehr gewagt. Denn demnach sollte ausgerechnet Nebukadnezar — der Eroberer Jerusalems — stellvertretend stehen für Juda!

10) W.T.Ellis am 26.Sept.1912 in *The Continent*; zitiert nach Gruss (wie Anm.5) S.38. Die hier genannten Vergleichspersonen sind nicht unbedeutend: Dowie — Gründer der *Christian Catholic Church*, Eddy — Gründerin der *Christlichen Wissenschaft*, Blavatsky — Gründerin der *Theosophischen Gesellschaft*, Smith — Schreiber des *Buchs Mormon*.

11) Martin (wie Anm.5) S.16f; Gruss (wie Anm.5) 29.45f; Rogerson (wie Anm.5) S.39

12) *Jahrbuch 1975*, S.68f

13) Nach *Jahrbuch 1975*, S.44; dort auch der Bericht über diese Presse-Aktion, ebenso in *Vorhaben* 49f

14) *Vorhaben* 50

15) Bei Gruss (wie Anm.5) S.30f: *Los Angeles Tribune* vom 12., 19., 24. und 26.April 1915; *New York Times* im Jahr 1914: im Sept. (21. und 28.), Okt. (12., 19. und 26.), Nov. (2., 9. und 29.), Dez. (7. und 14.).

16) *Brooklyn Daily Eagle* vom 19.Feb.1912, 11.Jan.1913 und 1.Nov.1916. Berichtet bei Martin (wie Anm.5) S.16-19

17) Russell im Jahr 1906; zitiert nach *Jahrbuch 1975*, S.64

18) WT 1955, S.174

19) zit. nach *Jahrbuch 1975*, S.67

20) zit. nach Gruss (wie Anm.5) S.27

21) ebd. 28f

22) *Jahrbuch 1975*, S.67f

23) ebd. S.65f; allerdings spricht auch WTG: *Russell* (wie Anm.1), S.5, von »Scheidung«; ebenso z.B. Franz S.59 n.17; Paul SCHEURLEN: *Die Sekten der Gegenwart.* Stuttgart, 3.Aufl. 1923, S.24; Rogerson (wie Anm.5) S.37f

Zeittafel

| 1852 | Charles Taze RUSSELL am 16. Februar in Pittsburgh geboren (als Sohn von Joseph L. / Eliza Birney RUSSELL) |

1852   Charles Taze RUSSELL am 16. Februar in Pittsburgh geboren (als Sohn von Joseph L. / Eliza Birney RUSSELL)

1877   gemeinsam mit Barbour bringt er das Buch *Three Worlds and the Plan of Redemption* heraus

1878   Russell erwartet (wie andere) die körperliche Entrückung der lebenden Gläubigen

1879   am 1.Juli erscheint erstmals *Zion's Watch Tower and Herald of Christ's Presence* (und zwar monatlich; ab 1892 *halb*monatlich)
seither wird anläßlich des »jährlichen Abendmahls« (= heute »Gedächtnismahl«) auch eine mehrere Tage dauernde Hauptversammlung in Pittsburgh abgehalten (1893 erstmals woanders, und zwar in Chicago)
Verheiratung mit Maria Frances ACKLEY (1897 wieder getrennt)

1880   seither Verteilschriften produziert, zuerst *Bible Student's Tracts* genannt, später *Old Theology Quarterly*

1881   die *Zion's Watch Tower Tract Society* gegründet (1884 als Aktiengesellschaft gesetzlich eingetragen; 1896 neuer Name: *Watch Tower Bible and Tract Society*)
Büchlein *Tabernacle Teachings* (anderer Titel: *Tabernacle Shadows of the 'Better Sacrifices'*) erscheint
Büchlein *Food for Thinking Christians* erscheint

1886   die *Schriftstudien* beginnen mit Bd.1 zu erscheinen (die weiteren Bände: 1889, 1891, 1897, 1899 und 1904; ein sogenannter 7.Bd. kommt erst posthum heraus, 1917)

1891   erste Auslandsreise Russells (Europa, Naher Osten)

1897   Trennung von seiner Frau
Tod seines Vaters
der *Wachtturm* erscheint erstmals in deutscher Sprache

1900   das erste ausländische Zweigbüro wird in London gegründet

1903   Russells erste öffentliche Forumsdiskussion (»Debatte«), mit dem Methodistenpastor E.L.EATON
in Deutschland wird ein Zweigbüro eröffnet (anläßlich der zweiten Europareise Russells)

1904   der letzte (= 6.) von Russell selbst verfaßte Band der *Schriftstudien* erscheint
seither heißen diese 6 Bände *Schriftstudien* (zuvor: *Millennium-Tagesanbruch*)

1907   Russell schrieb sein Testament am 29.Juni, das nach seinem Tod aber nur teilweise verwirklicht wurde

1908   Forumsdiskussion mit L.S.WHITE (von den *Disciples of Christ* im Süden der USA)

1909   die Zeitschrift *Watchtower* verändert ihren Titel: statt *Zion's* steht nun *The*
seither erscheinen Traktat-Serien unter dem Namen *People's Pulpit*, dann als *Everybody's Paper*, und schließlich als *The Bible Students Monthly*, zur massenhaften Verbreitung unter Außenstehenden (diese Funktion übernahm später die Zeitschrift *Das Goldene Zeitalter* (heute: *Erwachet!*)
das Hauptbüro wird von Pittsburgh nach Brooklyn in New York verlegt und als dortige Rechtsform die *People's Pulpit Association* gegründet

1911/
1912   Weltreise Russells durch Asien

1912   im Juni erscheint *Some Facts About the Self-Styled 'Pastor' Charles T. Russell* vom Baptistenpastor J.J.ROSS

1913   Weizenskandal

1914   Russells Vorhersage: keine menschlichen Regierungen mehr
das *Photo-Drama der Schöpfung* wird erstmals aufgeführt
in London wird als Zweig der Bewegung die *International Bible Students Association* gegründet

1916   am 1.Okt. schreibt Russell die letzten Vorworte zu seinen *Schriftstudien*
am 31.Okt. stirbt er während einer Vortragsreise in Pampa (Texas)

1917   Joseph F. RUTHERFORD wird neuer Präsident und setzt sich gegen seine Kritiker im Direktori-
        um durch; diese und andere machen sich 1918 organisatorisch selbständig (die größte aus dieser
        Abspaltung hervorgehende Bewegung ist die *Laymen's Home Missionary Movement*)

1918   Russells Vorhersage: Vernichtung der Namens-Christenheit

1959   das ZJ-Geschichtsbuch *Jehovah's Witnesses in the Divine Purpose* widmet einen großen Teil des
        Inhalts (dt. *Vorhaben*, 1960, S.14-63) dem Leben Russells

Abkürzungen

WT   Wachtturm
WTG   Wachtturmgesellschaft
ZJ   Zeugen Jehovas

»WTG« bezeichnet hier insbesondere ihre Publikationstätigkeit; sie war ja der Verlag, der die Publikationen herausbrachte. Insofern ist es richtig zu sagen, 'die WTG behauptete dies und jenes', auch wenn ZJ meinen, daß die WTG lediglich die äußere rechtliche Form ist, und daß der eigentlich Verantwortliche die *Leitende Körperschaft* ist.

Die WTG besteht darauf, daß als »Zeugen Jehovas« im weiteren Sinn schon Gottesmänner des Alten Testaments (wie Abel oder Noah) zu verstehen sind (und später dann auch Jesus und seine Apostel). Geht es um die »Zeugen Jehovas« im engeren Sinn, so spricht die WTG von der »*neuzeitlichen* Geschichte der Zeugen Jehovas«. Diese beginnt mit Charles T. Russell, auch wenn die Anhänger dieser Bewegung damals noch »Bibelforscher« hießen. — In diesem Buch gebrauche ich den Ausdruck »Zeugen Jehovas« immer im engeren Sinn.

Abgekürzt zitierte Literatur

Hier wird nur die *abgekürzt zitierte* Literatur angeführt; das betrifft jene Bücher, auf die ich mehrmals bezug nehme. Seltener zitierte Bücher werden an Ort und Stelle ausführlich angegeben.

Franz = Raymond FRANZ: *Der Gewissenskonflikt. Menschen gehorchen oder Gott treu bleiben? Ein Zeuge Jehovas berichtet.* München 1988 (englisches Original: Raymond Franz: *Crisis of Conscience.* Atlanta 1984)

Franz, Neffe des gegenwärtigen Präsidenten Frederick W. Franz, war Mitglied der »Leitenden Körperschaft«, des höchsten Gremiums der ZJ. Das Buch enthält viele Kopien aus WTG-Literatur.

Die Angaben dieses Buches sind (soweit ich sie überprüfen kann) durchwegs in Ordnung, und auch die Argumentation ist sauber.

Hellmund = Dietrich HELLMUND: *Geschichte der Zeugen Jehovas (in der Zeit von 1870 bis 1920).* Mit einem Anhang: *Geschichte der Zeugen Jehovas in Deutschland (bis 1970).* (maschinenschriftliche Dissertation.) Hamburg 1971

Hellmund ist evangelisch-lutherisch. Obwohl diese Diss. nur in schlecht kopierter Form maschinenschriftlich vorliegt und die formale Gestaltung auch sonst manche Mängel aufweist, wird sie als die gründlichste Bearbeitung der Frühzeit der ZJ nach wie vor verwendet.

Da der Diss. leider keine Seitenzählung fehlt, gebe ich bei Hinweisen darauf immer an, welche Anmerkung in der Nähe des betreffenden Textes steht (»bei Nr. xy« bedeutet einen Hinweis auf den Text, »Nr. xy« einen Hinweis auf die betreffende Anmerkung).

Jahrbuch 19xy = WTG: *Jahrbuch der Zeugen Jehovas 19xy*
Erscheint jeweils am Ende des vorhergehenden Jahres.

Neidhart = Ludwig NEIDHART: *Die Zeugen Jehovas.* Altenberge 1986
Neidhart ist katholisch; das Buch ist geschichtlich sehr reichhaltig und in der Argumentation sauber.

Predigtdienst = WTG: *Zum Predigtdienst befähigt.* 1957 (engl. 1955)

Schriftstudien = Charles T. Russell: *Schriftstudien*
Siehe Kap.3.

Vorhaben = WTG: *Jehovas Zeugen in Gottes Vorhaben.* 1960 (engl. 1959)

WT = Wachtturm
Bis einschließlich 1977 (dem Todesjahr von Nathan H. KNORR, dem 3.Präsidenten der WTG) wurde jeder Jahrgang durchnumeriert — hier genügt bei Verweisen die Angabe von Jahr und Seite. Danach beginnt — so wie bei *Erwachet!* — bei jedem Heft die Seitenzählung neu.

Adressen

Die ZJ-Zentralen der deutschsprachigen Länder:

WTG
Postfach 20
D-6251 Selters/Taunus 1

WTG
Gallgasse 44
A-1130 Wien

WTG
Ulmenweg 45
CH-3602 Thun

Beratung bezüglich ZJ aus evangelikaler Sicht:

Bruderdienst
Postfach 32
D-2218 Wrist

Erich u. Inge Brüning
Ortensteinstrasse 3
I-39012 Meran